新时代首都发展战略研究丛书

总主编 张东刚

首都高端智库
首都发展与战略研究院
RUC Capital Development and Governance Institute

乡愁北京

首都休闲农业与乡村旅游高质量发展研究

钟真 等 ◉ 著

中国人民大学出版社
·北京·

图书在版编目（CIP）数据

乡愁北京：首都休闲农业与乡村旅游高质量发展研
究／钟真等著. -- 北京：中国人民大学出版社，
2025.1
（新时代首都发展战略研究丛书／张东刚总主编）
ISBN 978-7-300-32403-6

Ⅰ. ①乡… Ⅱ. ①钟… Ⅲ. ①观光农业-农业发展-
研究-北京②乡村旅游-旅游业发展-研究-北京 Ⅳ.
①F327.1②F592.71

中国国家版本馆 CIP 数据核字（2024）第 000628 号

新时代首都发展战略研究丛书
总主编 张东刚
乡愁北京：首都休闲农业与乡村旅游高质量发展研究
钟真 等 著
Xiangchou Beijing：Shoudu Xiuxian Nongye yu Xiangcun Lüyou Gaozhiliang Fazhan Yanjiu

出版发行	中国人民大学出版社				
社　　址	北京中关村大街 31 号		**邮政编码**	100080	
电　　话	010 - 62511242（总编室）		010 - 62511770（质管部）		
	010 - 82501766（邮购部）		010 - 62514148（门市部）		
	010 - 62515195（发行公司）		010 - 62515275（盗版举报）		
网　　址	http://www.crup.com.cn				
经　　销	新华书店				
印　　刷	唐山玺诚印务有限公司				
开　　本	720 mm×1000 mm　1/16		**版　　次**	2025 年 1 月第 1 版	
印　　张	18.25 插页 2		**印　　次**	2025 年 1 月第 1 次印刷	
字　　数	312 000		**定　　价**	65.00 元	

总　序

党的十八大以来，习近平总书记先后 11 次视察北京、21 次对北京发表重要讲话（截至 2024 年 1 月），提纲挈领式地回答了"建设一个什么样的首都、怎样建设首都"这一重大时代课题，为更好地推进首都北京各项工作，有效聚焦首都北京的深入研究，梳理总结以"中国之治"构筑"世界之鉴"之路指明了方向，提供了根本遵循。习近平总书记指出："建设和管理好首都，是国家治理体系和治理能力现代化的重要内容。北京要立足优势、深化改革、勇于开拓，以创新的思维、扎实的举措、深入的作风，进一步做好城市发展和管理工作，在建设首善之区上不断取得新的成绩。"北京作为大国之都、首善之区，在全国乃至全球范围内发挥着引领示范效应，她因"都"而立、因"都"而兴、因"都"而盛，向全世界展示着超大城市治理和人民城市建设的"首都样板"。

沿循习近平总书记系列指示精神，首都北京的治理体系和治理能力现代化步伐迈得愈加坚定与沉稳。新发展理念得到完整、准确、全面贯彻，"四个中心"功能建设大力加强，"四个服务"水平稳步提高，"三件大事"和三大攻坚战落地有痕，"五子"联动服务和融入新发展格局成效显著，党建引领"接诉即办"改革有力推进，率先全面建成小康社会，城市综合实力和国际影响力跃上新台阶，向着国际一流的和谐宜居之都迈出坚实步伐，新时代首都发展呈现蓬勃生机，首都北京发生新的历史性变化。我们认为，从"北京发展"至"首都发展"，体现出北京在历史性跨越与变革中生动践行着服务党和国家发展战略大局的"首都使命"，北京发展的深刻转型体现出超大城市治理体系和治理能力现代化的高质量提升，凸显了首都全面建设社会主义现代化的新航程已正式开启。我们也相信，在"踔厉奋发、勇毅前行"的精神鼓舞和信仰感召下，首善标准、首都样板势必会被赋予更加科学的切实含义，其可参考性、可借鉴性与可推广性将愈加凸显。

行之力则知愈进，知之深则行愈达。从理论的维度、实践的维度、功能的维度、世界的维度出发，通过抓住关键小事、捕捉重要元素、厘定核心概念、抽取典型案例，以历史的眼光回眸过去，梳理总结首都发展的漫长来路，以现实的眼光审视当下，提取凝练首都发展的典型经验，以前瞻的眼光畅望未来，谱写勾画首都发展的光明前景，充分理解新时代新征程首都发展的目标定位与多维内涵。针对首都北京的历史传统、发展特色、愿景目标进行深入研究，并以研究与实践为切入口，不断挖掘"北京资源"，更好满足人民群众日益增长的美好生活需要，推广"北京做法"，引领城市建设的时代风尚，深入讲好"北京故事"，展现大国之都的特色风采。

中国人民大学首都发展与战略研究院（以下简称"首发院"）是首都高端智库首批试点建设单位之一，一直把"服务首都、引领发展"作为研究院的重大使命，立足"两个大局"、胸怀"国之大者"、心系"民之所向"，紧紧围绕"建设一个什么样的首都、怎样建设首都"这一重大时代课题，聚焦"强化首都功能研究"与"首都城市治理研究"两大特色研究，始终坚持奋进理念，致力于打造北京市委市政府信得过、用得上的高端智库，在推动学校智库研究与北京社会经济发展需求相结合方面，取得了可喜成绩。策划与出版"新时代首都发展战略研究丛书"（以下简称"丛书"），是首发院主动为党和人民述学立论、主动融入首都北京经济社会发展、主动服务首都新发展格局勇当研究排头兵的重要举措。

组织撰写这套丛书，旨在围绕习近平新时代中国特色社会主义思想在京华大地落地生根、开花结果和形成的生动实践进行研究，强化与人民的对话、与世界的对话，深化"首都样板"的可见性与可感性，增强"中国故事"的广域性与纵深性，在推动首都发展"理论突破"与"实践创新"中实现双重使命共前进，为打造集国家要事与群众关切、融中国特色与国际视野于一体的"北京名片"贡献新的力量，在首都北京全面建设社会主义现代化的新航程中留下浓墨重彩的一笔。丛书已被列入首发院五年发展规划，首发院将汇聚中国人民大学"独树一帜"的人文社会科学学科优势，全力打造好这套丛书，切实以研究服务好首都北京经济社会发展。

首先，作为思想引领的"践行者"，首发院始终坚持旗帜鲜明讲政治，坚定不移地贯彻落实习近平总书记关于北京工作的重要论述及北京市委市政府重大战略决策。策划这套丛书，旨在提交一份全面反映首都北京经济社会发展客观实际、全面跟踪首都北京率先基本实现现代化历程、全面推进"党建引领接诉即办改革"赋能超大城市治理经验的"行动答卷"。其次，作为咨政服务的"供给者"，首发院的研究以兼具现实性与前瞻性、针对性与普适性、宏观性与微观性的眼光，科学探究首都发展战略走向，在新时代、新征程、新伟业中，对于首都发展新变化、新态势进行全面描摹与深度刻写。丛书是首发院系列成果之一，是绘就首都高质量发展的可资参考、可供借鉴的"研究答卷"。再次，作为推动"智库建设 & 学科发展"协同并进的"探索者"，首发院以首都北京为场景，通过学科交叉、创新融合、孵化培育等方式，倡导"共商共建、共治共享"的新型研究范式，充分激发学术理论认知与社会实践经验的双向互动效应，助力"打造我国人文社会科学研究和教学领域的重要人才中心和创新高地"。丛书是在学校"独树一帜、勇走新路"的理念指引下，紧跟"加快构建中国特色哲学社会科学""建构中国自主的知识体系"

的使命召唤，致力于打造集结理论前沿与实践范例、唱响首都经验与中国故事的高端"学术答卷"。

积跬步，以至千里；积小流，以成江海。面向新时代、新征程、新伟业，丛书既是对首都发展特定领域的局部深描，亦是对首都发展战略全景的整体刻写，既着眼于国家"五位一体"总体布局、北京"四个中心"功能定位"大范畴"，又聚焦于"财税北京""慈善北京""乡愁北京""风俗北京""康养北京""科创北京"等"小议题"，全方位、多角度、深层次展现了首都治理体系和治理能力现代化图卷。"北京精神""北京经验""北京样本""北京方案"等一系列原本模糊、抽象的概念在其中被赋予了具象而微、切实可感的含义，"建设一个什么样的首都、怎样建设首都"的答案亦由此变得更加明晰化、透彻化。我们希望这套丛书能够成为厚积薄发的沉淀之作。多年来，首发院细化领域、细分问题，先后打造首都发展高端论坛、北京经济论坛、首都治理论坛、首都文化论坛等品牌活动，产出成果丰硕，赋能首都北京高质量发展，这为丛书的主题新颖性、内容充实性奠定了坚实基础。我们希望这套丛书能够成为跨学科研究的引领之作。首发院现有 10 个核心研究团队、75 名兼职研究人员，涉及理论经济、应用经济、公共管理、法学、政治学、社会学、新闻传播学、农林经济管理、统计学等 9 个一级学科，有着天然的多学科对话、多领域交流、多学者共事的氛围，为丛书脱离单一局限视角、研究触角广涉多面奠定了坚实基础。我们希望这套丛书能够成为鉴往知来的创新之作。首发院始终与首都发展同频共振，主动承担为时代画像、为时代立传、为时代明德的时代使命，主动承担把握思想脉搏、满足发展需求、增进社会共识的时代任务，在这个平台上围绕首都发展现代化涌现出一系列新声音、新思想，为丛书践行习近平总书记特别强调的"知识创新、理论创新、方法创新"奠定了坚实基础。

服务于首都全面建设社会主义现代化的新航程，希望丛书能够成为谱写首都发展的时代宣言书、首都发展的咨政参考集、首都发展的研究典范集。以中国为观照、以时代为观照，立足中国实际，解决中国问题，彰显好北京形象、讲好北京故事、说好北京话语，无负时代、无负历史、无负人民。

　　是为序。

中国人民大学党委书记　　张东刚

首都发展与战略研究院院长

2024 年 1 月

前　言

习近平总书记在 2020 年底召开的中央农村工作会议上指出："几亿农民同步迈向全面现代化，能够释放出巨量的消费和投资需求。城乡经济循环是国内大循环的题中应有之义，也是确保国内国际双循环比例关系健康的关键因素。"目前，北京的城镇化率已经达到 86%，城乡人口要素双向流动态势已经显现，基础建设、资源配置、村庄治理等乡村建设行动如何适应这种城乡融合趋势，是北京推进首都特色乡村振兴所需要解决的重大理论问题和现实挑战。为此，北京率先基本实现农业农村现代化在"乡村"方向上的两个战略重点：一方面，在过去一个时期强大的农村基础设施建设基础上，实现乡村人居环境的大提升，塑造首都乡村的"面子"；另一方面，围绕民生"七有""五性"，实现城乡基本公共服务的均等化，做实首都乡村的"里子"。而休闲农业与乡村旅游恰恰是促进首都乡村"面子""里子"双提升的最佳抓手。

本书正是从这个角度，对发展休闲农业与乡村旅游同推进首都特色乡村振兴之间的理论与实践问题进行了深入分析。全书在研究对象上点面结合，在研究视角上将历史维度与现实维度相结合，在研究方法上将案例与计量相结合，对北京市休闲农业与乡村旅游的总体格局、内在机制、经验模式、存在问题等方面进行了全方位梳理和实证检验。总体来说，我们的研究结论及其政策含义可以概括为以下三个方面：

首先，务必要深刻认识休闲农业与乡村旅游对首都乡村振兴的战略意义。《北京城市总体规划（2016 年—2035 年）》已经明确休闲农业与乡村旅游的定位是"北京郊区的支柱产业和惠及全市人民的现代服务业"。因而，休闲农业与乡村旅游不仅是拓展农业多种功能、挖掘乡村多元价值，持续提升北京都市型现代农业质量效益的主要工具，也是倒逼首都乡村人居环境改善与基本公共服务提升的关键抓手，更是检验大京郊外在美丽度和内在美誉度的重要标准。要从作为推进首都乡村振兴抓手的高度上，深刻理解和认识休闲农业与乡村旅游的重要性，不断加强政府部门间工作协调推进机制。建议组建由市委主要领导任组长的休闲农业与乡村旅游推进工作专班，推动配套的用地、金融、人才、评价考核等相关政策协调一致，提高相关政策的精准性、有效性和执行力。

其次，务必要善用政府和市场力量，在推进休闲农业与乡村旅游发展中改善基础设施与公共服务。应鼓励各区充分利用长城文化、大运河文化和西山永定河文化等跨区域资源，发挥优势互补的集群效应，以十余条精品线路、百余个美丽休闲乡村、千余个休闲农业园区、近万家民俗接待户为依托，点面结合，深入推进"十百千万"畅游行动。在推动京津冀休闲农业与乡村旅游统筹规划建设、统一标准体系、共同打造线路、建立公众服务平台、共同开展专业人才培养、共同策划重大活动等方面发挥牵头和引领作用，打造"十百千万"畅游行动的"Plus版"。同时，顺应市场规律，充分调动区县相关部门和经营主体的创造性和主观能动性，使市场在休闲农业与乡村旅游的资源配置中起决定性作用。逐步搭建面向休闲农业与乡村旅游经营者和外来消费者的公共服务平台和技术、资源交流与合作平台。积极引导社会力量参与休闲农业与乡村旅游的规划、设计、创意、研发、建设与经营等工作，为休闲农业与乡村旅游发展创造良好环境的同时，也为首都乡村振兴汇聚多元力量。

最后，务必要纾解发展痛点与空间约束，在推进休闲农业与乡村旅游发展中提升首都乡村"三生"融合水平。应积极探索 PPP 模式、众筹模式、"互联网＋"模式等新型融资模式投资休闲农业，以财政资本为基础，撬动社会资本回流振兴乡村。对经过评定认可的精品民宿及休闲农业接待户可视为市级农业产业化龙头企业来对待，列入信贷扶持范围优先支持。进一步加强经营户财务规范化建设，既有利于经营风险管理和防范，也便于职能部门监督管理和数据统计。推动编制休闲农业土地使用指南，列示休闲农业设施用地清单，对可用、限制使用、禁止使用等土地类型进行详细说明，及时准确传递用地政策信息。做好土地利用年度计划，实施集体建设用地"点状"布局与供地，保障重点休闲农业项目用地，稳定休闲农业从业者的经营预期。鼓励休闲农业经营主体以出租、合作、设施再利用等多种形式盘活乡村建设用地，重点解决休闲农业项目中涉及的餐饮、厕所、停车场等瓶颈性用地问题。培育一批管理民主、运行规范、产业带动力强的休闲农业合作社示范社，扶持一批公信力强、功能完备、运作规范、作用显著的休闲农业协会，采取划拨工作经费、设立奖励资金、政府采购服务等方式支持协会承接政府转移职能。有步骤地打造出一批有首都特色的休闲农业助推乡村振兴的重要平台和核心载体，多渠道提升首都乡村生产、生活、生态融合发展水平。

这些发现或建议有的来自我们的"智力生产"，也有的直接来自基层干部和从业者的"肺腑之言"，但这些都离不开我们的实地调查研究。希望本书能为读者了解北京市休闲农业与乡村旅游发展和推进首都特色的乡村振兴提供一个有益的窗口。

目　录

◀◀ 第一章 ▶▶

导　论

第一节　问题的提出

休闲农业与乡村旅游①现已成为首都城乡融合发展的重要形式和有效载体，在推动农业供给侧结构性改革、建设美丽乡村、带动农民就业增收、传承农耕文明等方面发挥着不可替代的作用。《北京城市总体规划（2016 年—2035 年）》第 102 条明确指出，新时代北京市应"按照城乡发展一体化方向，坚持乡村观光休闲旅游与美丽乡村建设、都市型现代农业融合发展的思路，推动乡村观光休闲旅游向特色化、专业化、规范化转型，将乡村旅游培育成为北京郊区的支柱产业和惠及全市人民的现代服务业，将乡村地区建设成为提高市民幸福指数的首选休闲度假区域"。可以预见，在北京特大型都市庞大的消费需求刺激下和京津冀一体化发展的推动下，北京市休闲农业与乡村旅游将呈现良好的发展势头。

而在"十三五"时期，北京市休闲农业与乡村旅游呈现出持续下行的趋势。根据《北京统计年鉴 2018》的数据，2017 年全市共有农业观光园 1 216 个，接待游客 2 105.3 万人次，分别比上年减少了 3.3％和 6.5％；农业观光园经营收入 29.9 亿元，比上年增长了 6.9％，但其中第一大收入——采摘收入仅为 7.4 亿元，同比下降了 10.8％；民俗旅游经营户数量及其总收入呈现"双下降"，实际经营

---

① 休闲农业与乡村旅游（agritourism）是指以农业生产和农村文化为基础的可以吸引观光客、创造新型经济价值的融合型产业，故严格地来说它至少是休闲农业与乡村旅游业的结合，但鉴于目前学界对其命名比较多样化（如"休闲农业""观光农业""乡村旅游""农业旅游"等），本书采用中国官方（至少是农口部门）在文件中统一使用的名称——"休闲农业与乡村旅游"来指代这一特殊产业。

户 8 363 户（比上年减少了 7.3%），民俗旅游总收入 14.2 亿元（比上年下降了 1.1%）。随后在 2018—2020 年，全市农业观光园数量及其经营收入持续下降，数量从 1 172 个降至 925 个，经营收入从 27.3 亿元降至 15.5 亿元。此期间内，2019 年尽管受民俗旅游统计口径拓宽的影响①，民俗旅游总收入在 2019 年出现短暂回升（从 2018 年的 13.0 亿元增至 14.4 亿元），但其户均旅游收入从 16.7 万元跌至 10.5 万元，下降了 37.1%。此外，受新冠疫情叠加影响，2020 年民俗旅游经营户数量（5 832 户）及其总收入（9.5 亿元）更是出现断崖式下跌。

经历了这一时期的持续走低，北京市休闲农业与乡村旅游已处于不得不转型的阶段。为此，北京市委、市政府也出台了多个文件，就如何从发展方向、工作内容、金融支持、人才培养、制度保障等维度推动休闲农业与乡村旅游产业的提档升级做了较为全面的部署。特别是近几年来，一方面，北京市加强了休闲农业与乡村旅游助推乡村振兴的顶层设计，明确了要以"京华乡韵"为引领，推动实施了休闲农业"十百千万"畅游行动；另一方面，北京市创新了政策支持方式，启动了休闲农业专家辅导团制度，加强了休闲农业与乡村旅游项目督导检查和宣传培训力度。同时，受北京疫情常态化管理政策的影响，本地游客对京郊休闲农业与乡村旅游的需求激增。于是在内部建设与外部机遇的联合作用下，在"十四五"开局的 2021 年，整体情况呈现触底反弹态势。2021 年全市农业观光园数量突破千个，实现了自 2016 年以来首次止跌回升；以乡村民俗户、乡村民宿等为代表的实际经营户达 6 793 户，恢复至 2019 年的 92.4%。同年，全市农业观光和乡村旅游共接待游客 2 520.2 万人次，比上年增长 34.2%，共实现收入 32.6 亿元，同比增长 30.4%；农业观光带动农产品销售收入 10.1 亿元，带动农民就业 3.38 万人（同比增长 7.3%），从业人员年人均工资 3.29 万元（同比增长 11.1%）②。然而，此发展态势受新冠疫情反复和随之产生的消费者信心受挫等影响尚不稳定，尽管 2022 年的农业观光园和民俗旅游实际经营户数量相对前一年仍在增加（分别增加 18 个和 312 户），但农业观光园总收入却与前一年同期持平，实际经营户总收入甚至出现下降。

可见，以上一系列政策措施正在为北京市休闲农业与乡村旅游在新的阶段实现优化突破汇聚起强大力量，其发展已经进入新的阶段，但受新冠疫情对经

---

① 根据《北京统计年鉴2021》：2018 年及以前乡村旅游为民俗旅游口径；自 2019 年起，乡村旅游统计范围除包括民俗旅游接待户外，还包括乡镇及乡镇以下范围内为乡村旅游服务的宾馆、饭店、旅游商品专卖店等。

② 以上数据摘自 2016—2022 年《北京市国民经济和社会发展统计公报》。

济形势的持续性影响，转型效果尚未完全显现出来，依然面临多方面的压力与挑战。尤其自 2022 年 12 月起，北京市优化完善疫情防控措施，这对于北京市休闲农业与乡村旅游提升自身竞争力、吸引京内外游客、保持增长发展态势是全新的机遇与挑战。综上，关于北京市休闲农业与乡村旅游业发展水平从"十三五"时期的整体下行趋势到近三年的初显回升迹象，政府的一系列措施究竟起到了多大的作用？低谷时期北京市休闲农业与乡村旅游是如何实现转型的？今后，为避免再次走低和实现高质量发展，引领北京市率先实现农业农村现代化，在理论和实践经验上应该做好哪些储备？要回答这些问题，就需要对新时期北京市休闲农业与乡村旅游发展的总体格局、内在机制、现行模式和关键因素进行深入研究，以得出具有指导意义的首都休闲农业与乡村旅游高质量发展策略。

第二节　已有研究现状

一、休闲农业与乡村旅游研究的主要集中领域

休闲农业与乡村旅游是农业、旅游业等产业融合的主要表现形式，是农村生产生活与城市消费需求相融合的产物。它一般是指在城乡居民收入达到较高水平的条件下，以郊区农业活动为基础，利用郊区的自然风光和农业景观，结合农业生产、加工、销售等经济行为，把历史人文景观、自然风光、农村文化活动和农业产业链活动结合在一起，为城乡居民提供观赏、品尝、购物、体验、休闲等产品和服务的一种新的融合性业态。20 世纪 90 年代以来，休闲农业与乡村旅游在世界很多地区开始兴起，学术界对休闲农业与乡村旅游的关注也逐步升温。从已有文献来看，相关研究主要集中在以下四个方面：一是从产业融合等角度探讨休闲农业与乡村旅游的概念、内涵和发展模式等问题的理论性研究[①]。二是介绍某

① 卢云亭，刘军萍，等 . 观光农业 [M]. 北京：北京出版社，1995：50 - 53；BUSBY G, RENDLE S. The transition from tourism on farms to farm tourism [J]. Tourism management，2000，21 (6)：635 - 642；CAWLEY M, GILLMOR D A. Integrated rural tourism：concepts and practice [J]. Annals of tourism research，2008，35 (2)：316 - 337；PHILLIP S, HUNTER C, BLACKSTOCK K. A typology for defining agritourism [J]. Tourism management，2010，31 (6)：754 - 758；ARROYO C G, BARBIERI C, RICH S R. Defining agritourism：a comparative study of stakeholders' perceptions in Missouri and North Carolina [J]. Tourism management，2013，37 (1)：39 - 47；FLANIGAN S, BLACKSTOCK K, HUNTER C. Agritourism from the perspective of providers and visitors：a typology-based study [J]. Tourism management，2014，40 (2)：394 - 405.

个国家或地区休闲农业与乡村旅游发展历史、现状和趋势的总结性分析，如丁忠明和孙敬水、Gao 等、Su、张辉等对中国休闲农业与乡村旅游的现状进行了分析，Fleischer 等、Cánoves 等、Walford、Miller 等分别对新西兰、以色列、西班牙、英国的英格兰和威尔士、尼日利亚的休闲农业与乡村旅游进行了介绍，而 de Bon 等则对发展中国家休闲农业与乡村旅游发展普遍涉及的主要议题进行了概述①。三是从农业多功能性的角度探讨休闲农业与乡村旅游经济、社会、文化等功能的研究，如 Duchemin 等、Zasada 研究了休闲农业与乡村旅游同农村发展及社会服务供给之间的关系，Vagneron 以曼谷为例研究了休闲农业与乡村旅游对城郊环境的可持续性收益的作用，Yang 等、Rogerson 等则分别分析了其对城郊经济或整个国民经济发展的影响②；史冰清等、Zezza 和 Tasciotti、Sgroi 等、Hwang 和 Lee 分析了休闲农业与乡村旅游对农户收入和收入结构的影响，孔祥智等、Tao 和 Wall、Iorio 和 Corsale、Pillay 和 Roger-son 则进一步研究了休闲农业与乡村旅游对农村减贫、农户生计能力提升的贡

---

① 丁忠明，孙敬水. 我国观光农业发展问题研究 [J]. 中国农村经济，2000 (12)：27 - 31；GAO S，HUANG S，HUANG Y. Rural tourism development in China [J]. International journal of tourism research，2009 (5)：439 - 450；SU B. Rural tourism in China [J]. Tourism management，2011，32 (6)：1438 - 1441；张辉，方家，杨礼宪. 我国休闲农业和乡村旅游发展现状与趋势展望 [J]. 中国农业资源与区划，2017，38 (9)：205 - 208；FLEISCHER A，FELSENSTEIN D. Support for rural tourism：does it make a difference? [J]. Annals of tourism research，2000，27 (4)：1007 - 1024；CÁNOVES G，VILLARINO M，PRIESTLEY G K，et al. Rural tourism in Spain：an analysis of recent evolution [J]. Geoforum，2004，35 (6)：755 - 769；WALFORD N. Patterns of development in tourist accommodation enterprises on farms in England and Wales [J]. Applied geography，2001，21 (4)：331 - 345；MILLER J W，ATANDA T. The rise of peri-urban aquaculture in Nigeria [J]. International journal of agricultural sustainability，2011，9 (1)：274 - 281；DE BON H，PARROT L，MOUSTIER P. Sustainable urban agriculture in developing countries：a review [J]. Sustainable agriculture，2009，30 (1)：619 - 633.

② DUCHEMIN E，WEGMULLER F，LEGAULT A. Urban agriculture：multi-dimensional tools for social development in poor neighbourhoods [J]. Field actions science report，2009 (1)：1 - 8；ZAS-ADA I. Multifunctional peri-urban agriculture：a review of societal demands and the provision of goods and services by farming [J]. Land use policy，2011，28：639 - 648；VAGNERON I. Economic appraisal of profitability and sustainability of peri-urban agriculture in Bangkok [J]. Ecological economics，2007，61 (2)：516 - 529；YANG Z，CAI J，SLIUZAS R. Agro-tourism enterprises as a form of multi-functional urban agriculture for peri-urban development in China [J]. Habitat international，2010，34 (4)：374 - 385；ROGERSON C M，ROGERSON J M. Agritourism and local economic development in South Africa [J]. Bulletin of geography，socio-economic series，2014 (26)：93 - 106.

献①；Silva 和 Leal 更是从文化角度分析了欧洲休闲农业与乡村旅游发展对民众的国家认同的影响②。四是从经济学、管理学视角探讨休闲农业与乡村旅游本身的市场需求、成本收益等发展问题的研究，如 Fleischer 和 Tchetchik 先后多次对以色列休闲农业与乡村旅游的成本和收益机制进行详细分析，并提出了相应的支持策略，而 Liu 和 Yen 则基于台湾地区的案例对休闲农业与乡村旅游的服务质量与消费者选择行为之间的关系进行了深入的探讨③。

文献梳理表明，国外关于休闲农业与乡村旅游的研究无论是在政府的宏观调控、企业的市场推广、消费者的行为特征方面，还是在环境资源的保护和利用、地理位置的选择、管理和经营模式等方面都比较成熟，并且采用了比较多的先进研究方法④。但是目前国内对休闲农业与乡村旅游的研究在广度上和深度上都还处于初步阶段。大量研究仅仅停留在基本理论和政策探讨的层面上，而针对微观层面的休闲农业与乡村旅游经营主体、中观层面的休闲农业与乡村旅游产业组织结构以及动态的宏观环境中休闲农业与乡村旅游产业转型升级的相关研究还极为缺乏。这为本书的进一步研究提供了巨大的空间。

---

① 史冰清，原梅生，孔祥智. 观光农业对农户经济收入影响的理论分析 [J]. 山西财经大学学报，2007（11）：56-60；ZEZZA A，TASCIOTTI L. Urban agriculture，poverty，and food security：empirical evidence from a sample of developing countries [J]. Food policy，2010（4）：265-273；SGROI F，TRAPANI A M D，TESTA R，et al. The rural tourism as development opportunity or farms：the case of direct sales in Sicily [J]. American journal of agricultural & biological science，2014，9（3）：407-419；HWANG J H，LEE S W. The effect of the rural tourism policy on non-farm income in South Korea [J]. Tourism management，2015，46：501-513；孔祥智，钟真，原梅生. 乡村旅游业对农户生计的影响分析：以山西三个景区为例 [J]. 经济问题，2008（1）：115-119；TAO T，WALL G. Tourism as a sustainable livelihood strategy [J]. Tourism Management，2009（1）：90-98；IORIO M，CORSALE A. Rural tourism and livelihood strategies in Romania [J]. Journal of rural studies，2010，26（2）：152-162；PILLAY M，ROGERSON C M. Agriculture-tourism linkages and pro-poor impacts：the accommodation sector of urban coastal KwaZulu-Natal，South Africa [J]. Applied geography，2013，36：49-58.

② SILVA L，LEAL J. Rural tourism and national identity building in contemporary Europe：evidence from Portugal [J]. Journal of rural studies，2015，38：109-119.

③ FLEISCHER A，TCHETCHIK A. Does rural tourism benefit from agriculture？ [J]. Tourism management，2005，26（4）：493-501；LIU C，YEN L. The effects of service quality，tourism impact，and tourist satisfaction on tourist choice of leisure farming types [J]. African journal of business management，2010，4（8）：1529-1545.

④ 黄志红，休闲农业理论研究评述及展望 [J]. 经济学动态，2009（9）：89-92.

二、休闲农业与乡村旅游发展转型的内在机制研究

休闲农业与乡村旅游的兴起与发展，主要源自城市与乡村在资源要素和消费结构上的不平衡[①]。但不同国家或地区休闲农业与乡村旅游发展转型的内在机制是存在差异的。从已有文献来看，国内外学者研究的重点呈现出两个不同的倾向。

国内研究多注重对发展演化的宏观分析。从产业转型的理论分析看，多数学者聚焦于产业结构的变化和产业链条的整合与延伸[②]。田里和陈永涛、刘少和曾对旅游产业的转型升级做了较为详细的综述，对转型战略、转型路径、转型对策，特别是设施与服务、市场与形象、技术与支持等方面进行了全面的文献梳理，为休闲农业与乡村旅游产业的转型升级提供了很好的文献分析基础[③]。当然，也有学者认为旅游业的转型升级在理论上是个"伪命题"，休闲、观光、度假等只是旅游产品的不同形态，既不是"型"，也不是"级"，因而旅游产业转型升级在逻辑上是不成立的。但谋求变化是产业保持稳定向好发展的必要条件。为此，大量学者聚焦于不同地区、不同模式、不同特色的休闲农业与乡村旅游发展演变的经验总结，如有关注浙江、上海等发达地区的[④]，也有关注湖

---

① LIU J，NIJKAMP P，LIN D. Urban-rural imbalance and tourism-led growth in China [J]. Annals of tourism research，2017，64：24－36；TORRES R M，MOMSEN J. Tourism and agriculture：new geographies of consumption，production and rural restructuring [M]. New York：Routledge，2011.

② 江金波，刘华丰，严敏. 旅游产业结构及其转型升级的科技创新路径研究：以广东省为例 [J]. 重庆大学学报（社会科学版），2014，20（4）：16－24；杨莎莎，孔令乾. 旅游业发展与产业结构升级的互动机理探讨：低碳经济视角 [J]. 重庆大学学报（社会科学版），2017，23（1）：1－16；毛蕴诗，陈嘉殷，李田. 农业转型升级：产业链整合与延伸：基于台湾美浓镇的实地调研与启示 [J]. 产经评论，2014（4）：96－104.

③ 田里，陈永涛. 旅游产业转型升级研究进展 [J]. 资源开发与市场，2017，33（10）：1265－1270；刘少和. 旅游转型研究综述及我国旅游转型发展的探讨 [J]. 旅游论坛，2008，1（6）：322－325.

④ LI P，RYAN C，CAVE J. Chinese rural tourism development：transition in the case of Qiyunshan，Anhui：2008－2015 [J]. Tourism management，2016，55：240－260；蔡碧凡，陶卓民，张建国，等. 浙江休闲农业经营主体发展特征与空间演化 [J]. 经济地理，2017，37（5）：181－190；潘小慈. 供给侧改革背景下浙江省乡村旅游转型升级研究 [J]. 广西社会科学，2017（5）：80－82；马斌. 特色小镇：浙江经济转型升级的大战略 [J]. 浙江社会科学，2016（3）：39－42；吴俊. 县域旅游转型升级中的路径依赖、创造及突破：以浙江省淳安县为例 [J]. 商业经济与管理，2012，1（5）：57－63；江昼. 经济发达地区乡镇经济转型升级之旅游业发展思路探讨：以昆山市张浦镇旅游业发展为例 [J]. 生态经济，2012（6）：141－145；朱建江. 乡村振兴与乡村旅游发展：以上海为例 [J]. 上海经济，2017（6）：17－24.

南、江西、辽宁、广西等其他地区的[①]。但系统地看，这些研究多数缺乏对休闲农业与乡村旅游内在规律和成因机理的深入研究[②]。

国外研究多侧重于对内在机制的微观分析。休闲农业与乡村旅游作为一个特殊产业对农村发展的贡献离不开农业与旅游业的融合互动，其功能成效也主要取决于农业与农村旅游业的融合效果[③]。具体地看，影响不同类型休闲农业与乡村旅游发展的驱动因素有很多，主要有以下五个方面：一是与当地农业相关的因素，如是否具有本地品牌的农产品[④]、农业景观特色[⑤]、有机农业发展程度[⑥]等；二是与当地自然环境和人文环境有关的因素，如自然环境状况[⑦]、古村落或文化遗产[⑧]、地方依恋与行为意向[⑨]、村庄的集体行动和组织领导能

---

① 王兆峰. 湖南旅游产业转型与结构升级优化研究 [J]. 湖南科技大学学报（社会科学版），2011，14（1）：75-80；邓燕萍. 江西温泉旅游资源深度开发策略研究：基于旅游转型升级的视角 [J]. 求实，2011（9）：64-67；潘冬南. 广西旅游产业转型升级中的政府职能研究 [J]. 广西大学学报（哲学社会科学版），2013，35（1）：92-96；谢春山，魏巍. 辽宁省旅游产业转型升级对策研究 [J]. 财经问题研究，2009（12）：133-137；张敏敏，陈赖嘉措，王英. 西南民族地区旅游经济发展模式的转型升级：以泸沽湖为例 [J]. 农村经济，2017（6）：102-108.

② 覃建雄. 基于系统理论的乡村旅游转型升级研究：进展与趋势 [J]. 中国人口·资源与环境，2016（S1）：301-304.

③ FLANIGAN S，BLACKSTOCK K，HUNTER C. Generating public and private benefits through understanding what drives different types of agritourism [J]. Journal of rural studies，2015，41：129-141；LUPI C，GIACCIO V，MASTRONARDI L，et al. Exploring the features of agritourism and its contribution to rural development in Italy [J]. Land use policy，2017，64：383-390；ROGERSON C M. Strengthening agriculture-tourism linkages in the developing world：opportunities，barriers and current initiatives [J]. African journal of agricultural research，2012，7（4）：616-623；ROGERSON C M. Tourism-agriculture linkages in rural South Africa：evidence from the accommodation sector [J]. Journal of sustainable tourism，2012，20（3）：477-495.

④ OHE Y，KURIHARA S. Evaluating the complementary relationship between local brand farm products and rural tourism：evidence from Japan [J]. Tourism management，2013，35：278-283.

⑤ GAO J，BARBIERI C，VALDIVIA C. Agricultural landscape preferences：implications for agritourism development [J]. Journal of travel research，2014，53（3）：366-379.

⑥ PRIVITERA D. The importance of organic agriculture in tourism rural [J]. Apstract applied studies in agribusiness & commerce，2010，4（1）：59-64.

⑦ POCZTAWAJDA A，POCZTA J. The role of natural conditions in qualified agritourism：case of Poland [J]. Agricultural economics，2016，62（4）：167-180.

⑧ KASTENHOLZ E，CARNEIRO M J，MARQUES C P，et al. Understanding and managing the rural tourism experience：the case of a historical village in Portugal [J]. Tourism management perspectives，2012，4（4）：207-214.

⑨ LOUREIRO S M C. The role of the rural tourism experience economy in place attachment and behavioral intentions [J]. International journal of hospitality management，2014，40：1-9.

力[①]等；三是与经营者有关的因素，如是否为法人单位、是否为本地人等经营者的社会经济特征[②]，经营规模与经营策略[③]等；四是与消费者有关的因素，如消费者的群体特征[④]、不同细分市场中消费者的消费动机[⑤]、消费者对项目或所在区域的印象[⑥]、消费者的满意度[⑦]等；五是与政府有关的因素，如政府干预手段或政策导向[⑧]等。

　　面对政策支持导向下行业竞争加剧和消费者需求层次与结构快速变化的形势，休闲农业与乡村旅游产业该如何应对是很值得研究的。而经营主体是休闲农业与乡村旅游产业发展的主体，必须予以重点关注。只有经营主体利用好内外部资源条件、采取合理的经营策略，才能有效推动整个产业的健康发展与科学转型。而已有研究（特别是国内研究）常常多关注于特定区域或典型案例的综合转型分析，对微观层面的经营主体的转型决策逻辑分析得远远不够。这为本书提供了重要的切入视角和分析窗口。

　　① SAXENA G, ILBERY B. Developing integrated rural tourism: actor practices in the English/Welsh border [J]. Journal of rural studies, 2010, 26 (3): 260-271; HAVEN-TANG C, JONES E. Local leadership for rural tourism development: a case study of Adventa, Monmouthshire, UK [J]. Tourism management perspectives, 2012, 4: 28-35.

　　② KOMPPULA R. The role of individual entrepreneurs in the development of competitiveness for a rural tourism destination: a case study [J]. Tourism management, 2014, 40: 361-371.

　　③ KHANAL A R, MISHRA A K. Agritourism and off-farm work: survival strategies for small farms [J]. Agricultural economics, 2014, 45 (S1): 65-76; CHEN L C, LIN S P, Kuo C M. Rural tourism: marketing strategies for the bed and breakfast industry in Taiwan [J]. International journal of hospitality management, 2013 (32): 278-286.

　　④ EUSÉBIO C, CARNEIRO M J, KASTENHOLZ E, et al. Who is consuming the countryside? an activity-based segmentation analysis of the domestic rural tourism market in Portugal [J]. Journal of hospitality & tourism management, 2017, 31: 197-210.

　　⑤ RID W, EZEUDUJI I O, PRÖBSTL-HAIDER U. Segmentation by motivation for rural tourism activities in the Gambia [J]. Tourism management, 2014, 40: 102-116.

　　⑥ DUBOIS C, CAWLEY M, SCHMITZ S. The tourist on the farm: a "muddled" image [J]. Tourism management, 2017, 59: 298-311.

　　⑦ DEVESA M, LAGUNA M, PALACIOS A. The role of motivation in visitor satisfaction: empirical evidence in rural tourism [J]. Tourism management, 2010, 31 (4): 547-552.

　　⑧ SRISOMYONG N, MEYER D. Political economy of agritourism initiatives in Thailand [J]. Journal of rural studies, 2015, 41: 95-108.

三、北京市休闲农业与乡村旅游及其转型的相关研究

休闲农业与乡村旅游作为北京都市型现代农业的主要组成部分,一直在扩大京郊农民就业、促进农户增收、加快城乡一体化进程等方面发挥着十分重要的作用。但是,目前关于北京市休闲农业与乡村旅游的专门性研究还不多,已有研究多数集中在:一是对北京市发展都市型现代农业的宏观讨论。如对北京都市型现代农业的概念与属性特征的辨析①、对北京都市型现代农业发展的定位与战略思考②、对北京都市型现代农业发展中存在问题的总结及对政府支持策略的探讨③等方面。二是对京郊休闲农业与乡村旅游的定性分析。这些分析大多是关于现状特征、发展模式、存在问题、对策建议等宏观层面的提炼总结④,个别文献是以某一区县或特定乡村为案例的定性分析⑤。

---

① 王爱玲,秦向阳,文化. 都市型现代农业的内涵、特征与发展趋势 [J]. 中国农学通报,2007 (10):20 - 24.

② 王有年. 新时期北京都市型现代农业的发展与创新 [J]. 高等农业教育,2007 (9):3 - 7;史亚军,黄映晖. 从战略高度认识北京新农村建设与都市型现代农业发展问题 [J]. 北京农学院学报,2006 (S1):28 - 30;王爱玲,陈慈,张平,等. 新时期北京都市型现代农业发展的战略思考 [J]. 中国农学通报,2011,27 (2):281 - 284;李伟书,张领先,傅泽田,等. 北京都市型现代农业发展的重点与对策 [J]. 科技管理研究,2013,33 (1):86 - 89;康杰,杨欣. 北京都市休闲农业的发展模式及对策建议 [J]. 北京农业职业学院学报,2016,30 (3):11 - 15.

③ 郭淑敏,程序,史亚军. 北京的资源环境约束与生态型都市农业发展对策 [J]. 农业现代化研究,2004 (3):194 - 197;黄映晖,孙世民,史亚军. 北京都市型现代农业社会化服务体系创新模式研究 [J]. 中国农学通报,2010,26 (20):444 - 447;陈俊红,尹光红. 论北京构建都市型现代农业社会化服务体系 [J]. 沈阳农业大学学报(社会科学版),2010 (5):523 - 526;张福平,王欣,王博,等. 我国都市型现代农业中利益主体协同机制研究:以北京市都市型现代农业产业为例 [J]. 科技管理研究,2014,34 (4):1 - 5.

④ 范子文. 北京休闲农业升级研究 [M]. 北京:中国农业科学技术出版社,2014;何忠伟,陈艳芬,罗红. 低碳经济背景下北京乡村旅游转型升级研究 [M]. 北京:中国农业出版社,2015;向雁,屈宝香,侯艳林. 北京休闲农业发展现状特征及对策建议 [J]. 中国农业资源与区划,2017,38 (4):214 - 222;杜姗姗,蔡建明,陈奕捷. 北京市观光农业园发展类型的探讨 [J]. 中国农业大学学报,2012,17 (1):167 - 175;徐广才,史亚军,黄映晖,等. 北京休闲农业标准体系构建与推广模式研究 [J]. 中国农学通报,2013,29 (20):214 - 220;邱莉. 北京市休闲观光农业发展研究 [D/OL]. 北京:中国农业科学院,2012. [2023 - 10 - 01]. http://hfgga60aabc7d15084b00s0cb0fpvnnnku6xxx. fhaz. libproxy. ruc. edu. cn/KCMS/detail/detail. aspx? dbname=CMFD2012&filename=1012413989. nh.

⑤ 彭朝晖,杨开忠. 政府扶持下的都市农业产业群模式研究:以北京市延庆县为例 [J]. 中国农业大学学报,2006 (2):22 - 26;王剑,李宇红,赵淼. 产业融合背景下北京休闲农业园旅游发展问题研究:以通州瑞正园为例 [J]. 北京财贸职业学院学报,2014,30 (6):53 - 56;孔德帅,李玉新,靳乐山. 都市生态涵养区休闲农业景观的游憩价值:以北京市珍珠泉景区为例 [J]. 城市问题,2016 (9):97 - 103.

具体到北京市休闲农业与乡村旅游发展的微观机制的研究很少。除了王国华、范子文、何忠伟和曹暕、秦志红在低碳经济发展和美丽乡村建设等视角下专门讨论过北京市休闲农业与乡村旅游转型升级问题之外[①]，大多数文献仅从游客满意度和旅游决策等角度分析了北京市休闲农业与乡村旅游在"需求侧"的问题[②]，只有极少数文献从"供给侧"角度分析了北京市休闲农业与乡村旅游经营者的决策逻辑和产业融合问题[③]。

可见，北京市休闲农业与乡村旅游的内在机制还有待进一步系统深入的分析，只有厘清了北京市作为特大型都市发展休闲农业与乡村旅游的特殊规律，才能为"十三五"时期的转型路径提供有力的解释，方能为新时代北京市休闲农业与乡村旅游的高质量发展提供理论依据和政策建议。

第三节　研究的基本思路与主要内容

一、研究的基本思路

首先，从产业融合、乡村振兴等角度构建起城乡融合同休闲农业与乡村旅游发展之间的逻辑关系，将其落脚到土地、劳动、资本三大生产要素上，并依托休闲农业与乡村旅游经营户的这一核心主体，从产业发展的宏观层面和经营户决策的微观层面，在理论上构建城乡融合视角下休闲农业与乡村旅游发展的

---

① 王国华. 北京郊区乡村旅游产业转型升级的路径与方法 [J]. 北京联合大学学报（人文社会科学版），2013，11（4）：28-35；范子文. 北京休闲农业升级研究 [M]. 北京：中国农业科学技术出版社，2014；何忠伟，曹暕. 北京休闲农业发展现状、问题及政策建议 [J]. 中国乡镇企业，2014（1）：78-81；秦志红. 美丽乡村建设背景下的北京乡村旅游转型升级研究 [J]. 南方农业，2017，11（9）：85-87.

② 侯宏杰. 旅游消费行为研究：以北京观光农业为例 [M]. 北京：光明日报出版社，2013；罗红，陈晓，何忠伟. 低碳视角下乡村旅游决策行为实证研究：基于北京市300位游客的调查数据 [J]. 中国农学通报，2014，30（34）：294-302；周海苏，华玉武，唐衡，等. 北京市门头沟区休闲农业园游客满意度调查研究 [J]. 中国农学通报，2015，31（19）：276-283；赖彩丝. 北京休闲农业游客特质与景观环境满意度研究 [D/OL]. 北京：北京交通大学，2011. [2023-08-01]. http://hfgga60aabc7d15084b00s0cb0fpvnnnku6xxx.fhaz.libproxy.ruc.edu.cn/KCMS/detail/detail.aspx?dbname=CMFD2011&filename=1011096368.nh；刘红瑞，霍学喜. 城市居民休闲农业需求行为分析：基于北京市的微观调查数据 [J]. 农业技术经济，2015（4）：90-97.

③ 王琪延，徐玲. 基于产业关联视角的北京旅游业与农业融合研究 [J]. 旅游学刊，2013，28（8）：102-110；钟真，谭玥琳，刘俨慧. 观光农业经营策略及影响因素研究：以京郊农业经营户应对成本上升为视角 [J]. 北京社会科学，2015（1）：26-35.

概念框架。其次，利用实地调查资料和官方已有统计数据，对北京市休闲农业与乡村旅游的总体发展格局、产业发展路径、经营者决策机制等内容进行统计和计量分析，提炼经营者面临的现实制约与主要需求，找出休闲农业与乡村旅游发展转型的途径、方式和关键因素。再次，在政策梳理和典型经营户的案例分析的基础上，进一步对理论框架中的判断和计量分析的结果进行验证。最后，基于上述理论和实践分析，从宏观和微观两个角度提出北京市休闲农业与乡村旅游的转型发展的对策建议（见图1-1）。

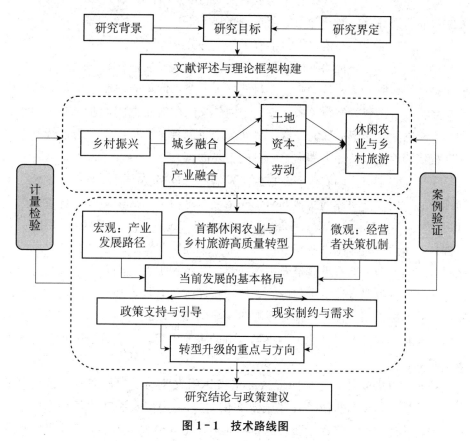

图1-1　技术路线图

二、研究的主要内容

党的二十大报告重申，我国社会主要矛盾是人民日益增长的美好生活需要和不平衡不充分的发展之间的矛盾。类似的情况同样发生在北京市休闲农业与乡村旅游产业上：一方面，人们对休闲农业与乡村旅游的消费水平不断提升和需求结构日益多元化；另一方面，休闲农业与乡村旅游的经营主体、资金来源、运营方式、追求目的也在发生着深刻的变化，而事实表明供给侧的这些变化尚不能满足需求侧的消费要求。因此，从理论上找到能够解释这一矛盾的原因并基于现实总结北京市休闲农业与乡村旅游可行的转型路径和高质量发展方向，是本书的主要研究目标。而要完成这一目标，前提就是要弄清楚北京市休闲农业与乡村旅游发展的现状特点与内在机制。这要求对北京市休闲农业与乡村旅游产业的经营主体（或有关从业者）、所在的村庄或社区（及其居民）、相关的政府部门等对象展开深入的调查研究。

据此，本书的主要内容将包括以下几个部分：

第一，城乡融合视角下休闲农业与乡村旅游的发展逻辑。通过对国内外已有文献进行研究，从产业融合、乡村振兴等多个角度构建起城乡融合同休闲农业与乡村旅游发展的逻辑关系，整理国内外文献中对于休闲农业与乡村旅游转型内在机制及其转型的研究经验，搭建起全书的理论分析框架，为后续部分的研究提供理论支持，此为本书第一章的主要内容。

第二，北京市休闲农业与乡村旅游发展的总体格局。通过对不同区域、不同地形、不同经营主体的实地调研，并结合北京市第三次全国农业普查的数据（以下简称"北京市'三农普'数据"）和北京市统计局历年相关的统计资料，掌握目前北京市的休闲农业与乡村旅游"谁在经营""怎么经营的""经营得怎么样"三大问题。即有哪些经营主体在参与，各种类型的经营主体数量分布如何；分别经营哪些具体的项目内容，以什么样的要素投入和产品产出方式在经营；经营的绩效怎么样，总体存在哪些明显的发展模式，能否满足北京特大城市的多样化需求；等等。此为本书第二章的主要内容，为展开研究提供总体的事实基础。

第三，以产业融合为导向促进北京市休闲农业与乡村旅游转型的机制研究。休闲农业与乡村旅游是农业旅游文化"三位一体"、生产生活生态同步改善、农村一产二产三产深度融合的新产业新业态新模式。本书第三章和第四章基于北京市"三农普"数据，以都市农业的服务业化（农业社会化服务）为纽带，从两个方面依次展开研究：一是研究农业社会化服务对三产融合的影响；二是研究休闲农业与乡村旅游对农业社会化服务发展的影响。基于这两方面研究厘清北京市休闲农业与乡村旅游同产业融合的关系，进而从内在机制出发，得出推动北京市休闲农业与乡村旅游转型升级的一大路径，即以产业融合为目标导向。

第四，北京市休闲农业与乡村旅游发展助推乡村振兴的模式总结与影响因素研究。首先，梳理休闲农业与乡村旅游同乡村振兴的逻辑关系，总结北京市休闲农业与乡村旅游发展促进乡村振兴的初步成效；其次，基于调研资料重点归纳北京市休闲农业与乡村旅游助推乡村振兴的主要模式与规律特征，并总结条件薄弱村通过休闲农业与乡村旅游助推乡村振兴的可行途径；再次，提出有效助推乡村振兴的问题挑战及主要政策需求。以上为本书第五章的主要内容。最后，本书第六章和第七章分别分析外来投资和互联网对休闲农业与乡村旅游的影响，从而对村庄的资本引入和互联网应用提出细化建议。

第五，推动北京市休闲农业与乡村旅游高质量发展的策略选择与政策建议。在上述四个部分的研究基础上，本书第八章归纳出总体研究结论，并提出如何加快推动北京市休闲农业与乡村旅游发展转型、提档升级的目标和具体措施，为促进北京市都市型现代农业经营体制创新提供参考。

第四节　研究方法与资料来源

一、研究方法

（一）资料收集方法

北京市"三农普"数据开发。对北京市"三农普"数据进行深度梳理和开发，全面呈现当前北京市休闲农业与乡村旅游发展面临的各类成本的实际水平和具体结构，并在宏观上分析休闲农业与乡村旅游发展的效益和基本格局。

半结构访谈。在北京市"三农普"数据开发的基础上，选择 60 余户经营水平较高、成功实现转型的经营户进行深入的半结构访谈，以期提炼总结相关经验做法，为北京市休闲农业与乡村旅游高质量发展相关政策出台提供参考建议。

（二）分析论证方法

计量分析法。主要运用统计学和计量经济学的方法对经营户生产经营行为变动及其影响因素、收益变化等内容进行验证。

案例分析法。主要利用半结构访谈获得的案例资料对经营户如何实现转型升级进行说明，并进一步验证计量分析结果。

二、资料来源

本研究所用资料主要来自以下两个部分：

一是来自宏观统计资料。包括《中国统计年鉴》、《北京统计年鉴》、《全国农产品成本收益资料汇编》、2016 年北京市"三农普"数据等，并参考了调研区及乡镇所提供的相关二手资料。其中，重点分析了北京市"三农普"数据，此次普查的标准时点为 2016 年 12 月 31 日，时期资料为 2016 年度资料。该数据在全国普查问卷基础上专门设置了"休闲农业与乡村旅游"调查表，提供了更加丰富的有关北京市休闲农业与乡村旅游的信息。

二是来自微观调研资料。课题组针对北京市休闲农业与乡村旅游共进行过两次实地调研：第一次是 2018 年 3—6 月对怀柔、平谷、昌平等 3 个京郊区进行的局部调研。第二次是 2021 年 6—10 月对延庆、怀柔、平谷、房山、大兴、通州、顺义、昌平、朝阳、海淀、丰台、密云、门头沟等 13 个涉农区进行的全面调研。第二次调研共走访了 23 个村，调研了经营户 60 余户（具体案例可参见附件）。

◀◀ 第二章 ▶▶

北京市休闲农业与乡村旅游发展的总体格局：
基于《北京统计年鉴》和北京市"三农普"
数据的分析

随着经济的不断发展和人民对美好生活的需要日益增长，以及城市在工业化和城市化进程中出现了生态环境恶化等问题，能够就近满足亲近自然、休闲娱乐需求的休闲农业与乡村旅游正受到越来越多的城市居民的青睐。北京市作为我国政治和文化中心的同时，也是我国的超大城市，城镇化率居全国前列，不可避免地出现一系列的大城市病。近年来，北京市贯彻落实"产业兴旺、生态宜居、乡风文明、治理有效、生活富裕"20字方针，积极探索拓宽农民收入渠道、推动精准扶贫工作、助力盘活农村经济的新途径、新业态、新模式。而作为北京都市型现代农业重要形式之一的休闲农业与乡村旅游已然初步发挥出"一业兴百业"的带动作用，是京郊农村一二三产业融合的具体表现[①]，是落实"绿水青山就是金山银山"的重要载体[②]。进入新的发展时期，京郊休闲农业与乡村旅游更是在以生态文明理念推进美丽乡村建设、传承农事农耕文化、助力北京市农业供给侧改革等方面发挥着重要作用[③]。

然而，2016—2022年《北京市国民经济和社会发展统计公报》显示，"十三五"时期以来，北京市休闲农业与乡村旅游产业呈现出连续几年下行随后又"触底反弹"的发展趋势。2017年北京市民俗旅游总收入比上年下跌

---

① 杨振之. 城乡统筹下农业产业与乡村旅游的融合发展 [J]. 旅游学刊，2011 (10)：10-11.

② 北京市农村工作委员会. 关于加快休闲农业和乡村旅游发展的意见 [EB/OL]. (2017-09-12) [2023-03-22]. https://www.beijing.gov.cn/zhengce/zhengcefagui/201905/t20190522_60569.html.

③ 宁泽群，等. 农业产业转型与乡村旅游发展：一个乡村案例的剖析 [M]. 北京：旅游教育出版社，2014；安金明. 旅游下乡：城乡统筹与旅游发展的现实选择 [J]. 旅游学刊，2011 (12)：7-8；郭光磊. 北京市休闲农业与乡村旅游发展研究 [M]. 北京：中国言实出版社，2017.

了 1.1%[①]；此外农业观光园的接待人次也同比下降了 6.4%，经营收入虽上涨了 6.8%，但也远不及"十二五"开局时期的增速（2011 年和 2012 年经营收入增长率分别为 22.9%和 24.0%）[②]。2018—2020 年北京市农业观光园数量及其经营收入持续下跌，其中，数量同比下降 21.1%，经营收入同比下降43.2%。这一态势在"十四五"开局之年出现反弹。具体表现为：2021 年北京市农业观光园数量突破千个，出现了自 2016 年以来首次止跌回升；同年，接待游客数量同比增长 34.2%，经营收入同比增长 30.4%。然而，此发展态势受新冠疫情反复和随之产生的消费者信心受挫等影响尚不稳定。尽管 2022 年北京市农业观光园和民俗旅游实际经营户的数量相对前一年有所增加，但其总收入却与上年同期持平甚至出现下降。

那么，"十三五"时期以来，北京市休闲农业与乡村旅游究竟发生了什么，如何解释上述触底反弹的发展趋势？进一步地，如何让北京市的休闲农业与乡村旅游充分利用其紧邻超大城市的市场优势和依靠政府强大财政支持的政策优势呢？本章的分析主要依托两组数据：一是《北京统计年鉴》，作为面板数据，其能够帮助本书拓展分析的深度，便于探究历年来北京市休闲农业与乡村旅游的变化趋势；二是北京市"三农普"数据公报，该截面数据提供了丰富的信息，可以帮助拓宽分析的广度，以便多方面了解北京市休闲农业与乡村旅游的发展情况。本章将结合以上两组数据，以期立体和全面地呈现北京市休闲农业与乡村旅游的发展现状和总体格局；在此基础上，再结合课题组于 2018 年 3—6 月在怀柔、平谷、昌平等北京郊区的实地调研成果，尝试找到新时代北京市休闲农业与乡村旅游转型中存在的问题。

第一节　北京市休闲农业与乡村旅游发展的现实基础

一、关键优势

北京市"三农普"数据显示，发展到 2016 年末，京郊休闲农业与乡村旅游的经营性单位和个体经营户共计 3.2 万家，总占地面积 69.9 万亩，共有接待床位 67.6 万张，接待餐位 582 万位，注册资金共计 219.0 亿元，接待游客

---

① 数据摘自《北京市 2017 年国民经济和社会发展统计公报》。
② 由《北京统计年鉴》中数据计算得出。

20 147 万人次，经营总收入 150.7 亿元，经营总支出 120.3 亿元，实现了 30.4 亿元的利润。基于北京市休闲农业与乡村旅游在转型阶段的发展状况，加上北京市作为世界历史文化名城和中国古都之一，长期以来积淀了大量的民间艺术和民俗文化，因而北京市具备良好的休闲农业资源这个先决条件和发展旅游的环境支撑，具体体现在以下三个方面：

一是北京市休闲农业与乡村旅游坐拥庞大的消费群体和消费需求。据统计，北京市居民人均可支配收入在十年间持续增长，2022 年北京市居民人均可支配收入增至 77 415 元。作为休闲农业与乡村旅游主要的消费群体，2022 年北京市城镇居民人均可支配收入达 84 023 元，人均消费支出达 45 617 元，而家庭恩格尔系数仅为 21.1%，北京市城镇居民的消费结构已然发生转变。

二是休闲农业与乡村旅游是京郊农业转型升级新的增长点。北京市由于其独有的地理区位和城市功能定位，农业中的种植业、畜牧业等发展水平呈现连年下降的态势，早已不是北京市农业走出发展瓶颈的潜力点；而作为产业融合下的新兴业态、新兴模式，休闲农业与乡村旅游便被视为北京市都市农业转型新的发力点，备受政府和学界的关注①。

三是良好的自然环境和农业资源为京郊休闲农业与乡村旅游带来了基础优势。北京地处华北平原的西北部，地貌类型多样，太行山、燕山山脉自西向北环抱，永定河、潮白河水系纵贯京郊。全市山区面积占 62%，平原面积占 38%，融汇南方清秀山水和北国雄壮风光。此外，北京地处暖温带，气候适宜，四季分明，依托科研优势在平原区更是建立了高科技农业园区、生态观光农业园区和绿色度假村等多种农业园区。

二、发展阶段

我国休闲农业与乡村旅游早在 20 世纪 80 年代末就已兴起，而北京市休闲农业与乡村旅游则始于 20 世纪 90 年代，先后历经初步发展、数量扩张、规范发展及品质提升四个阶段。而今，其发展却面临下行压力，进入了亟须突破瓶颈、转型升级的第五阶段。

---

① 孔祥智. 都市型现代农业的内涵、发展思路和基本框架［J］. 北京农业职业学院学报，2007（4）：20-27；张英洪，王丽红. 加快都市型现代农业供给侧结构性改革［J］. 前线，2017（4）：42-45；葛新权，和龙. 促进我国农村产业融合发展的政策取向［J］. 经济纵横，2017（5）：80-85.

（一）初步发展阶段（1990—1997 年）

自 20 世纪 90 年代起，北京市工业化、城市化取得了一定进展，北京市城镇居民家庭恩格尔系数呈现整体下降趋势：从 1990 年的 54.2% 降至 1997 年的 43.7%，城镇居民消费结构得到改善。此外，随之而来的还有城市生态环境质量不断下降，城市人生活压力持续上升。故不少人逐渐将视角转向具有山水田园风光和清新乡土文化气息的乡村，北京市的乡村旅游悄然兴起。但这个阶段休闲农业与乡村旅游的经营管理并不规范，相关配套的基础设施尚不完善，而且大都由农户自主发展，旅游的内容也大都局限于郊游观光。

（二）数量扩张阶段（1998—2002 年）

北京市休闲农业与乡村旅游发展进入数量扩张阶段的标志是 1998 年北京市观光农业工作会议的召开，以"住农院、吃农饭、享农活、赏农景、品农风"为主要内容的旅游活动在会后得到了大力提倡。截至 2002 年底，北京市郊区已有 10 个区县相继开展了休闲农业与乡村旅游接待活动，乡村旅游接待户达到 1 520 户；开放的观光采摘园达 533 个，接待游客达 335.5 万人次，实现采摘收入 9 730.4 万元。这一阶段形成了以特色餐饮、民宿体验、观光采摘等多个旅游产品为主导的产业体系；经营形式趋于多样化，出现了自主经营、政府主导经营、混合经营等。

（三）规范发展阶段（2003—2005 年）

数量上的井喷式发展必定会对乡村旅游市场的监管和质量产生影响。故而在 2003 年，北京市政府制订并实施了推进北京郊区农业现代化发展的"221 行动计划"，休闲农业与乡村旅游的发展方向在计划中被指明，其发展进入了规范发展阶段。而后在 2005 年，北京市旅游局同市农委、市质监局联合印发了《北京市乡村民俗旅游村等级划分与评定》《北京市乡村民俗旅游户等级划分与评定》。这一阶段，无论是在准入门槛、产品内容上，还是在经营管理上，北京市休闲农业与乡村旅游都进入了"制度化、规范化"的良序发展。

（四）品质提升阶段（2006—2013 年）

不可否认，规范式的发展定会带来质的提升。2006 年，北京市推出了 24 条休闲农业与乡村旅游精品线路，逐步带动了全市休闲农业与乡村旅游整体质的提升。随后直到 2009 年北京市旅游局逐渐明确了 13 个区县的"一区（县）一色"旅游特色定位，完成 30 条"一沟（带）一品"的地域休闲农业与乡村旅游规划、30 个村旅游创意策划。传统意义上"住农院、吃农饭、享农活、赏农果、品农风"的休闲农业与乡村旅游已逐渐被一大批"投资规模大、旅游品质高、市场前景好"的项目取代。北京市休闲农业与乡村旅游走上了品牌化的发展道路。

（五）转型升级阶段（2014 年至今）

历经了 2006—2013 年的品质提升阶段，北京市一大批带有区域特色的休闲农业与乡村旅游品牌产品（包括农产品、项目、节庆、路线等）做大做强，很多都达到了全市甚至全国"家喻户晓"的程度。但是，伴随而来的就是同质化的经营模式和日趋激烈的市场竞争，质量效益增速开始放缓。2014 年，北京市农业观光园接待人次增长率首次跌破零，变为 −1.71%；2017 年，乡村旅游接待人次增长率也在整体下降的基础上呈现负值，变为 −2.84%，接待人次和总收入也出现"双下降"；2018—2020 年北京市农业观光园数量及其经营总收入持续下跌，园数从 1 172 个降至 925 个，经营总收入从 27.3 亿元降至 15.5 亿元。此外，受新冠疫情叠加影响，2020 年民俗旅游经营户（5 832 户）及其总收入（9.5 亿元）更是出现断崖式下跌。这说明在此期间，城市居民对京郊乡村旅游内容丰富性、品牌多样性、体验差异性的需求尚未有效满足，北京市休闲农业与乡村旅游在吸引城市居民释放休闲需求、激发京郊乡村产业兴旺、促进农民持续增收等方面呈现乏力态势。

整体情况于 2021 年开始出现触底反弹态势，2021 年北京市农业观光园数量突破千个，实现了自 2016 年以来首次止跌回升；以乡村民俗户、乡村民宿等为代表的实际经营户达 6 793 户，总收入（14.1 亿元）比上一年度增加 48.4%，恢复至 2019 年的 97.9%[①]。2022 年，虽然农业观光园和民俗旅游实际经营户数量仍在增加（分别增加 18 个和 312 户），但农业观光园总收入却与前一年同期持平，而经营户总收入甚至有所下降。这说明反弹仍处于显露初期，且受新冠疫情反复的叠加影响，效果尚不稳定。

由此可知，北京市休闲农业与乡村旅游仍处于转型升级阶段，对于这一时期整体下行趋势需要有一个相对全面客观的判断。一方面，应充分意识到下降

---

① 以上数据摘自 2016—2022 年《北京市国民经济和社会发展统计公报》。

阶段的出现是北京市休闲农业与乡村旅游发展必然要经历的过程，是过去十几年发展的规律性呈现，也是必然要出现的一个阶段；另一方面，要清醒认识到这一阶段"不乐观"的根源是新时代我国社会主要矛盾的具体体现，主要源于上述需求侧和供给侧的关键优势没有得到充分释放和有效衔接。为此，政府管理部门应高度重视北京市休闲农业与乡村旅游的转型升级，审慎、科学地采取相关应对措施，从而促进回升态势显现。

三、政策环境

良好的制度环境一直是京郊休闲农业与乡村旅游发展的有力保障。基于国家政策的指导和部署，北京市相关部门也相继出台了多个休闲农业与乡村旅游发展的政策文件，在宏观引导、基础设施、食品卫生、公共安全、资金补贴等方面制定了具体的扶持措施，支持力度高于国家整体扶持水平。北京市对休闲农业与乡村旅游的政策支持大致分为三个阶段：

（一）初步探索阶段（1998—2007 年）

20 世纪 90 年代起，北京市的乡村旅游悄然兴起，但这个阶段的休闲农业与乡村旅游经营大多属于农户自行发展，缺乏政策指导。1998 年，北京市观光农业工作会议召开，以"住农院、吃农饭、享农活、赏农景、品农风"为主要内容的旅游活动得到了大力提倡。2003 年，北京市政府制订并实施了推进北京郊区农业现代化发展的"221 行动计划"；2004 年底，北京市旅游局联合市发展改革委、市农委印发《北京市"十一五"时期乡村旅游发展规划》；2005 年，北京市农委发布《关于加快发展都市型现代农业的指导意见》，提出建设以精品农业和休闲农业为主的近郊农业发展圈。这一阶段的政策以推动休闲农业与乡村旅游起步，增加休闲农业与乡村旅游主体数量为主。休闲农业与乡村旅游的主体数量（包括农业观光园个数和乡村旅游接待户数量）迅速上升，经营收入也随之完成跃升。但是在这一阶段休闲农业与乡村旅游的质量并没有得到关注，品质提升因此成为下一阶段北京市休闲农业与乡村旅游政策的关注重点。

（二）规范品质阶段（2008—2014 年）

随着休闲农业与乡村旅游主体数量的不断增长，主体质量出现参差不齐的现象，北京市休闲农业与乡村旅游政策因此更加关注"制度化、规范化"发展，在准入门槛、产品内容和经营管理上都对休闲农业与乡村旅游经营主体提出了品质提升要求。2008 年北京成功举办夏季奥运会以后，全市开始注重打造休闲农业与乡村旅游精品项目和示范典型。2009 年，北京市旅游局发布了《乡村旅游特色业态标准及评定》，规定了"乡村旅游特色业态"应具有的共有要素的基本要求及评定规则，将休闲农业与乡村旅游引导至特色发展的道路。2013 年，北京市旅游发展委员会发布了《促进北京主题旅游休闲场所发展的若干意见》，再次强调了主题特色，深入挖掘休闲农业与乡村旅游的发展潜力。2014 年北京市政府发布《北京市文化创意产业提升规划（2014—2020 年)》，提出要将文化产业和其他产业融合，为休闲农业与乡村旅游从文化创意的角度提供了品质提升的契机。但是随着特色资源的开发，休闲农业与乡村旅游主体开始走向同质化，如何优化突破成为下一阶段的政策重点。

（三）优化部署阶段（2015 年至今）

从 2015 年起，北京市休闲农业与乡村旅游政策开始调整质量效益增速放缓的问题。这一时期的北京市休闲农业与乡村旅游发展还受到了天津、河北等新兴休闲农业与乡村旅游市场竞争的影响，接待人次和经营总收入出现"双下降"。2016 年，北京市政府又发布了《关于促进旅游业改革发展的实施意见》，提出要建设符合首都特点和游客需求的新业态发展要求的休闲农业与乡村旅游。2017 年，北京市农委在《关于加快休闲农业和乡村旅游发展的意见》中明确了以"存量抓升级、增量重转型"为发展主线，激发乡村旅游消费活力，促进农业和旅游产业融合升级。经过多年的发展，北京市休闲农业与乡村旅游已经走向了产业融合升级，相关政策也开始推动休闲农业全面嵌入乡村振兴的大战略之中。2020 年，北京市农业农村局、北京市财政局联合发布《北京市休闲农业"十百千万"畅游行动实施意见》，全面构建覆盖各区、乡村、园区与农户的全要素配套、全方位布局、多层次提升的休闲农业产业发展体系。随后三年的规划都将深化与拓展"十百千万"畅游行动作为主线任务。2021 年北京市政府发布《北京市"十四五"时期乡村振兴战略实施规划》进一步强调要做精休闲农业，以休闲农业的高质量发展助推乡村振兴的实现。2022 年北京市陆续出台的文件分别在保障道路等基础设施建设、强化质量等级评定、帮助对接学校资源、运用数字化助力提档升级、因地制宜发展多种业态和发挥网红宣传效应等多方面作出相应部署。2023 年 4 月，北京市委市政府发布的《关于做好2023 年全面推进乡村振兴重点工作的实施方案》强调要拓展"畅游京郊""京华乡韵"等品牌建设，在现有基础上，进一步提升 4 个全国休闲农业重点县、60 个美丽休闲乡村、100 个休闲农业园区，推动乡村民宿提质升级。

总体来看，在北京市委市政府的统筹指导下，各部门和各区（县）对休闲农业和乡村旅游的发展都予以了较强的制度保障和相对优厚的政策支持，奠定了 21 世纪以来特别是"十二五"以来全市休闲农业与乡村旅游发展总体向好的现实基础。"十三五"时期，北京市休闲农业与乡村旅游的下行压力开始显现。为此，北京市委市政府也出台了多个文件，就发展方向、工作内容、金融支持、人才培养、制度保障等维度对如何推动休闲农业与乡村旅游产业的提档升级做了较为全面的部署，全市休闲农业与乡村旅游在新的阶段实现优化突破，正在汇聚起强大力量。"十四五"期间，北京市在"十百千万"畅游行动的基础上继续推动休闲农业与乡村旅游的高质量发展，助力乡村振兴的全面推进。

北京市扶持休闲农业与乡村旅游发展的政策文件梳理见表 2-1。

表 2-1　北京市扶持休闲农业与乡村旅游发展的政策文件梳理

政策文件	发文时间	发文单位	主要内容
《关于加快发展都市型现代农业的指导意见》	2005-11-03	市农委	提出建设以精品农业和休闲农业为主的近郊农业发展圈，发展旅游观光休闲园区。
《乡村旅游特色业态标准及评定（DB 11/T 652—2009)》	2009-07-08	市质监局	规定了"乡村旅游特色业态"应具有的共有要素的基本要求及评定规则，规范了行业发展。
《关于创建北京市休闲农业与乡村旅游示范乡镇的通知》	2012-05-28	市农委	指出创建原则、创建标准、具体的建设指标以及申报流程等，以求发挥示范乡镇的带动效应。
《北京市乡村民俗旅游户餐饮服务食品安全监督管理办法》	2013-03-27	市卫生局市旅游发展委员会	进一步加强餐饮食品安全管理，具体规范乡村民俗旅游户食物获取途径、水和燃煤的使用方式及食品安全处理方法等。
《促进北京主题旅游休闲场所发展的若干意见》	2013-05-29	市旅游发展委员会	培育北京旅游产业发展新增长点，推动旅游资源多样化，引导观光游向休闲体验游转型，促进新兴的北京主题旅游休闲场所的健康、可持续发展，提升旅游业的整体质量和效益。

续表

政策文件	发文时间	发文单位	主要内容
《乡村民俗旅游村等级划分与评定（DB 11/T 350—2014）》	2014 - 05 - 21	市质监局	对市级和区级的民俗旅游村的等级划分做了规定与修改，进一步保障了民俗旅游的公共安全。
《北京市文化创意产业提升规划（2014—2020 年)》	2014 - 07 - 03	市政府	实现融合发展，转型提升。注重产业附加值的提升，在产业发展中融入更多创意元素，促进文化创意产业内部及与其他产业的融合发展、联动发展。
《关于开展北京市乡村旅游等级民俗村（户）评定工作的通知》	2015 - 04 - 08	市旅游发展委员会	扎实推进评定工作，统一规范北京市乡村旅游标准化建设，促进北京市乡村旅游产业转型升级。
《2015 年北京市社会主义新农村建设重点工作分工方案》	2015 - 05 - 25	市委办公厅市政府办公厅	研究支持乡村旅游发展的规划、用地和金融政策，创建一批星级休闲农业园区，打造形式多样、特色鲜明的乡村旅游休闲产品。
《关于促进旅游业改革发展的实施意见》	2016 - 02 - 06	市政府	建设特色旅游名镇和特色景观旅游村镇，通过资金引导、政策支持等方式，促进国际驿站、休闲农庄、采摘篱园、民族风苑、乡村酒店、养生山吧、生态渔村、山水人家、葡萄酒庄、汽车营地等符合首都特点和游客需求的新业态发展。
《关于开展京郊旅游政策性保险工作的通知》	2017 - 03 - 15	市旅游发展委员会	具体规定了投保资格、投保流程、赔付方式和金额等，以充分发挥财政资金的公共性和导向性作用，引导京郊旅游接待单位（户）防范化解经营风险。

续表

政策文件	发文时间	发文单位	主要内容
《关于坚持疏解整治促提升扎实推进城乡一体化发展的意见》	2017 年 4 月	市委 市政府	计划新启动 100 个旅游休闲村镇创建工作。以市民需求为导向，打造一批集农事体验、娱乐休闲、健康养老等为一体的乡村旅游目的地和精品线路，进一步完善乡村旅游公共服务设施，完善休闲农业、乡村旅游业的行业标准，建立健全食品安全、消防安全、环境保护等方面的监管规范。
《关于加快休闲农业和乡村旅游发展的意见》	2017 - 08 - 22	市农委	明确以环境生态化、居住文明化、活动民俗化、饮食本地化、服务规范化、管理网络化为方向，以"存量抓升级、增量重转型"为主线，以激发消费活力、促进产业升级。
《北京市城市总体规划（2016 年—2035 年）》	2017 - 09 - 29	市规划和国土资源管理委员会	推动乡村观光休闲旅游向特色化、专业化、规范化转型，将乡村旅游培育成为北京郊区的支柱产业和惠及全市人民的现代服务业；打造平原休闲农业旅游区、浅山休闲度假旅游区和深山休闲观光旅游区；培育一批有特色、环境优雅、食宿舒适的高端民俗旅游村。
《2017 年北京市整区推进农村一二三产业融合发展试点工作的实施方案》	2017 - 11 - 01	市农委 市财政局	提到各级要大力"发展休闲农业"，并将支持的方向转向"休闲农业企业建设公共服务设施"。
《北京市加快供给侧结构性改革扩大旅游消费行动计划（2018—2020 年）》	2018 - 01 - 22	市政府办公厅	推动国际驿站、休闲农庄、民族风苑、乡村酒店、养生山吧、采摘篱园、生态渔村、山水人家、葡萄酒庄、汽车营地等 10 种乡村旅游新业态发展。
《实施乡村振兴战略扎实推进美丽乡村建设专项行动计划（2018—2020 年）》	2018 - 02 - 04	市委办公厅 市政府办公厅	明确大力发展各具特色的农村生态旅游、乡村休闲旅游、民俗旅游和农业传统体验游，促进一三产业融合，打造美丽乡村最亮处、市民休闲好去处。

续表

政策文件	发文时间	发文单位	主要内容
《2018 年工作思路和计划》	2018-04-03	市农委	强调推动休闲农业和乡村旅游全区充分发展，提升旅游产品品质和质量，同时产品注重创新。
《北京市新型职业农民培育三年行动计划（2018—2020 年)》	2018-08-30	市农委 市教工委 市科委 市财政局 市人社局 市旅游发展委员会 市园林绿化局 市农业局	在精准选择培育对象上，提出围绕观光休闲、乡村旅游、森林经营、农村电商等新业态，重点培育创业创新型职业农民。在以产业类型来分级分类开展培训上，提出可按照种植业、养殖业、林业、农产品加工业、休闲农业、乡村旅游业、农业电商等一二三产及产业融合发展的需求进行分类培育。
《北京市乡村振兴战略规划（2018—2022 年)》	2018-12-30	市委 市政府	提出乡村休闲产业基础提升与集聚发展，休闲农业和乡村旅游精品培育以及京津冀休闲农业和乡村旅游协同发展。
《强化创新驱动科技支撑北京乡村振兴行动方案（2018—2020 年)》	2019-02-01	市科委 市农业农村局 市园林绿化局 市水务局	提出加快形成以需求为导向、以重大产出为目标、责权利清晰的农业科技资源配置模式，构建小城镇协调发展、农业绿色发展、乡村旅游充分发展、农村一二三产业融合发展的科技资源配置体系，推进科技资源合理配置。
《关于落实农业农村优先发展扎实推进乡村振兴战略实施的工作方案》	2019-05-25	市委 市政府	提出加快推进休闲农业与乡村旅游提档升级。结合创建国家全域旅游示范区，进一步完善土地、资金支持政策，持续推进生态沟域、田园综合体等建设与发展，打造一批休闲农业和乡村旅游精品线路。研究出台促进乡村民宿健康发展的指导意见，配套建立消防、安全、税收等一系列管理制度，引导建设一批乡村民宿精品，促进传统农家乐提档升级。

续表

政策文件	发文时间	发文单位	主要内容
《关于促进乡村民宿发展的指导意见》	2019 - 12 - 26	市文化和旅游局 市农业农村局 市公安局 市规划和自然资源委员会 市住房城乡建设委 市卫健委 市市场监管局 市消防总队	明确乡村民宿发展的指导思想、基本原则和发展目标。规范乡村民宿的设立条件和审批流程。在加强政策、资金、金融、服务、人才和宣传推广等方面提出保障措施。
《关于支持返乡下乡人员创业就业的实施意见》	2020 - 01 - 20	市人社局 市农业农村局	提出要围绕乡村旅游、精品民宿、养生养老、绿化美化、林下产业等乡村产业发展需求，定向培养农村专业人才。
《北京市休闲农业"十百千万"畅游行动实施意见》	2020 - 04 - 30	市农业农村局 市财政局	提出休闲农业"十百千万"畅游行动，即着力打造十余条休闲农业精品线路、创建百余个美丽休闲乡村、提升千余个休闲农业园、改造近万家民俗接待户。全面构建覆盖各区、乡村、园区与农户的全要素配套、全方位布局、多层次提升的休闲农业产业体系，提高对农户增收的贡献率、市民对休闲农业的认知率，实现休闲农业提质增效，推动休闲农业高质量发展。
《2021年市政府工作报告重点任务清单》	2021 - 02 - 05	市政府	提出深入推进休闲农业"十百千万"畅游行动，重点打造3条休闲农业精品线路，建设精品民宿，提升美丽休闲乡村、休闲农业园区、民宿接待户发展水平。
《关于全面推进乡村振兴加快农业农村现代化的实施方案》	2021 - 04 - 08	市委 市政府	提到要更好满足市民到乡消费需求。实施休闲农业"十百千万"畅游行动，打造一批精品主题线路、休闲乡村和示范园区，充分发挥村集体经济组织在乡村民宿发展中的组织引导作用。

续表

政策文件	发文时间	发文单位	主要内容
《北京市"十四五"时期乡村振兴战略实施规划》	2021-08-12	市政府	提出做精休闲农业和乡村旅游，推动全市休闲农业高质量发展，实施"十百千万"畅游行动。
《2022年市政府工作报告重点任务清单》	2022-01-30	市政府	提出要打造2条休闲农业精品路线，提升50个美丽休闲乡村，提升80个休闲农业园区，改造150家民俗接待户和乡村民宿，开展旅游休闲街区、度假区评定，举办2022年北京网红打卡地评选等活动。
《关于做好2022年全面推进乡村振兴重点工作的实施方案》	2022-04-13	市委市政府	提出深化休闲农业"十百千万"畅游行动，推动精品乡村民宿与区域旅游联动发展，开展服务质量等级划分与评定，打造一批京郊旅游线路，培育提升50个美丽休闲乡村。推动乡村休闲旅游项目与科普实践、研学教育等融合，将符合条件的项目纳入中小学生社会大课堂资源单位。研究制定北京休闲农业建设标准。加强对京郊重点旅游地等区域周边干线公路的建设养护管理，提升郊区农村客运服务水平。
《北京率先基本实现农业农村现代化行动方案》	2022-05-06	市委市政府	发展田园观光、农耕体验、文化休闲、农教融合、健康养生等业态。实施休闲农业"十百千万"畅游行动，探索城乡共享、产村共融、村企共建等发展新模式，推动乡村精品民宿与区域旅游联动发展，打造100个以休闲农业为支柱产业的市级美丽休闲乡村，培育200个北京休闲农业品牌目的地。持续推进民宿接待户改造升级，大力发展乡村民宿。支持乡村手工艺产品参与遴选"北京礼物"，打造30个以上"京礼"知名品牌。持续举办"农业嘉年华""花果蜜观光采摘季"等节庆活动。

续表

政策文件	发文时间	发文单位	主要内容
《北京市"十四五"时期交通发展建设规划》	2022-05-07	市政府	提出进一步完善民俗旅游村、休闲农业园等周边乡村旅游道路建设，促进交通与旅游融合发展。
《北京市加快推进数字农业农村发展行动计划（2022—2025年）》	2022-07-05	市农业局市委网信办	提出进一步提升休闲农业和乡村旅游业数字化。以"十个精品乡村旅游线路、百个美丽休闲乡村、千个休闲农业园"和精品民宿为抓手，提升休闲农业、民宿的管理、服务、营销、运营数字化水平，联合主流公众号、App进行宣传推介，培育一批休闲农业和乡村旅游网红打卡地。加强休闲农业和乡村旅游业运行监测分析，实现服务和管理模式创新。
《关于做好2023年全面推进乡村振兴重点工作的实施方案》	2023-04-04	市委市政府	拓展"畅游京郊""京华乡韵"等品牌建设，开展休闲农业"十百千万"畅游行动，提升4个全国休闲农业重点县、60个美丽休闲乡村、100个休闲农业园区，推动乡村民宿提质升级。

资料来源：首都之窗。

第二节　北京市休闲农业与乡村旅游的经营现状及特征

　　若要搭建一架跨越发展瓶颈陷阱的扶梯，铺设一条走出发展乏力困境的道路，了解北京市休闲农业与乡村旅游的经营现状，探索分析其特征，是不可或缺的关键一步，亦是加快构建北京市休闲农业与乡村旅游产业的全新品牌、全面提升产业的规模和质量、着力促进产业的转型升级的重要之举。

一、全市整体发展格局

（一）谁在经营？

　　一是个体经营户仍然占据绝对比重。截至第三次全国农业普查完成时，北京市休闲农业与乡村旅游的经营性单位和个体经营户共有 32 275 个。其中个体经营户为 27 878 个，占比高达 86.4%；以法人单位从事经营活动的有 3 120 个，占9.7%；以未注册单位经营的有 1 184 个，占 3.7%；产业活动单位占比不足 1%（见表 2-2）。可见，个体经营依然是北京市休闲农业与乡村旅游经营的基本面这一事实没有改变。

表 2-2　各经营类型的主体投资来源占比情况

户籍分类	个体经营户	法人单位	产业活动单位	未注册单位	合计
京籍投资者	68.3%	6.7%	0.2%	3.4%	78.6%
京外投资者	18.1%	3.0%	0.1%	0.2%	21.4%
合计	86.4%	9.7%	0.3%	3.7%	100.0%

　　二是经营户多为学历不高的本镇居民。从户籍来看，投资人或负责人的户籍与经营场所同属一个乡镇的占 72.6%，同属北京市但非本乡镇的占 6.0%，即京籍经营者合计占 78.6%；境内非京籍投资者占 21.3%，国外及港澳台的投资者占0.1%（见图 2-1）。可见，北京市休闲农业与乡村旅游经营本地化特征突出。此外，经营者受教育程度总体偏低，高中（中专）及以下学历的占 90.2%；受过高等教育（包含大专和大学、研究生及以上）的仅占 9.8%（见图 2-2）。

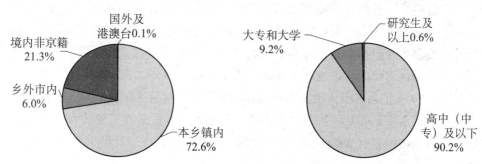

图 2-1　投资人（负责人）户籍分布情况　　图 2-2　投资人（负责人）受教育程度占比情况

　　三是京外投资更倾向于规范化、组织化的法人单位和产业活动单位。近年来，法人单位、外来资本、高学历人才数量有所上升，法人单位形式的经营主体中，有 30.9% 是由京外投资者发起经营的；产业活动单位形式的主体中，京外投资就占比 33.3%，而其在个体经营户和未注册单位中的占比仅为 20.9% 和 5.4%（见表 2-2）。可见，京内外投资者对休闲农业与乡村旅游的经营类型投资偏好不一，京外投资者更偏好投资规范化、组织化的法人单位和产业活动单位。

（二）经营什么？

一是经营内容丰富，产品类型多样。总体来看，北京市休闲农业与乡村旅游产业先后经历了以景观名胜为主的自然观光游、以体验民俗风情为主的人文旅游、以游憩娱乐为目的的休闲度假游、以保护环境为主题的生态游四个阶段，逐步形成了以景观类旅游产品、民俗旅游村、休闲度假村、农业观光园以及节庆类旅游为代表的多元化产品体系。特别是自 2007 年开始，北京市旅游局根据实际发展情况，总结并推出了 8 种全新乡村旅游业态，即乡村酒店、国际驿站、采摘篱园、生态渔村、休闲农庄、山水人家、养生山吧、民族风苑，并制定了《乡村旅游特色业态标准及评定》，为加速推进乡村旅游从初级观光向高级休闲、从同质开发向差异发展、从单体经营向集群布局的转变起到了积极作用。

二是农业观光园和民俗旅游是两大最主要的经营形式，农产品采摘、农产品出售、餐饮、住宿是四大创收项目。截至 2016 年，经北京市政府评定的休闲农业园区五星级的就达 13 家，四星级的有 22 家，三星级的有 40 家，二星级的有 4 家；全市民俗村中有 5 个村入选第四批"中国传统村落"名录。农业观光园主要经营内容有农产品采摘、农产品销售、其他商品销售、娱乐健身、垂钓、园区游览、餐饮、住宿等；其中 2010—2016 年采摘收入、农产品出售收入、餐饮收入与住宿收入合计占观光园总收入比重平均为 80.7%。民俗旅游的经营内容则主要包括餐饮、住宿、出售和加工自产农产品或相关民俗产品等；餐饮收入和住宿收入平均占比民俗旅游总收入的 92.6%。北京市"三农普"数据显示，2016 年北京市休闲农业经营收入中，各类商品（含农产品、普通消费品、特色民俗商品等）销售收入占比最大，为 36.9%；其次是餐饮收入和住宿收入，分别占经营收入的 27.2% 和 12.8%（见表 2-3）。

表 2-3　2016 年北京市休闲农业与乡村旅游经营内容构成

经营内容	收入（万元）	收入占比
商品销售	555 943.5	36.9%
餐饮	409 042.2	27.2%
住宿	192 573.2	12.8%
采摘	84 452.3	5.6%
园（景）区游览	78 359.5	5.2%
文化体育娱乐	68 874.3	4.6%

续表

经营内容	收入（万元）	收入占比
旅游中介服务	24 436.7	1.6%
垂钓	7 692.5	0.5%
其他	85 324.3	5.7%
经营收入合计	1 506 698.6	100%

（三）怎么经营？

一是要素投入密集，用地类型多元化。北京市"三农普"数据显示，截至2016年12月底，北京市休闲农业与乡村旅游的注册资金（投入资金）总额达219亿元，户均注册资金（投入资金）达67.9万元/户。劳动投入相对集中，长期从业人员已达10.7万人，高峰从业人员达15.5万人。休闲农业与乡村旅游的发展使京郊涉农土地得到了有效利用。北京市休闲农业与乡村旅游总占地面积为69.9万亩，涉农用地占53.5%。其中，占用最多的涉农用地是林地和园地，分别占总面积的17.4%和17.3%，畜禽饲养区的占用面积最少，仅为总面积的0.7%。从经营户层面看，平均每户经营者占地面积为21.7亩，其中农作物占地面积为1.8亩，园地占地面积为3.7亩，林地占地面积为3.8亩，养殖水面占地面积为0.3亩，畜禽饲养区占地面积为0.2亩，绿化占地面积为1.8亩（见表2-4）。

表2-4　北京市休闲农业与乡村旅游土地投入情况

项目	总面积（亩）	占比	户均面积（亩/户）
占地面积	699 482.7		21.7
其中：涉农用地占地面积			
农作物占地面积	57 767.1	8.3%	1.8
园地占地面积	120 739.9	17.3%	3.7
林地占地面积	121 364.2	17.4%	3.8
养殖水面占地面积	10 744.3	1.5%	0.3
畜禽饲养区占地面积	5 101.0	0.7%	0.2
绿化占地面积	58 603.8	8.4%	1.8

二是"互联网＋"逐步融入经营，但结合度还不高。一方面，推介方式呈现多样化趋势，但传统推介方式仍占重要地位。目前，经营户中使用电视、平面广告等传统媒体进行对外推介的仍然占 55.8％，仅使用移动通信的占 37.2％，仅使用网络平台的占 19.4％，使用多种新型媒体对外推介的占不到 12％。另一方面，网络营销开始发挥作用，但助力效果仍有待深入挖掘。2016 年北京市休闲农业与乡村旅游共接待游客 2.01 亿人次，通过网络及移动通信预约游客仅占 2.2％。从全市经营户使用网络平台的情况来看，仅使用第三方平台的经营户占到 16.0％，仅使用自主网站的经营户占 3.4％，同时使用自主网站和第三方平台的经营户仅占 0.9％。从户均收益来看，前三类经营户户均年收入分别为 74.57 万元、259.37 万元和 739.97 万元，均远高于不使用电子商务网络平台的经营户 27.79 万元户均年收入（见图 2-3）。

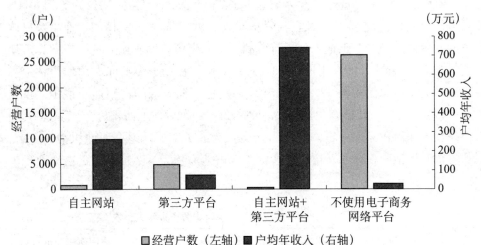

图 2-3　北京市休闲农业与乡村旅游电子商务网络平台使用情况

三是提供农耕文化体验开始得到重视，但仍需深度开发。当前的农耕文化体验活动主要有农事种养体验、农事采收体验、农产品制作体验、农村民俗活动体验和农耕文化展示体验五种。但在北京市休闲农业与乡村旅游经营户中，提供农耕文化体验的仅占 12％左右，不提供的占绝大部分。相比而言，提供农耕文化体验的经营户的年收益明显高于不提供的经营户。其中，提供农耕文化展示体验的经营户平均年收益最高，达到了 352.2 万元/年；而不提供农耕文化体验的经营户虽然占比最大，但年收入最少，仅为 47.0 万元/年（见图 2-4）。

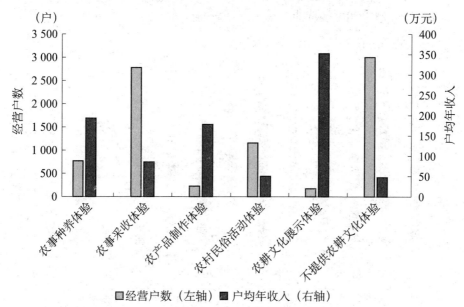

图 2-4　北京市休闲农业与乡村旅游农耕文化体验提供情况

（四）经营得怎样？

　　一是经营户数量持续下行后呈触底反弹趋势，服务供给能力面临较大挑战。全市农业观光园的数量及其增长率在 2011—2022 年间已有 7 年出现负增长（见图 2-5）。民俗旅游接待户数量的增长率虽一直维持在较低水平，但也在 2017 年首次跌破-5％，变为-7.4％（见图 2-6）。由于统计口径的放宽，2019 年实际经营的民俗旅游接待户数量和增长率骤增，对此本书不做过多讨论①。从趋势线的大体走向可以推知，全市农业观光园和民俗旅游接待户的数量整体上呈现出在"十二五"时期略有波动，在"十三五"时期持续下行，以及在"十四五"开局之年触底反弹的态势。其中，走低趋势在 2020 年达到谷底，随后开始回升，从 2021 年和 2022 年的数据来看，农业观光园和民俗旅游接待户在总数上呈连续增长，但受疫情反复的影响，2022 年二者的增长率均有所下跌。面对北京市城镇居民日益增长的休闲需求，农业观光园和民俗旅游作为全市休闲农业与乡村旅游的主要载体，其经营户数量相对"十二五"时期仍有较大差距，尤其是在 2022 年 12 月后，面对回暖的休闲农业与乡村旅游市

_____

　　① 2018 年及以前乡村旅游为民俗旅游口径；自 2019 年起，乡村旅游统计范围除包括民俗旅游接待户外，还包括乡镇及乡镇以下范围内为乡村旅游服务的宾馆、饭店、旅游商品专卖店等。

场，其可服务规模和可接待能力承受着巨大的挑战。

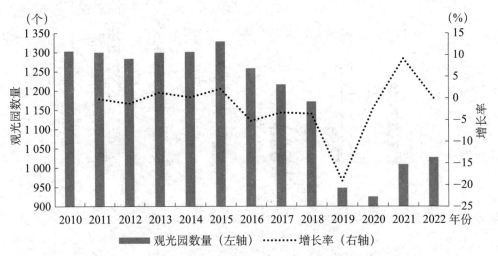

图 2 - 5　2011—2022 年北京市农业观光园数量增长情况

资料来源：《北京统计年鉴》和《北京市 2022 年国民经济和社会发展统计公报》。

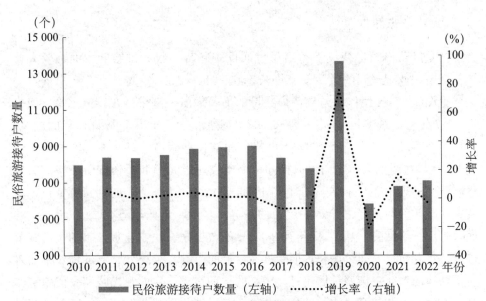

图 2 - 6　2011—2022 年北京市民俗接待户旅游数量增长率情况

资料来源：《北京统计年鉴》和《北京市 2022 年国民经济和社会发展统计公报》。

　　二是接待人次在总体下降趋势下出现回升迹象，对消费者的综合吸引力仍需把握机遇强化提升。京郊农业观光园的接待人数自 2013 年以来增速开始下降，除了 2016 年出现了较为"反常"的现象——同比大幅上涨了 18.2％以外①，2014—2015 年和 2017—2020 年期间内呈现连续负增长（前者的增长率分别为－1.7％、－0.4％，后者的增长率分别为－6.5％、－9.9％、－19.0％、－43.6％），2021 年增长率出现反弹，为 33.1％。类似地，民俗旅游的接待人次整体也呈现下降趋势。"十三五"时期，2017—2020 年民俗旅游接待人次出现持续性滑落（增长率分别为－2.8％、－8.5％、－6.0％、－47.4％，均为负值），2021 年有所回升（增长率为 35.18％）（见图 2－7）。就"十三五"时期而言，尽管宏观政策有助于休闲农业与乡村旅游发展，但消费者并不"买账"，整体呈现出接待人次日趋减少的态势。2020 年受疫情叠加影响接待人次出现断崖式下跌，随后由于疫情常态化防控，部分出京旅行的需求转而瞄准京内，一定程度上促进了北京市休闲农业与乡村旅游接待人次的回升。

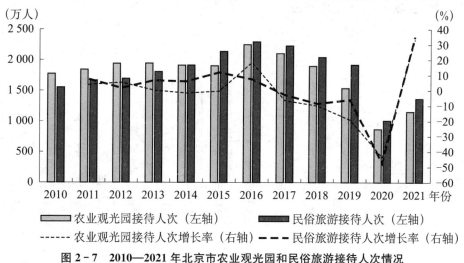

图 2－7　2010—2021 年北京市农业观光园和民俗旅游接待人次情况

　　三是经营收入受接待人次和自身竞争力的影响变化不稳定，利润率以个体经营户最高。2016 年年末，北京市休闲农业与乡村旅游总计实现了 150.7 亿元的经营收入。在发展过程中，2014 年农业观光园经营收入增长率首次跌破零，为－8.9％；2015—2017 年期间，该增长率又出现回升并维持在 6.3％左右，但远不

---

　　①　2016 年农业观光园接待人次"反常"增长的原因是多方面的：一是 2015 年中央开始部署农业供给侧结构性改革，三产融合、田园综合体等一系列助推休闲农业与乡村旅游的政策；二是 2016 年京津冀三地政府有关部门在河北省廊坊市签署了京津冀休闲农业协同发展框架协议，三地达成协议将整合自有资源，在共同打造休闲农业精品旅游线路、统筹规划休闲农业建设以及相关人才培养等方面展开深度合作；三是农业部在 2016 年全面启动开展中国美丽休闲乡村推介工作，重点打造和推广了"3＋1＋X"的休闲农业和乡村旅游品牌体系，北京市有 4 个乡村入选；等等。

如五六年前 22.8% 的收入增长率；2018—2020 年增速持续下降，总收入和增长率同时于 2020 年跌入谷底；随后出现较大幅度的反复，即在 2021 年出现回升并于 2022 年有所下跌。民俗旅游经营收入自 2010 年以来平均每年增长率为 7.0%；但民俗旅游收入分别在 2017 年、2018 年、2020 年和 2022 年出现负增长，发展不稳定（见图 2-8）。此外，不同类型经营户的利润率差异较大，且规模较小的个体经营户长期占据主要地位。2016 年北京市经营户总利润达 30.4 亿元，户均利润为 9.4 万元，全市经营户平均利润率达 25.3%。其中，户均利润最高的是产业活动单位，为 80.7 万元，后续依次是法人单位（44.1 万元）、个体经营户（5.7 万元）和未注册单位户（0.8 万元）。但结合投资规模看，个体经营户的利润率最高，达到 57.2%，后续依次是法人单位（16.6%）、产业活动单位（12.2%）和未注册单位（2.79%）。此即规模较小、层次偏低的个体经营户在全市休闲农业与乡村旅游经营主体中长期占据主要地位的重要原因。

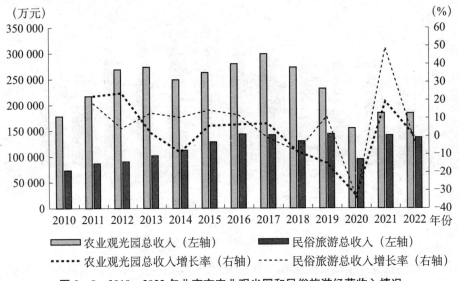

图 2-8　2010—2022 年北京市农业观光园和民俗旅游经营收入情况

资料来源：《北京统计年鉴》和《北京市 2022 年国民经济和社会发展统计公报》。

四是促进了京郊农民就业创收，但促进作用受多重因素影响有所波动。数据显示，截至 2016 年高峰期从事休闲农业与乡村旅游的从业人员高达 15.5 万人，其中长期从业人员就有 10.7 万人[①]。《北京统计年鉴 2022》数据显示，从

---

① 高峰期从业人员指接待游客人数最多的月份，在本单位取得劳动报酬的月末实有人员数；长期从业人员指接待游客人数最少的月份，为维持正常经营在本单位取得劳动报酬的月末实有人员数。个体经营户按实际人员数填写，包括业主、雇员以及参加经营活动的其他人员，如家庭成员、帮手和学徒。

长期来看，2010—2021 年间农业观光园在生产高峰期每年平均能够吸纳 4.0 万人就业，但这一吸纳就业能力受经营收入的影响变动较大，总体来看有持续下滑的趋势，平均而言农业观光园的每年吸纳就业量在以 2.4% 的速度下降。同期，反观历年民俗旅游从业人员数量变动情况，除 2020 年受疫情影响有明显下跌以外基本维持稳定和略有上升的态势，在经营高峰期每年平均能够吸纳 2.07 万人就业，且平均每年以 2.1% 的速度增加（见图 2-9）。从带农增收上看，2021 年，农户经营休闲农业与乡村旅游的收入达 6.7 亿元，这表明休闲农业与乡村旅游能为京郊乡村创业就业创造较好的平台。

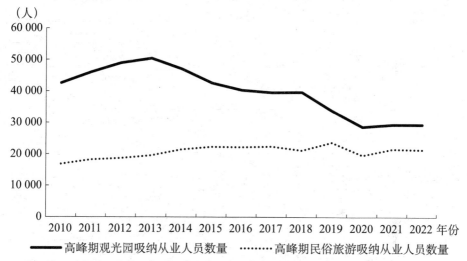

图 2-9 2010—2022 年北京市农业观光园和民俗旅游高峰期吸纳从业人员数量

资料来源：《北京统计年鉴 2023》。

二、各区差异特征

（一）数量分布：北多南少、平原地区多于山区

从行政区划上看①，密云区、怀柔区的经营户数量最多，分别占全市经营户总数的 16.2%、15.3%，而朝阳区、丰台区经营户数量最少，仅占 1.0% 和

---

① 由于东城区和西城区均没有休闲农业与乡村旅游经营户，而石景山区只有一个经营户，为了便于分析和图表的显示效果，在本研究的分析中均做删除处理。

1.2%（见表2-5）；从城市功能区域上看①，生态涵养发展区经营户数量最多，占全市经营户总数的49.8%，城市发展新区次之，占35.1%，而城市功能拓展区的经营户仅占总数的15.1%（见图2-10）；从地形地势上看，平原地区经营户数量最多，山区次之，分别占全市经营户总数的52.0%、38.4%，丘陵地区（浅山区）经营户数量相对最少，仅占9.6%（见图2-11）。

表2-5　北京市休闲农业与乡村旅游经营户数量分布

行政区划	经营户占全市比例
密云区	16.2%
怀柔区	15.3%
平谷区	7.9%
延庆区	6.3%
门头沟区	4.1%
通州区	5.2%
顺义区	6.1%
大兴区	7.4%
昌平区	6.6%
房山区	9.9%
海淀区	13.0%
丰台区	1.2%
朝阳区	1.0%

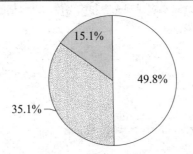

□生态涵养发展区　▨城市发展新区　▥城市功能拓展区

图2-10　北京市休闲农业与乡村旅游经营户按功能区域分布情况

① 根据《北京市第三次全国农业普查主要数据公报》，北京四大城市功能区域划分为：首都功能核心区包括东城区和西城区，城市功能拓展区包括朝阳区、海淀区、丰台区、石景山区四个区，城市发展新区包括通州区、顺义区、大兴区、昌平区、房山区五个区和亦庄开发区，生态涵养发展区包括门头沟区、平谷区、怀柔区、密云区、延庆区五个区。

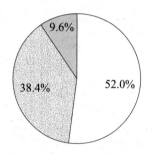

□平原地区　▨山区　▣丘陵地区（浅山区）

图2-11　北京市休闲农业与乡村旅游经营户按地形地势分布情况

（二）主体类型：个体经营户在生态涵养发展区最多，法人单位在城市功能拓展区最为集中

从总体来看，个体经营户在各区休闲农业与乡村旅游经营户中的比重均是最大的，但不同类型经营户也存在区域差异。生态涵养发展区中，密云区、延庆区的个体经营户比重均在90%以上；怀柔区、门头沟区的法人单位比重较大，均在11%以上；而平谷区的未注册单位比重较大，接近25%。城市发展新区中，昌平区、房山区的法人单位较多，分别为13.2%和12.4%，通州区也有近9%。城市功能拓展区中，法人单位比重较大，丰台区超过了1/3、朝阳区超过了1/4，海淀区也达到了18.1%（见表2-6）。

表2-6　北京市休闲农业与乡村旅游经营户类型分布

功能区域	行政区划	经营户总数（户）	个体经营户	法人单位	产业活动单位	未注册单位
生态涵养发展区	密云区	5 241	97.3%	2.6%	1.0%	0.1%
	怀柔区	4 932	86.1%	11.9%	0.2%	1.7%
	平谷区	2 541	71.8%	3.3%	0.5%	24.9%
	延庆区	2 031	92.9%	6.0%	0.2%	0.9%
	门头沟区	1 316	87.2%	11.7%	0.3%	1.0%
城市发展新区	通州区	1 678	90.9%	8.8%	0.2%	0.1%
	顺义区	1 966	94.4%	4.6%	1.2%	0.8%
	大兴区	2 385	87.4%	6.1%	0.2%	6.3%
	昌平区	2 119	80.5%	13.2%	0.0%	6.1%
	房山区	3 184	84.2%	12.4%	0.0%	3.2%

续表

功能区域	行政区划	经营户总数（户）	个体经营户	法人单位	产业活动单位	未注册单位
城市功能拓展区	海淀区	4 185	80.4%	18.1%	0.2%	0.4%
	丰台区	380	60.8%	35.3%	0.2%	3.4%
	朝阳区	316	71.5%	27.5%	0.2%	0.0%

注：比例为四舍五入后的结果，总和可能不完全等于100%。

（三）投资结构：市外投资多集中于近郊区，民俗旅游挂牌户多集中于远郊区

从投资主体看，海淀区、朝阳区和丰台区三区的休闲农业与乡村旅游由市外（包括港澳台及海外）投资者直接投资经营的就超过了一半，比例分别为65.7%、59.4%和53.9%；而这三区的民俗旅游挂牌户的占比则非常低，分别为9.5%、5.8%和1.5%，均远低于全市28.5%的平均占比。怀柔区、密云区、延庆区和门头沟区四区的民俗旅游挂牌户平均占比51.4%，而市外投资者平均占比仅有5.71%（见图2-12）。可见，各区休闲农业与乡村旅游发展的经营结构和经营模式存在较大差异，京外投资者往往偏好向经济水平较高的近郊区投资经营非民俗类旅游产品，而民俗旅游多在经济欠发达的远郊区并以当地人经营为主。

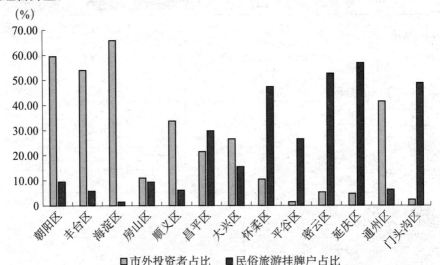

图2-12　2016年北京市各区休闲农业与乡村旅游投资者及投资项目情况

（四）接待能力：总接待人次以平原地区最多，户均接待人次以近郊区最多

从接待人次来看，经营规模呈现较大的区域和地形差异。2016年城市发展新区、城市功能拓展区、生态涵养发展区接待总人次分别占全市接待总人次的40％、32％、28％；平原地区、山区、丘陵地区（浅山区）的接待总人次分别为1.43亿人次、2 870万人次、1 410万人次。其中，海淀区接待休闲农业与乡村旅游总人次最多，达4 920万人次，怀柔区、房山区、顺义区次之，分别为2 500万人次、1 850万人次、1 720万人次。从户均接待人次上看，2016年户均接待人次较多的三个区是丰台区、朝阳区和海淀区，分别达2.5万人次、1.6万人次和1.2万人次；而密云区、门头沟区户均接待人次较少，仅为0.3万人次和0.2万人次（见图2-13）。

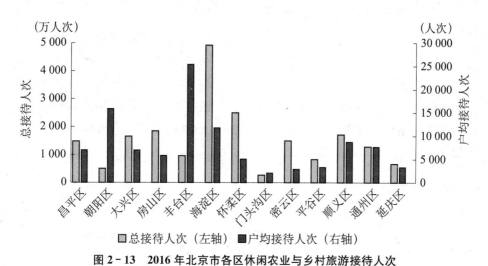

图2-13 2016年北京市各区休闲农业与乡村旅游接待人次

（五）经营效益：商品销售收入以城市发展新区最强，利润率以生态涵养发展区最高

北京市休闲农业与乡村旅游的经营收入和利润率均呈现较大的区域差异。从行政区划上来看，2016年海淀区的经营收入最高，达35.4亿元，占全市经营总收入的23.5％；其次为昌平区和怀柔区，分别占到13.3％、11.4％；其他区占比均在10％以下。从功能区域上来看，各功能区经营收入额差别不大，但经营收入构成存在较大不同。以收入占比最高的前三项（餐饮收入、住宿收入、商品销

售收入）来看，城市功能拓展区的这三项收入较为均衡；城市发展新区的商品销售优势最为突出，其商品销售收入占到三个功能区域全部商品销售收入的44.8%；而生态涵养发展区的整体创收优势均相对最弱（见图2-14）。

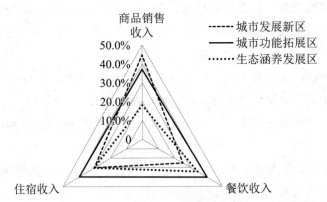

图2-14 北京市休闲农业与乡村旅游收入结构的功能区划差异

进一步地，结合经营成本和投资水平来看，城市功能拓展区的户均利润最高，为16.8万元；其次是城市发展新区，为8.6万元，最低的是生态涵养发展区，为7.8万元（见图2-15）。而从投资回报水平看，生态涵养发展区的利润率高达44.9%，远高于其他功能区；城市发展新区的利润率为22.5%；城市功能拓展区的利润率仅为16.6%。这说明，远郊区尽管经营规模小、盈利水平低，但投资回报较高，潜在发展空间较大。

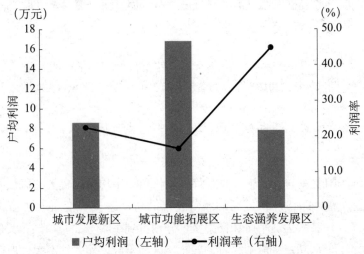

图2-15 北京市休闲农业与乡村旅游户均利润功能区划差异

第三节 北京市休闲农业与乡村旅游的主要问题

当前北京市休闲农业与乡村旅游产业发展下行压力日益凸显，造成这一问题的原因是多方面的：不仅有来自消费者对休闲农业与乡村旅游的需求变化、升级等原因，也有经营者生产、经营、管理不善，以及政府引导、支持、监督不足等原因。基于前述总体格局的统计分析和实地调研，我们认为，从供给侧角度看，目前北京市休闲农业与乡村旅游转型发展主要存在以下几个突出问题：

一、经营模式高度趋同，产品创新滞后于消费升级

经过自 20 世纪 90 年代以来五个阶段的发展，京郊休闲农业与乡村旅游产业"小、散、低"的问题没有得到根本性扭转，产品开发仍旧粗放、经营内容同质老化。从项目建设上看，资源利用开发较为粗糙，民俗民风文化内涵挖掘不够，地域特色缺乏、品位不高。从区域布局上看，经营户数量分布不均，各区之间互补性差。从经营方式上看，经营者大都以"单打独斗"的形式存在，产业集中度和组织化程度偏低，难以实现规模效应。从产品内容来看，主要是旅游项目过于单一，依托农业观光园和民俗旅游的旅游产品占主导地位，文化游乐、主题感受等休闲娱乐类产品明显不足，走田道、采农果、赏乡花、吃野菜、住农院等项目更是"换地不换质"。然而，富裕起来的首都居民在提高对休闲农业与乡村旅游的产品质量、文化内涵、基础设施、生态环境、服务态度等方面要求的同时，更加关注休闲度假游、参与体验游、健身养生游、亲子游等新产品。显然，当前的休闲农业与乡村旅游产品创新总体滞后于消费需求的升级。

例如，怀柔区东部的不夜谷一条街，借助周边知名景区发展出了很多休闲农业与乡村旅游产品，曾经生意火爆，但是现在约 30% 经营户（主要是中小规模经营户）因为设计装修陈旧、服务内容缺少个性、文化色彩不浓、宣传推广方式过时等原因已经倒闭或者濒临倒闭。不仅民俗户等"老一代"产品升级形势紧迫，民宿等"新一代"产品也常常难以突破同质化瓶颈。例如，近年来在慕田峪长城景区周边发展起来了不少民宿，但设计上比较雷同，很多产品模仿起步较早的山里寒舍、隐居乡里或瓦厂的风格——露出老房子的木梁、红砖

墙、断桥铝落地窗等随处可见的设计元素；而主题文化元素明显不足，无法给游客留下深刻的印象。当然，也有一些区已经注意到，主题鲜明、突出的旅游产品是核心竞争力。例如，密云区规划早在 2018 年提出要重点推进 5 个精品乡村建设，引进 10 个精品项目招商，打造 12 个精品乡村酒店、230 个精品民宿院落。

二、区域同业竞争加剧，产业发展困境被放大

随着京津冀协同发展战略的实施，特别是京津冀地区交通设施的改善，使得北京市居民出行到周边地区更为便捷。天津市，河北省的承德、秦皇岛、唐山、张家口等北京周边地区，甚至山西省、山东省、内蒙古自治区等省份也都在大力发展休闲农业与乡村旅游。特别是乡村振兴战略提出以后，这些地区纷纷在政策、资金、基础设施配套上向具有明显三产融合特征的休闲农业与乡村旅游产业倾斜。有的地区提出建设休闲农业与乡村旅游示范县，并把客源目标市场直接定位于北京市居民。这对京郊休闲农业与乡村旅游形成了强有力的供给竞争。此外，类似于"鸟巢冰雪季"等体育体验、健身养生、亲子互动等休闲旅游产品在市内也相继推出，北京市居民无须到京郊，便能获得同样的需求和享受。这进一步造成了京郊乡村旅游的客源市场萎缩和吸引力下降。

区域内外同业竞争的加剧，放大了京郊休闲农业与乡村旅游发展中的一些困境。例如，由于京郊休闲农业与乡村旅游难以做到政策目标预设的"一沟（带）一品"，在域外知名度、美誉度高且特色鲜明、品牌突出的主题式的旅游精品的竞争下，本地经营户出现明显的淡旺季而无法得到有效平滑。在冬季，绝大多数农业观光园和民俗接待户停业，坚持营业的民宿不到四成，特别是采暖支出较高，煤改电后一间房一晚的供电费用近百元，若没有足够的入住率，营收将入不敷出。在旺季、周末假日生意火爆，而平日入住率较低。这些问题在域外市场对客源分流的影响下显得更为严峻。

三、专业人才短缺，经营能力偏弱

北京市休闲农业与乡村旅游当前从业人员在专业服务技能、安全意识等方面仍较为落后，导致服务质量偏低，难以满足客户需求。尽管有些区的政府开展了一般性的上岗培训，但大多数从业人员是没有经过任何专业技能培训就上

岗的，甚至连健康证的持有率也不足四成。特别是经营者安全意识整体不高，对存在的隐患重视程度不够。根据平谷区民俗旅游巡查小组 2017 年的报告，该区部分民俗游接待户在用电线路布局、应急疏散标识设置、煤气存储、库房堆放、消防设施、报警系统、食品加工等方面存在较为严重的问题，且在有关部门提出整改意见后，相关民俗游接待户仍我行我素，对隐患置之不理。可见，从业人员的管理亟须规范提高。

同时，相关专业经营人员青黄不接，现有经营理念又相对落后，不懂合理投资与优化；缺乏产品包装意识，院落布局、室内装潢大致雷同；尤其是市场营销意识薄弱，推介方式传统且缺乏新意和效率，品牌建设意识不强。以怀柔区民宿为例，尽管其数量较其他区更多，但有特色的民宿品牌却很少，连锁超过 3 家店的仅有 5 个；且绝大多数民宿公司没有独立的市场部门，对整体品牌的宣传力度不够。

此外，北京市的民宿还多数以自己的平台或者第三方平台进行宣传，缺乏政府的有效引导，通过大型的论坛、会展、政府统一包装推广、自媒体、书刊报纸等进行宣传的不多。规划多处于一种自发无序状态，一些民宿的设计风格不能与本地自然环境、风土人情很好地融合。为此，一些区也采取了不少应对措施。例如：怀柔区依托北京市农业广播电视学校，从高级农村实用人才库里遴选出 22 人进行专业化培训，打造一支高质量的乡土专家师资库带动农民增收致富；密云区也聘请了专家针对精品旅游的经营主体定期开展面对面辅导，制度化地加强相关专业人才培训。

四、转型升级投入大，融资难度增加

目前数量占绝对优势的个体经营户的主要经营形式为农业观光园和民俗旅游或两者兼营。这些经营形式进入门槛较低，资金需求不大，全市经营户户均投资规模为 68 万元，其中用于客房和餐饮场所装修与家电家具配置的费用约占 65%以上。但随着市场需求的升级，这类低端大众化的休闲农业与乡村旅游的转型则往往需要较大规模的投入；且这种投入不仅需要资金的投放，更需要创意、文化、内涵的注入。以转型为中高端精品民宿为例，无论是单个经营户修整院落，还是乡村集体整改接待设施，转型为有特色的民宿都需精心设计布局格调、创新经营理念以及融入当地文化内涵，这些都需要资金支持，一般改造费用在 80 万～200 万元不等。但多数普通经营户缺乏足够资金，又以当地居民自主经营占多数，基本都存在不同程度的财务不透明、信用能力低、经营风险大、管理制度不健全等问题，导致经营户融资难成为常态。调查发现融资难主要表现为以下三个方面：

一是休闲农业与乡村旅游的经营周期偏长。无论经营的侧重点是农业观光园还是民俗旅游，生产经营项目毕竟以涉"农"为主，经营周期相对较长，短则需要数月，长则需要数年，这决定了经营过程对资金的占用周期长。调查发现，目前经营户所获得的银行贷款期限一般为半年，只能用于填补流动资金缺口，扩大再生产的设备设施和特色打造方面的资金需求基本无法得到满足。

二是融资渠道狭窄。休闲农业与乡村旅游经营主体由于其发展历史较短，资产积累和留存收益相对不足，内源融资受到很大的限制。从外源融资来看，其主要依赖银行信贷，但由于经营主体很多是个体经营户，抵押资产相对较少，且由于信息不对称等因素使其难以获得担保信贷。

三是融资成本较高。经营主体的融资成本一般包括利息支出和筹资费用。与大中型企业相比，休闲农业与乡村旅游经营户在向银行融资时，由于其融资额度小，银行单笔业务成本高，且贷款风险相对较高，因此不仅无法享受优惠利率，而且还要支付比大中型企业更高的利息。银行对休闲农业与乡村旅游经营户的贷款一般采取担保的方式，不仅手续繁杂，而且为寻求合格的担保企业，经营户还要付出较高的担保费、抵押资产评估费等相关费用。

五、资源环境约束增强，配套基础设施建设受限

从数量分布看，北京市休闲农业与乡村旅游主要集中在世界文化遗产地等风景名胜区、生态涵养区或基本农田保护区等资源环境约束红线多、约束强的区域。这对经营项目与周边资源环境的融合度上提出了很高的要求。一方面，在京津冀一体化发展和非首都功能的产业大规模向北京周边地区转移的背景下，京郊新上较大规模休闲农业与乡村旅游项目的难度越来越大，特别是环境优美的山区和丘陵地区（浅山区）。另一方面，原有相对低端的农业观光园或民俗旅游项目的改造或扩建都受到建筑限高与设施用料、交通标识与广告标语、道路限宽与上下水走向、污水排放处理等多种生态、景观和用地要求的制约。

其中，最为突出的是建设用地指标不足造成的经营限制。由于休闲农业与乡村旅游项目用地规模大小不一，经营规模也有大有小，不少规模偏小的经营

户难以享受政策便利，有的甚至不在政策范围之内，经营用地需求常常难以得到满足。而为搞好功能配套，一些经营者在没有获得正式审批手续的情况下，开展了基础设施建设，甚至建造了违章建筑等。从调研情况看，主要存在以下六种打"擦边球"以规避土地监管的现象：（1）以设施农用地的名义直接进行餐饮住宿设施的建设；（2）以建设临时生产用房名义修建餐饮住宿设施或观光设施；（3）修建水泥柱，将建筑物腾空，以满足不破坏耕作层的要求；（4）修建木屋或钢架房，即使查处也能低成本拆除；（5）建设温室大棚生态餐厅；（6）用可移动的集装箱和房车进行餐饮住宿的经营活动。所有这些方式都在不同程度上碰触了土地使用政策的红线。尽管近些年中央和北京市出台了诸如《关于积极开发农业多种功能大力促进休闲农业发展的通知》《关于深入推进农业供给侧结构性改革做好农村产业融合发展用地保障的通知》《2015 年北京市社会主义新农村建设重点工作分工方案》《2017 年北京市整区推进农村一二三产业融合发展试点工作的实施方案》等不少支持休闲农业与乡村旅游发展的用地政策，但总体仍然存在不少"真空地带"。

六、体制机制有待理顺，管理重叠与服务缺位并存

京郊田园风光、文化遗产、森林山水、民风民俗等休闲农业与乡村旅游资源的开发往往涉及财政、文旅、农业、规划和自然资源等多个部门，而不同部门由于资源开发导向不同，任务目标目的不同，时常造成关系不顺，出台的政策存在一定不协调甚至矛盾的地方。这使得休闲农业与乡村旅游经营户经常受到不同部门的重叠管理，甚至在同一个或类似的事项上为满足不同部门政策要求而"一改再改"，不仅耗时费力，还增加了经营成本。

而在一些事关经营户切身利益的具体事项上，政府服务的缺失往往又同时存在。在资金投入上，虽然有关部门研究制定了一些支持休闲农业与乡村旅游发展的政策，但力度仍显不够，一些地方的乡村旅游基础设施作为农村公共产品仍然要靠村民自筹来建设。一个重要原因是随着财政体制改革与转移支付制度的实施，支农资金的大部分已转移到区财政，导致市级层面对产业进行整体调控与引导的能力有限，跨行政区划和大规划的项目的落实更为困难。在资源整合上，北京市休闲农业与乡村旅游尚缺乏一个部门主抓，这项工作既可由农业农村局主管，也可由文化和旅游局主管。但事实上，"谁都管，谁又都不

管"。以闲置农房开发民宿为例，由于农村宅基地的土地性质不能转变，租赁是民宿经营者主要的土地获取方式，而宅基地的最长租赁周期是20年，来自农民毁约或者涨房租的风险严重影响了民宿经营者的收益预期；同时，用农宅经营民宿办不了相关证照，而工商部门没有专门的登记类别，其营业执照多为个体工商户性质的农家院，且只能以宅基地主人的身份办理，这也大大增加了办照的困难和后续的产权收益风险，并且在消防、安全等方面也存在审核困难。

此外，政府相关的"城市治理"工作对休闲农业与乡村旅游也会产生短期负面影响。如2017年在市政府全力推进"安全隐患大排查大清理大整治专项行动"过程中，不少地区中小规模经营户受到了清理违章乱建的直接或间接影响。以平谷区为例，2017年全区所有民俗经营户的户外锅腔、冷灶、火炕以及户外烧烤等被全部拆除或取缔，具有特色的烤全羊、侉炖鱼、大煎饼、农家炖等一系列特色农家饭菜严重受到影响，仅金海湖一个乡镇就拆除了农家院1 200余个、火炕200余铺。

第四节　本章小结

具体而言，本章基于《北京统计年鉴》和北京市"三农普"数据等，得出的主要结论有以下几个方面：

第一，北京市作为我国的政治和文化中心、超大城市，发展休闲农业与乡村旅游无论在需求侧还是供给侧都具有明显的优势；经过自20世纪90年代以来几个阶段的快速发展，同时受到过去几年疫情的叠加影响，目前产业在整体下行中显现出尚不稳定的触底反弹态势；政府在近年来给予了较强的政策支持，全市休闲农业与乡村旅游发展基础相对扎实，但总体形势不容乐观，转型升级的压力较大。

第二，从数据上看，小规模的个体经营仍然是北京市休闲农业与乡村旅游的基本面，经营户多为学历不高的本镇居民；经营内容和产品类型总体较为丰富多样，其中农业观光园和民俗旅游是两种最主要的经营形式，商品销售、餐饮、住宿、采摘是四类最为主要的创收项目；经营上，要素投入较传统农业更为密集，用地类型更为多元化，"互联网＋"逐步融入经营，农耕文化体验开始得到重视；经营户数量持续下行后呈触底反弹趋势，服务供给能力面临较大挑战；接待人次在总体下降趋势下出现回升迹象，经营收入以及对京郊农民就业创收的促进作用尚不稳定。

第三，北京市休闲农业与乡村旅游在数量分布上呈现出北多南少、平原地区多于山区的特点；在主体类型上，个体经营户在生态涵养发展区分布最多，法人单位在城市功能拓展区分布最为集中；在投资结构上，市外投资多集中于近郊区，民俗旅游挂牌户多集中于远郊区；在接待能力上，总接待人次以平原地区最多，户均接待量以近郊区最高；在经营效益上，商品销售收入以城市发展新区最强，利润率以生态涵养发展区最高。

第四，从供给侧角度看，目前北京市休闲农业与乡村旅游转型发展面临六大严峻挑战：一是经营模式高度趋同，产品创新滞后于消费升级；二是区域同业竞争加剧，产业发展困境被放大；三是专业人才短缺，经营能力偏弱；四是转型升级投入大，融资难度增加；五是资源环境约束增强，配套基础设施建设受限；六是体制机制有待理顺，重叠管理与服务缺位并存。

第三章

休闲农业与乡村旅游引领北京都市农业的"服务业化"发展趋势

　　国家发展改革委发布的《农村一二三产业融合发展年度报告（2017 年）》显示，各地区在推动三产融合进程中取得了明显成效：农村产业融合主体不断涌现，优质安全农产品供给大幅增加，农村新产业新业态提档升级，农企利益联结机制更加紧密，农业增收与就业渠道日益多元，助力精准扶贫精准脱贫成效明显。同时，三产融合也极大地延伸了农业产业链条，使得农业生产、加工、物流、仓储、营销等得到了链式一体化发展，使得分工更为专业化。然而，目前关于三产融合的研究仍大多局限于宏观的产业融合视角，忽视了农业内部专业化分工对三产融合的作用①。要素（服务）市场的开放突破了家庭内部的自然分工，催生了农业社会化服务市场，且通过纵向分工、迂回经济与服务外包同样可以实现外部规模经济性②。从产权细分和分工深化的理论来看，农业服务规模经营是我国农业适度规模经营的必然逻辑③。而从农业产业链的角度来看，农业社会化服务的每一个环节都同样能对农业本身起到重要的作

---

① 李俊岭 . 我国多功能农业发展研究：基于产业融合的研究 [J]. 农业经济问题，2009（3）：4 - 7；冯建国，陈奕捷 . 以休闲农业为核心，带动都市农业产业融合 [J]. 中国农业资源与区划，2011，32（4）：61 - 65；张义博 . 农业现代化视野的产业融合互动及其路径找寻 [J]. 改革，2015（2）：98 - 107；姜长云 . 推进农村一二三产业融合发展 新题应有新解法 [J]. 中国发展观察，2015（2）：18 - 22；赵霞，韩一军，姜楠 . 农村三产融合：内涵界定、现实意义及驱动因素分析 [J]. 农业经济问题，2017，38（4）：49 - 57.

② 罗必良 . 论服务规模经营：从纵向分工到横向分工及连片专业化 [J]. 中国农村经济，2017（11）：2 - 16.

③ 胡新艳，朱文珏，罗必良 . 产权细分、分工深化与农业服务规模经营 [J]. 天津社会科学，2016（4）：93 - 98.

用①。事实上，农业社会化服务属于产业内部融合的形式②，且孔祥智、周振从第六产业的角度提出了构建农业社会化服务体系的政策重要性③。因此，农业社会化服务是从内部推动三产融合的重要抓手。

在北京市休闲农业与乡村旅游发展的下行时期，结合农业的多功能性特点，要扭转局面，实现其转型升级与高质量发展，就要开拓新思路。在农业的第三产业化发展中，除了可以将传统的休闲农业与乡村旅游进一步拓展至休闲、观光等多种游览形式外，农业生产环节的种植与养殖本身也可以实现服务业化。在产业融合背景下，农业社会化服务这种新型业态与模式充分发挥了农业的多功能性，其与生产能够实现紧密结合，是北京都市型现代农业进行三产融合、转型升级的一个潜力点。农业社会化服务近年来也因此引起了北京市相关部门的重视。北京市"十四五"规划也明确提出了要健全农业生产专业化社会化服务体系，大力培育新型服务主体，完善以供销系统为依托的生产资料服务体系，促进公益性农技推广机构与经营性服务组织融合发展，实现小农户与现代农业的有机衔接。基于此，本章利用 2016 年北京市"三农普"数据，从普通农业经营户、规模农业经营户、农业经营单位三个经营主体出发，剖析在休闲农业与乡村旅游发展的下行时期，北京市农业社会化服务收益以及农林牧渔不同行业服务收益的情况④。同时，本章对不同功能区、不同地形区、不同经营主体特征进行比较讨论，以期得出具有政策导向意义的结论。

第一节　不同类型农户农业社会化服务的收入情况分析

一、普通农业经营户农业社会化服务的收入情况分析

总的来看，北京市普通农业经营户（以下简称"普通户"）的农业社会化服务收入中，种植业社会化服务收入最高，占比达到 56.2%，其次是林业，占比为 36.5%；接着是畜牧业，占比为 6.5%；渔业则是占比最低的，仅为 0.8%（见图 3-1）。在不同功能区和不同地形区，普通户农业社会化服务总收入与不同行业的农业社会化服务收入同样存在着明显的区别。

---

① 钟真，谭玥琳，穆娜娜. 新型农业经营主体的社会化服务功能研究：基于京郊农村的调查 [J]. 中国软科学，2014（8）：38-48.

② 王昕坤. 产业融合：农业产业化的新内涵 [J]. 农业现代化研究，2007（3）：303-306.

③ 孔祥智，周振. 发展第六产业的现实意义及其政策选择 [J]. 经济与管理评论，2015，31（1）：98-103.

④ 其中，普通农业经营户和规模农业经营户的服务支出过小而忽略不计，仅统计了收入。

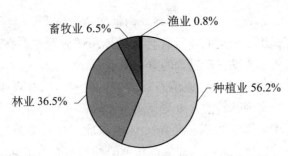

图 3-1　普通户农业社会化服务的农林牧渔收入比例

（一）不同功能区农业社会化服务收入的特征

第一，城市发展新区的农业社会化服务总收入最高，但最高的平均农业社会化服务收入[①]却属城市功能拓展区。生态涵养发展区农业社会化服务总收入达到 2 135.1 万元，占全市农业社会化服务总收入的 45.4%；城市发展新区农业社会化服务总收入则达到 2 407.9 万元，占全市农业社会化服务总收入的 51.2%；而城市功能拓展区农业社会化服务总收入仅为 159.7 万元，占全市农业社会化服务总收入的 3.4%。这说明，不同功能区服务收益存在显著差距，城市内部功能区的服务能力更高。而从平均农业社会化服务收入来看，情况却有所不同。生态涵养发展区、城市发展新区、城市功能拓展区的平均农业社会化服务收入分别为 9 077.7 元、16 084.7 元、26 180.3 元，呈现出明显的从低到高的态势，比值为 1∶1.8∶2.9。这说明普通户数量在空间分布上的差异，直接影响着不同功能区的平均农业社会化服务收入情况（见图 3-2）。

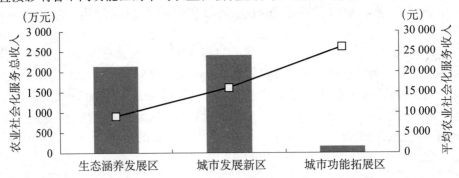

图 3-2　不同功能区普通户的农业社会化服务总收入与平均农业社会化服务收入

---

① 平均农业社会化服务收入=农业社会化服务总收入/提供社会化服务的农户（或单位）数量。

第二，城市功能拓展区和生态涵养发展区的林业社会化服务占比是最高的，城市发展新区种植业社会化服务占比最高，而畜牧业和渔业社会化服务带来的收入占比都偏低。城市功能拓展区的农林牧渔社会化服务收入分别为 27.9 万元、131.8 万元、0 元、0 元，占比分别为 17.5%、82.5%、0、0；城市发展新区的农林牧渔社会化服务收入分别为 1 127.6 万元、1 054.5 万元、193.4 万元、32.4 万元，分别占农业社会化服务总收入的 46.8%、43.8%、8.0%、1.4%；生态涵养发展区的农林牧渔社会化服务收入分别为 558.0 万元、1 457.4 万元、112.5 万元、7.2 万元，占比分别为 26.1%、68.3%、5.3%、0.3%。这说明种植业和林业在不同功能区都是农业社会化服务的主体行业，而城市功能拓展区和生态涵养发展区的林业社会化服务收入占比尤其高，这也说明收入比例与功能区的定位是相契合的。同时，这也表明不同功能区的农业社会化服务收入结构两极分化较严重，有进一步从农业社会化服务增收最大化的角度进行结构优化的可能性（见图 3-3）。

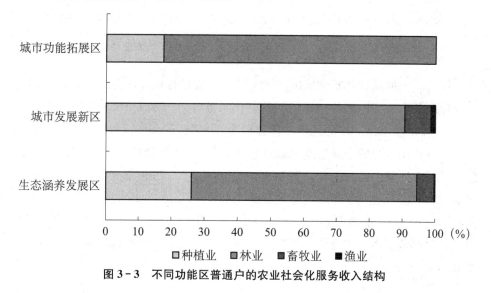

图 3-3　不同功能区普通户的农业社会化服务收入结构

（二）不同地形区农业社会化服务收入的特征

第一，平原地区的农业社会化服务总收入明显高于丘陵地区（浅山区）和山区。平原地区的农业社会化服务总收入 2 995.8 万元是最高的，远高于山区的 1 414.7 万元和丘陵地区（浅山区）的 292.2 万元，占比分别为 63.7%、30.1%、6.2%。同时，不同地形区的平均农业社会化服务收入也显现着差异。

在平均农业社会化服务收入方面，山区为 7 391.1 元，丘陵地区（浅山区）为 9 365.8 元，平原地区则为 17 789.66 元。可见，村庄的地形越平坦，平均农业社会化服务收入水平就会越高。而由于北京市的村落 68.5% 都处于平原地区，农业社会化服务的地形优势得以充分显现，其服务总收入和平均服务收入都是最高的（见图 3-4）。

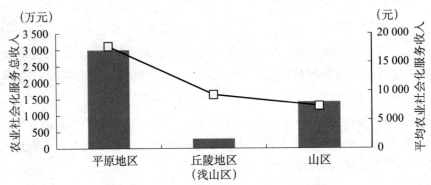

图 3-4　不同地形区普通户的农业社会化服务总收入与平均农业社会化服务收入

第二，平原地区和丘陵地区（浅山区）以提供种植业服务为主，山区以提供林业服务为主。山区的农林牧渔社会化服务收入分别为 89.5 万元、1 298.3 万元、25.8 万元、1.06 万元，占比分别为 6.3%、91.8%、1.8%、0.1%；丘陵地区（浅山区）的农林牧渔社会化服务收入分别是 184.5 万元、82.5 万元、23.2 万元、2.0 万元，占比分别为 63.1%、28.2%、7.9%、0.7%；而平原地区的农林牧渔社会化服务收入分别达到 1 439.4 万元、1 262.9 万元、256.9 万元、36.5 万元，分别占到 48.0%、42.2%、8.6%、1.2%。以上结果表明，山区是以林业服务为主导的，而丘陵地区（浅山区）和平原地区则是以种植业服务为主导的（见图 3-5）。

二、规模农业经营户农业社会化服务的收入情况分析

从总体上看，在全市规模农业经营户（以下简称"规模户"）的农业社会化服务收入中，畜牧业社会化服务收入占比最高，达到了 57.9%；其次是种植业，占比为 32.2%；接着是渔业，占到了 9.0%；林业则是最低的，占比仅为 0.9%（见图 3-6）。这与普通户的情况是截然相反的，因为普通户在服务总收入

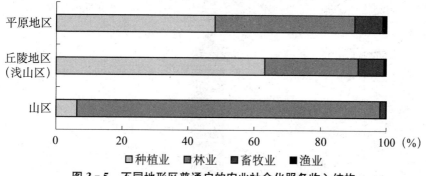

图3-5　不同地形区普通户的农业社会化服务收入结构

中占比最大的正是林业。另外，在不同功能区和不同地形区，规模户农业社会化
服务总收入与不同行业的农业社会化服务收入同样存在着明显的区别。

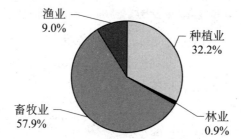

图3-6　规模户农业社会化服务的农林牧渔收入比例

（一）不同功能区农业社会化服务收入的特征

第一，城市发展新区是规模户获得农业社会化服务收入的主要区域，其平均
农业社会化服务收入也是最高的。生态涵养发展区农业社会化服务总收入达到
700.4万元，占全市农业社会化服务总收入的20%；城市发展新区农业社会化服
务总收入则达到2807.5万元，占比达80%；而城市功能拓展区的规模户并未对
外提供服务。这说明，城市发展新区是规模户提供服务的主要功能区。而从平均
农业社会化服务收入来看，情况类似。生态涵养发展区、城市发展新区、城市
功能拓展区的平均农业社会化服务收入分别为18.4万元、55.1万元、0元，
其比值为1∶3∶0。这说明城市发展新区的规模户提供农业社会化服务的优势
较高，平均农业社会化服务收入依然显示出明显的优势（见图3-7）。

第二，城市发展新区以畜牧业服务为主，而生态涵养发展区以种植业服务
为主。城市发展新区的农林牧渔社会化服务收入分别为649.3万元、23.0万
元、1905.8万元、229.39万元，占比分别为23.1%、0.8%、67.9%、

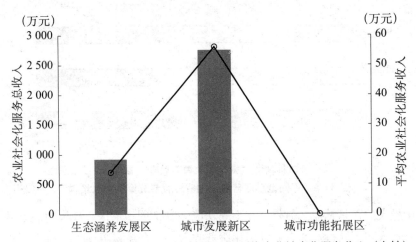

图 3-7　不同功能区规模户的农业社会化服务总收入与平均农业社会化服务收入

8.2%；生态涵养发展区的农林牧渔社会化服务收入分别为 480.68 万元、8.25 万元、126.5 万元、85 万元，占比分别为 68.6%、1.2%、18.1%、12.1%（见图 3-8）。这说明种植业和畜牧业在两个功能区都是农业社会化服务的主体行业，另外两个功能区不同的主导服务行业也表明不同功能区有其自身进行农业社会化服务收入的地域特色，这为进一步从社会化服务增收最大化的角度进行结构优化提供了可能性。

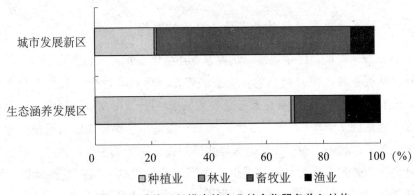

图 3-8　不同功能区规模户的农业社会化服务收入结构

（二）不同地形区农业社会化服务收入的特征

第一，不同地形区农业社会化服务总收入水平与平均农业社会化服务收入水平存在着不对称的矛盾。平原地区的农业社会化服务总收入 2 822.0 万元是最高的，远高于山区的 22.1 万元和丘陵地区（浅山区）的 663.8 万元，三者的占比分

别为 80.4%、0.6%、19.0%。同时，平均农业社会化服务收入在不同地形区上
也显现着差异。山区的平均农业社会化服务收入为 7.4 万元，丘陵地区（浅山
区）的平均农业社会化服务收入为 55.3 万元，而平原地区的平均农业社会化服
务收入为 38.1 万元，其比值为 1：7.5：5.2。因此，规模户的平均农业社会化服
务收入最高的并非平原地区，而是丘陵地区（浅山区）。也就是说，农业社会化
服务总收入最高的地形区并非平均农业社会化服务收入也是最高的（见图 3-9）。

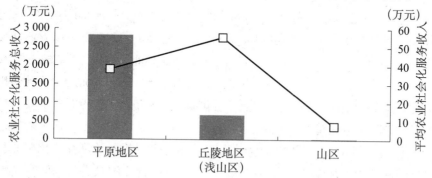

图 3-9　不同地形区规模户的农业社会化服务总收入与平均农业社会化服务收入

第二，不同的地形影响着相应区域的农业社会化服务收入结构。山区的农
林牧渔社会化服务收入分别为 2.0 万元、0.1 万元、20.0 万元、0 元，占比分
别为 9.0%、0.5%、90.5%、0；丘陵地区（浅山区）的农林牧渔社会化服务
收入分别为 403.7 万元、6.2 万元、254.0 万元、0 元，占比分别为 60.8%、
0.9%、38.3%、0；而平原地区的农林牧渔社会化服务收入分别达到 724.3 万
元、25.0 万元、1 758.3 万元、314.4 万元，占比分别为 25.7%、0.9%、
62.3%、11.1%。以上结果表明，山区和平原地区是以畜牧业服务为主导的，
而丘陵地区（浅山区）是以种植业服务为主导的（见图 3-10）。

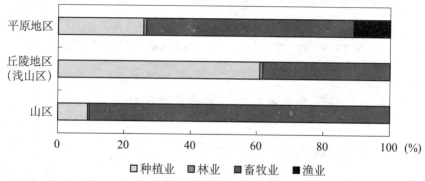

图 3-10　不同地形区规模户的农业社会化服务收入结构

第二节　农业经营单位农业社会化服务的收支情况分析

一、总体收支情况分析

从北京市全市来看，农业经营单位的农业社会化服务收入达到 200 995 万元，支出达到 47 751 万元，实现利润 153 244 万元（见图 3 - 11）。其中，农业社会化服务收入属种植业最高，占比达到 41.8%；其次是林业，占比为 29.0%；接着是畜牧业，占到了 26.6%；渔业则是最低的，占比仅为 2.6%。而从农业社会化服务支出来看，情况则有所不同。农业社会化服务支出最高的行业是林业，占比达到 46.3%；其次是种植业，占比达到 40.6%；接着是畜牧业，占到 12.4%；最后是渔业，仅占 0.7%。从农业社会化服务利润来看，农林牧渔社会化服务利润占比分别为 42.2%、23.6%、31.0%、3.2%。不同行业的收支与利润都显示出差别。此外，农业经营单位的农业社会化服务收入和支出存在的差异还体现在不同功能区和不同地形区上。

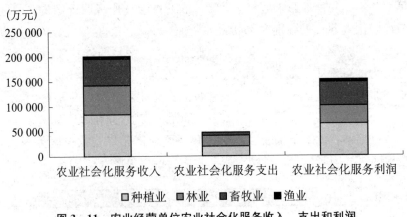

图 3 - 11　农业经营单位农业社会化服务收入、支出和利润

二、不同功能区农业社会化服务收支情况分析

（一）不同功能区农业社会化服务收入情况

如表 3 - 1 所示，第一，不管从农业社会化服务总收入还是平均农业社会

化服务收入来看，功能区都显现出由外到内递增的特征。具体而言，生态涵养发展区农业社会化服务总收入达到 20 631.0 万元，占比为 10.3%；城市发展新区农业社会化服务总收入达到 88 210.8 万元，占比为 43.9%；而城市功能拓展区农业社会化服务总收入达到 92 147.0 万元，占比为 45.8%。这说明，生态涵养发展区的农业社会化服务总收入明显低于内部功能区。而从平均农业社会化服务收入来看，同样的现象仍然存在。生态涵养发展区、城市发展新区、城市功能拓展区的平均农业社会化服务收入分别为 119.9 万元、245.0 万元、960.0 万元，比例分布呈现出明显的从低到高的态势，三者比值约为 1∶2.0∶8.0。

第二，不同功能区的农林牧渔社会化服务收入都存在结构性差异。城市功能拓展区的农林牧渔社会化服务收入分别为 44 242.0 万元、34 729.0 万元、11 587.0 万元、1 589.0 万元，占比分别为 48.0%、37.7%、12.6%、1.7%；城市发展新区的农林牧渔社会化服务收入分别为 35 067.0 元、13 145.0 万元、39 323.0 万元、675.8 万元，占比分别为 39.8%、14.9%、44.6%、0.7%；而生态涵养发展区的农林牧渔社会化服务收入分别为 4 683.0 万元、10 381.0 万元、2 500.0 万元、3 067.0 万元，占比分别为 22.7%、50.3%、12.1%、14.9%。这表明城市功能拓展区的农业社会化服务收入是以种植业和林业为主的，城市发展新区的农业社会化服务收入是以种植业和畜牧业为主的，而生态涵养发展区的农业社会化服务收入则是以林业为主的。

（二）不同功能区农业社会化服务支出情况

如表 3-1 所示，第一，农业社会化服务总支出和平均农业社会化服务支出属城市功能拓展区最高。其中，生态涵养发展区农业社会化服务总支出达到 8 183.9 万元，占比为 17.1%；城市发展新区农业社会化服务总支出达到 9 558.1 万元，占比为 20.0%；城市功能拓展区农业社会化服务总支出达到 29 811.1 万元，占比为 62.9%。从平均农业社会化服务支出来看，生态涵养发展区、城市发展新区、城市功能拓展区分别为 48.7 万元、26.6 万元、310.5 万元，三者比值为 1.8∶1∶11.7。这说明不同功能区的平均农业社会化服务支出差距较大，需要承担的成本压力也存在着差异。

第二，不同功能区农林牧渔社会化服务支出结构存在差异。城市功能拓展区的农林牧渔社会化服务支出分别为 15 581.0 万元、14 137.5 万元、54.6 万元、38.0 万元，占比分别为 52.3%、47.4%、0.2%、0.1%；城市发展新区的农林牧渔社会化服务支出分别为 2 134.0 万元、2 986.4 万元、4 238.7万元、199.0 万元，占比分别为 22.3%、31.2%、44.3%、2.1%；生态涵养发展区的农林牧渔社会化服务支出分别为1 656.5万元、4 996.4 万元、1 647.0 万元、82.0 万元，占比分别为 19.8%、59.6%、19.6%、1.0%。这表明，城市功能拓展区的农业社会化服务支出以种植业和林业为主；城市发展新区畜牧业、林业、种植业都占有较大比重；而生态涵养发展区则以林业为主。

（三）不同功能区农业社会化服务利润情况

如表 3-1 所示，第一，不同功能区的农业社会化服务总利润和平均利润大致呈现出由外到内递增的趋势。其中，生态涵养发展区农业社会化服务总利润达到 12 249.1 万元，占比为 8.0%；城市发展新区农业社会化服务总利润达到 78 652.7 万元，占比为 51.3%；而城市功能拓展区农业社会化服务总利润达到 62 336.9 万元，占比为 40.7%。从平均农业社会化服务利润来看，生态涵养发展区、城市发展新区、城市功能拓展区分别为 71.2 万元、218.4 万元、649.5 万元，呈现出明显的从低到高的态势，并且差距悬殊，其比值约为 1∶3.1∶9.1。这说明，不同功能区的平均农业社会化服务利润差距仍较大，而生态涵养发展区的低利润往往是受到缺乏技术、管理等因素导致的成本压力所影响，这同时也说明了通过不同功能区之间的技术转移等方式来提高总体服务能力具有可行性。

第二，不同功能区的特征也影响着区域内的农业社会化服务利润结构。城市功能拓展区的农林牧渔社会化服务利润分别为 28 661.0 万元、20 591.5 万元、11 532.4 万元、1 551.0 万元，占比分别为 46.0%、33.0%、18.5%、2.5%；城市发展新区的农林牧渔社会化服务利润分别为32 933.0万元、10 158.6 万元、35 084.3 万元、476.8 万元，占比分别为 41.9%、12.9%、44.6%、0.6%；生态涵养发展区的农林牧渔社会化服务利润分别为 3 026.5 万元、5 384.6 万元、853.0 万元、2 984.0万元，占比分别为 24.7%、44.0%、7.0%、24.4%。这说明，城市功能拓展区的农业社会化服务利润来源主要是种植业和林业；城市发展新区的利润来源主要是种植业和畜牧业；而生态涵养发展区的利润来源主要是种植业、林业和渔业。三个功能区利润来源有着明显的结构差异。

表 3-1   不同功能区农业经营单位的农业社会化服务收支情况   单位：万元

功能区		种植业	林业	畜牧业	渔业	总和	平均值
城市功能 拓展区	收入	44 242.0	34 729.0	11 587.0	1 589.0	92 147.0	960.0
	支出	15 581.0	14 137.5	54.6	38.0	29 811.1	310.5
	利润	28 661.0	20 591.5	11 532.4	1 551.0	62 335.9	649.5
城市发展 新区	收入	35 067.0	13 145.0	39 323.0	675.8	88 210.8	245.0
	支出	2 134.0	2 986.4	4 238.7	199.0	9 558.1	26.6
	利润	32 933.0	10 158.6	35 084.3	476.8	78 652.7	218.4
生态涵养 发展区	收入	4 683.0	10 381.0	2 500.0	3 067.0	20 631.0	119.9
	支出	1 656.5	4 996.4	1 647.0	82.0	8 381.9	48.7
	利润	3 026.5	5 384.6	853.0	2 985.0	12 249.1	71.2

三、不同地形区农业社会化服务收支情况分析

（一）不同地形区农业社会化服务收入情况

如表 3-2 所示，第一，平原地区在农业社会化服务收入中占有绝对优势。平原地区的农业社会化服务总收入达到 190 007.8 万元，占比为 94.5%；丘陵地区（浅山区）的农业社会化服务总收入达到 2 788.6 万元，占比为 1.4%；而山区的农业社会化服务总收入达到 8 198.5 万元，占比为 4.1%。这说明，不同地形区的农业社会化服务总收入有着显著的差异。而从平均农业社会化服务收入来看，平原地区、丘陵地区（浅山区）、山区分别为 396.7 万元、39.3 万元、105.1 万元，占比分别为 73.3%、7.3%、19.4%，而这与农业社会化服务总收入的比例分布情况类似。

第二，不同地形区的农业社会化服务收入结构存在差异。平原地区的农林牧渔社会化服务收入分别为 82 720.0 万元、51 688.3 万元、53 075.9 万元、2 523.5万元，占比分别为 43.5%、27.2%、27.9%、1.4%；丘陵地区（浅山区）的农林牧渔社会化服务收入分别为 826.6 万元、1 406.3 万元、12.0 万元、543.8 万元，占比分别为 29.6%、50.4%、0.5%、19.5%；山区的农林牧渔社会化服务收入分别为 446.1 万元、5 165.9万元、322.4 万元、2 264.0 万元，占比分别为 5.5%、63.0%、3.9%、27.6%。这表明，平原地区的服务收入来源以种植业、林业、畜牧业为主，丘陵地区（浅山区）以种植业和林业为主，而山区以林业和渔业为主。

（二）不同地形区农业社会化服务支出情况

如表3-2所示，第一，平原地区的农业社会化服务总支出和平均农业社会化服务支出都是最高的。其中，平原地区的农业社会化服务总支出达43 713.8万元，占比为91.6%；丘陵地区（浅山区）的农业社会化服务总支出达到1 193.0万元，占比为2.5%；而山区的农业社会化服务总支出达到2 833.1万元，占比为5.9%。而从平均农业社会化服务支出来看，平原地区、丘陵地区（浅山区）、山区分别为91.3万元、16.8万元、36.5万元，三者比值为5.4：1：2.2。这说明，平原地区的支出远高于丘陵地区（浅山区）和山区，而丘陵地区（浅山区）则是支出最低的。

第二，平原地区以种植业和林业服务支出为主，而丘陵地区（浅山区）和山区则以林业服务支出为主。不同功能区的功能定位也影响着区域内的农业社会化服务支出结构。平原地区的农林牧渔社会化服务支出分别为19 320.1万元、18 561.3万元、5 582.7万元、249.7万元，占比分别为44.2%、42.5%、12.8%、0.5%；丘陵地区（浅山区）的农林牧渔社会化服务支出分别为40.4万元、990.6万元、160.5万元、1.5万元，占比分别为3.4%、83%、13.5%、0.1%；山区的农林牧渔社会化服务支出分别为10.8万元、2 568.5万元、197.0万元、67.8万元，占比分别为0.4%、90.3%、6.9%、2.4%。这说明，平原地区的社会化服务支出主要分布在种植业和林业，而在丘陵地区（浅山区）和山区则是林业社会化服务支出占了绝大部分。

（三）不同地形区农业社会化服务利润情况

第一，平原地区占据了绝大部分农业社会化服务的利润，丘陵地区（浅山区）占比最低。具体而言，平原地区的农业社会化服务总利润最高，达到146 294.0万元，占比为97.2%；丘陵地区（浅山区）的农业社会化服务总利润达到1 595.6万元，占比1.1%；而山区的农业社会化服务总利润达到2 597.4万元，占比为1.7%。而从平均农业社会化服务利润来看，平原地区、丘陵地区（浅山区）、山区分别为305.4万元、22.5万元、68.6万元，三者比值约为13.5：1：3。这表明，丘陵地区（浅山区）和山区由于自身地理条件等原因，其利润水平远低于平原地区。

第二，不同地形区的地形地貌特征影响着主要服务利润来源。平原地区的农林牧渔社会化服务利润分别为63 400.0万元、33 127.0万元、47 493.3万元、2 273.8 万元，占比分别为 43.3％、22.6％、32.5％、1.6％；丘陵地区（浅山区）的农林牧渔社会化服务利润分别为 786.2 万元、415.7 万元、－148.5万元、542.3万元。其中，畜牧业的社会化服务处于亏损状态，而除去畜牧业，农林渔的社会化服务利润占比分别为 45.1％、23.8％、31.1％[①]；山区的农林牧渔社会化服务利润分别为 435.3 万元、2 597.4 万元、125.4 万元、2 196.2 万元，占比分别为 8.1％、48.5％、2.4％、41.0％。这表明，平原地区的农业社会化服务利润主要分布在种植业、林业和畜牧业，丘陵地区（浅山区）的农业社会化利润较均匀地分布在种植业、林业和渔业，而山区的农业社会化服务利润则主要体现在林业和渔业上。

表 3-2　不同地形区农业经营单位的农业社会化服务收支情况　单位：万元

地形区		种植业	林业	畜牧业	渔业	总和	平均值
平原地区	收入	82 720.0	51 688.3	53 075.9	2 523.5	190 007.8	396.7
	支出	19 320.1	18 561.3	5 582.7	249.7	43 713.8	91.3
	利润	63 400.0	33 127.0	47 493.3	2 273.8	146 294.0	305.4
丘陵地区（浅山区）	收入	826.6	1 406.3	12.0	543.8	2 788.6	39.3
	支出	40.4	990.6	160.5	1.5	1 193.0	16.8
	利润	786.2	415.7	－148.5	542.3	1 595.6	22.5
山区	收入	446.1	5 165.9	322.4	2 264.0	8 198.5	105.1
	支出	10.8	2 568.5	197.0	67.8	2 833.1	36.5
	利润	435.3	2 597.4	125.4	2 196.2	2 597.4	68.6

第三节　不同农业经营主体农业社会化服务收益比较

一、总体比较

普通户、规模户、经营单位的农业社会化服务总收益分别为 4 702.6 万元、3 507.0 万元、200 995.0 万元；即使减去支出成本，经营单位的农业社会化服务利润[②]仍达到 153 244.0 万元，这说明经营单位在全市的农业社会化服务收益中占有最大的比重，是提供农业社会化服务的主力军，远超于普通

---

① 为了不影响不同地形区的农业社会化服务利润结构，将丘陵区的畜牧业服务利润占比调整为0。
② 由于经营单位的收入和支出分开统计，因此该部分用利润代替收入来进行收益比较会更为准确。经检验，经营单位使用收入进行比较与利润进行比较所得出的结论基本一致。

户和规模户。而从平均指标来看，经营单位仍然是最高的，达到 244.0 万元；规模户次之，达到 12.7 万元；普通户最低，仅达到 3.1 万元（见表 3-3）。也就是说，不同经营主体的收益情况存在较大差异。其中，经营单位在总收益上占有绝对优势，而规模户的平均服务收益情况也优于普通户。这说明，规模化经营有助于农业社会化服务的提供以及收益的提高。

表 3-3　不同经营主体的农业社会化服务收益情况　　　　　单位：万元

经营主体收益	总数额	平均数额
普通户的社会化服务收益	4 702.6	3.1
规模户的社会化服务收益	3 507.0	12.7
经营单位的社会化服务收益	200 995.0	320.0
经营单位的社会化服务利润	153 244.0	244.0

从收入行业来源上来看，不同经营主体同样显示出有差异的服务收益结构。其中普通户最大的服务收益来源是林业，规模户最大的收益来源是畜牧业，而经营单位最大的利润来源是种植业。这说明，不同经营主体都有不同的主导服务行业。而从具体的行业收益排序来看，普通户的排序是林农牧渔，规模户的排序是牧农渔林，而经营单位的排序是农牧林渔。这表明了不同经营主体盈利水平在不同行业上各有优势，据此，可根据行业发展需求培育支持不同主体。

二、基于不同地形区和功能区的比较

平原地区的农业社会化服务收益对于不同经营主体而言都是最高的。其中，普通户、规模户、经营单位在平原地区的农业社会化服务收益分别为 2 995.8 万元、2 822.0 万元、146 294.0 万元，分别占到各经营主体服务总收益的 63.7%、80.4%、97.2%，这说明平原区对于各经营主体都是农业社会化服务收益的主要地形区。从不同经营主体的比较来看，经营单位的农业社会化服务收益的来源尤其依赖于平原地区，其次是规模户（见图 3-12）。

从农业社会化服务收益总量来看，普通户、规模户、经营单位的服务收益都集中在城市发展新区，分别占到各经营主体服务总收益的 51.2%、80.0%、51.3%，都超过了一半。因此，城市发展新区对于各经营主体都是农业社会化服务收益的主要区域。

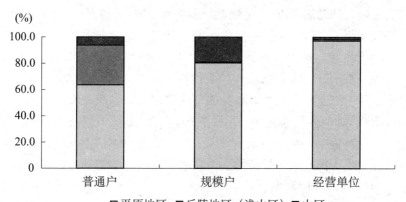

图 3 - 12　不同经营主体在各地形区的农业社会化服务收益比较

第四节　农业社会化服务收益的影响因素分析

一、影响农业社会化服务收益的主要因素

农业部公布的数据显示，2016 年农村土地流转率高达 35％。然而，农业在规模经营的同时，也带来了无法回避的高昂土地租金，使得国内主要农产品在国际上难以具备竞争力[①]。对此，不少学者呼吁用多条路径实现农业现代化[②]，其中呼声较大的一条路径则是农业社会化服务[③]。已有学者通过研究表明，农业社会化服务已经成为农户增收的重要渠道[④]。因此，探讨农业社会化服务收益的影响因素对于探索农业现代化道路以及三产融合的实现是有益的。

[①]　马晓河. 中国农业收益与生产成本变动的结构分析 [J]. 中国农村经济，2011 (5)：4 - 11；陈锡文. 适应经济发展新常态加快转变农业发展方式：学习贯彻近平总书记在中央经济工作会议上的重要讲话精神 [J]. 求是，2015 (6)：20 - 22.

[②]　沈贵银. 探索现代农业多元化规模经营制度：对十七届三中全会关于农村基本经营制度创新有关问题的思考 [J]. 农业经济问题，2009，30 (5)：17 - 19；张红宇，张海阳，李伟毅，等. 中国特色农业现代化：目标定位与改革创新 [J]. 中国农村经济，2015 (1)：4 - 13；陈锡文. 坚持走中国特色农业现代化道路：学习习近平总书记相关论述的几点认识 [J]. 中国农村经济，2016 (10)：4 - 6.

[③]　孔祥智，楼栋，何安华. 建立新型农业社会化服务体系：必要性、模式选择和对策建议 [J]. 教学与研究，2012 (1)：39 - 46；纪月清，钟甫宁. 非农就业与农户农机服务利用 [J]. 南京农业大学学报（社会科学版），2013，13 (5)：47 - 52；HOUSSOU N，DIAO X，COSSAR F，et al. Agricultural mechanization in Ghana：is specialized agricultural mechanization service provision a viable business model? [J]. American journal of agricultural economics，2013，95 (5)：1237 - 1244.

[④]　孔祥智. 中国农业社会化服务：基于供给和需求的研究 [M]. 北京：中国人民大学出版社，2009.

然而，国内外学者对于农业社会化服务影响因素的研究大多从宏观层面（包括国家层面[①]、省级层面[②]）考虑，或者从微观个体层面[③]分析，少有从中观层面进行研究的。同时，部分学者虽然对农业社会化服务效益已有充分讨论，如从服务需求方的满意程度或社会化服务从业人数这些方面来讨论[④]，但少有研究是基于农业社会化服务收益的角度来讨论的。而在旅游业推动产业融合的情况下[⑤]，如何促使农业社会化服务融入三产融合的过程是尤为重要的。

在城市化进程中，劳动力加快转移，农业产出增长率降低[⑥]，而农业社会化服务可能会成为提高农业效益的一个新增长点，这与劳动力转移过程中村庄从事农业的劳动力比例可能存在关系。同时，北京市农业用地面积的日益萎缩，导致了乡村功能模糊以及乡村收入来源的变化[⑦]。这也引发我们思考：村庄农业用地面积大小、村集体富裕程度会不会也给农业社会化服务带来了一些影响？根据前文的分析，村庄的地理特征也可能与农业社会化服务有着紧密的联系，本节欲加以证明。除了探讨旅游业的作用之外，本节还考虑了其他第三产业对农业社会化服务的影响，以期对农业社会化服务收益的影响因素作出较全面的判断。基于此，本节基于北京市 866 个有农业社会化服务收益的村庄数据，对影响农业社会化服务收益的因素进行实证分析，以探讨村庄如何处理好三产融合与农业社会化服务收益的关系。

二、模型设定与变量说明

在本部分中，我们建立简单的计量模型以展示研究思路。假设农业社会化

① 郝爱民. 农业生产性服务业对农业的外溢效应与条件研究 [J]. 南方经济，2013 (5)：38-48.

② 杨进. 中国农业机械化服务与粮食生产 [D/OL]. 浙江大学，2015 [2023-04-30]. http：//hf-gga60aabc7d15084b00s0cb0fpvnnnku6xxx. fhaz. libproxy. ruc. edu. cn/kcms2/article/abstract？v=FbDnLXx9-bnYkHZ9ZQNyhE13TaiPai6eE7AhaCGov1IynuGZ8XPJ2R8nKnwXV6X6Lc453WRSDwHvlwJ8Dgkm5GZSYORIPfVN6HkFf8Sjl1wWgZsmfcEVt-WhpXGd3tOyanAMC6Y3K0M=&uniplatform=NZKPT&language=CHS.

③ 孙顶强，卢宇桐，田旭. 生产性服务对中国水稻生产技术效率的影响：基于吉、浙、湘、川 4 省微观调查数据的实证分析 [J]. 中国农村经济，2016 (8)：70-81.

④ 孔祥智，徐珍源. 农业社会化服务供求研究：基于供给主体与需求强度的农户数据分析 [J]. 广西社会科学，2010 (3)：120-125；郝爱民. 农业生产性服务对农业技术进步贡献的影响 [J]. 华南农业大学学报 (社会科学版)，2015，14 (1)：8-15.

⑤ 杨颖. 产业融合：旅游业发展趋势的新视角 [J]. 旅游科学，2008 (4)：6-10.

⑥ 盖庆恩，朱喜，史清华. 劳动力转移对中国农业生产的影响 [J]. 经济学 (季刊)，2014，13 (3)：1147-1170.

⑦ 李亚娟，陈田，王婧，等. 大城市边缘区乡村旅游地旅游城市化进程研究：以北京市为例 [J]. 中国人口·资源与环境，2013，23 (4)：162-168.

服务收益由以下方程决定：

$$W = \alpha + \beta P + \gamma X + \varepsilon \tag{3.1}$$

式中，W 为行政村农业社会化服务总收益，是模型中的被解释变量，是行政村内普通户收益、规模户收益、经营单位收益[①]的总和。

P 为关键解释变量，包括 2016 年全年旅游接待人数、从事第一产业劳动力比例以及全年村集体收入、村庄所属地形区以及农业经营用地面积，以便于更深入地了解三产融合与农业社会化服务之间的关系。在农村三产融合的过程中，村庄农民的增收渠道得以拓宽[②]，而这一过程中包含着旅游业的发展、劳动力在产业间的转移以及村集体农业经营用地和经济状况等的变化。因此，本节使用以上村级变量以刻画出农村产业融合过程与农业社会化服务收益的关系。具体而言：

第一，探讨农业社会化服务收益与旅游业发展之间的关系是三产融合从外部走向内部的关键。首先，本节用"全年旅游接待人数"表示村庄旅游业的发展程度，以此判断其对农业社会化服务收益的影响。其次，村庄劳动力就业特征能表示三产融合后劳动力从事不同产业的分布，因此用"从事第一产业劳动力比例"能表示出劳动力分布对农业社会化服务收益的影响。再次，用"全年村集体收入"和"农业经营用地面积"分别表示村庄经济状况和农业经营情况。最后，通过判断村庄是否处于丘陵地区（浅山区）或山区来表示地形特征对农业社会化服务收益的影响。

第二，农业社会化服务收益的变化可能还受到村庄的其他特征的影响，因此还需要控制村庄其他方面的特征。具体而言，本节将通过图书室、文化站、卫生室和体育健身场所的个数来表示村庄公共服务设施的情况，通过"是否有电子商务配送站点"来表示村庄网络现代化程度，通过"是否为少数民族聚集村"来表示村庄的文化特征。

X 为控制变量，表示其他影响农业社会化服务收益的因素，包括公共服务设施、网络现代化程度以及村庄的文化特征。

样本数据的描述性统计见表 3-4。

---

① 由于部分农业经营单位当年投资较大而造成利润为负值的情况，因而利润不能有效衡量经营的实际业务规模，为此这里使用农业经营单位的收入作为因变量。

② 李云新，戴紫芸，丁士军. 农村一二三产业融合的农户增收效应研究：基于对 345 个农户调查的 PSM 分析 [J]. 华中农业大学学报（社会科学版），2017（4）：37-44.

表 3-4　农业社会化服务收益与影响因素的变量特征

变量	单位	样本量	均值	标准误	最小值	最大值
从事第一产业劳动力比例	—	866	0.340 8	0.235 6	0	0.988 4
全年旅游接待人数	万人	866	3.684 7	15.511 8	0	234.534
全年村集体收入	亿元	866	0.081 5	0.454 4	0	10.375 6
农业经营用地面积	万亩	866	0.403 4	0.676 8	0	7.109 8
有营业执照的餐馆个数	个	866	2.628 2	8.500	0	112
卫生室个数	个	866	0.967 7	0.878 2	0	6
体育健身场所个数	个	866	1.406	1.058 4	0	10
图书室、文化站个数	个	866	0.860 3	0.340 0	0	2
村庄是否处于丘陵地区（浅山区）	是=1；否=0	866	0.115 5	0.319 8	0	1
村庄是否处于山区	是=1；否=0	866	0.188 2	0.391 1	0	1
是否有电子商务配送站点	是=1；否=0	866	0.471 1	0.499 5	0	1
是否为少数民族聚集村	是=1；否=0	866	0.033 3	0.177 0	0	1
农业社会化服务收益	万元	866	241.577	1 829.7	0.000 5	37 961.5

三、实证结果与分析

（一）模型结果

由于不同的村庄农业社会化服务收益数值大且差异悬殊，本节对方程式（3.1）的因变量进行取对数处理，从而构建出方程式（3.2）：

$$\ln W = \alpha + \beta P + \gamma X + \varepsilon \qquad (3.2)$$

通过对回归方程式（3.2）的估计，我们估计了农业社会化服务收益受影响的因素。首先，我们以关键解释变量对农业社会化服务收益进行回归，得出第（1）列回归结果，以查看二者之间的关系。其次，为了防止遗漏变量导致的判断偏差，我们引进了与村庄相关的其他控制变量进行再次回归，得出第（2）列回归结果。

除了使用 OLS 回归方法外，本节还使用有序 probit 回归方法，以提高回归结果的稳健性。本节以 20% 为标准对因变量值进行分组，分成 5 组：1 万及1 万元以下、1 万～3.5 万元（含 3.5 万元）、3.5 万～10 万元（含 10 万元）、

10万~52万元（含52万元）、52万元以上，并以此为根据把1~5分别赋值于 W_1，从而方程式变为（3.3）：

$$W_1 = \alpha + \beta P + \gamma X + \varepsilon \qquad (3.3)$$

接着，本节通过对回归方程式（3.3）使用有序 probit 回归，估计了农业社会化服务收益受影响的因素。然后，通过关键解释变量对农业社会化服务收益进行回归，得出第（3）列回归结果。同样地，为了防止遗漏变量，本节引进了与村庄相关的其他控制变量来回归，得出第（4）列回归结果（见表3-5）。

表3-5　村庄因素对农业社会化服务收益的影响

变量		OLS 回归		有序 probit 回归	
		(1)	(2)	(3)	(4)
		$\ln W$	$\ln W$	W_1	W_1
关键解释变量	从事第一产业劳动力比例	−1.536***	−1.137**	−0.534**	−0.384*
		(−3.86)	(−2.80)	(−2.85)	(−1.97)
	全年旅游接待人数	0.018 0***	0.017 7***	0.006 33*	0.006 80*
		−3.33	−3.32	−1.97	−2.13
	全年村集体收入	0.477**	0.465**	0.473**	0.393*
		−2.69	−2.62	−2.66	−2.23
	村庄是否处于丘陵地区（浅山区）	−1.028***	−0.933***	−0.454***	−0.401**
		(−4.00)	(−3.54)	(−3.75)	(−3.16)
	村庄是否处于山区	−0.968***	−0.969***	−0.438***	−0.473***
		(−3.75)	(−3.75)	(−3.59)	(−3.78)
	有营业执照的餐馆个数	−0.014 1	−0.017 7	−0.005 51	−0.006 7
		(−1.41)	(−1.78)	(−1.16)	(−1.40)
	农业经营用地面积	0.529***	0.564***	0.206**	0.234***
		(−3.84)	(−4)	(−3.09)	(−3.33)
控制变量	体育健身场所个数		0.198**		0.074 8*
			(−2.64)		(−2.03)
	图书室、文化站个数		−0.123		−0.112
			(−0.53)		(−1.02)
	卫生室个数		−0.060 8		−0.035 7
			(−0.66)		(−0.81)
	是否有电子商务配送站点		0.739***		0.344***
			(−4.49)		(−4.36)
	是否为少数民族聚集村		−1.379**		−0.687**
			(−3.07)		(−3.09)

注：括号内的数值为 t 值；***、**、* 分别代表在1%、5%、10%水平上显著。

　　如表3-5的第（1）列所示，"从事第一产业劳动力比例"与农业社会化服务收益是负向关系，即村庄里从事第一产业的劳动力越多，反而越不利于农业社会化服务的发展。"全年旅游接待人数"能正向影响农业社会化服务收益，这意味着旅游业态在村庄里越兴旺，农业社会化服务发展得越好。而"有营业执照的餐馆个数"不能影响农业社会化服务，也说明了旅游业相比其他服务业对农业社会化服务的影响力更为明显。"全年村集体收入"和"农业经营用地面积"都对农业社会化服务收益产生积极作用，即村庄农业用地面积越大、村集体越富，越有利于农业社会化服务的提供。"村庄是否处于丘陵地区（浅山区）"和"村庄是否处于山区"都显著影响着农业社会化服务收益，说明村庄地形特征的确能起到明显的作用。

　　以上结论在加入控制变量后依旧成立，如表3-5的第（2）列所示。在加入控制变量的过程中，发现体育健身场所的数量多少对农业社会化服务收益会产生积极影响，但图书室、文化站与卫生室数量多少却不能影响农业社会化服务收益，这说明村庄的公共服务设施总体上对农业社会化服务的影响很小。"是否有电子商务配送站点"正向影响着农业社会化服务收益，说明村庄网络设施水平的完善程度有利于农业社会化服务的发展。另外，"是否为少数民族聚集村"与农业社会化服务收益是反向关系，说明村庄是少数民族聚集村反而不利于农业社会化服务的发展。

　　接着，通过把因变量五等分分成5组，利用有序probit再次进行回归，如表3-5的第（3）列和第（4）列所示。结果表明，有序probit的回归结论与OLS的一致，即使加入控制变量后也未改变变量的影响方向和显著性。因此，通过有序probit回归方法的检验，本节回归所得出的结论更具有可靠性。

（二）结果分析

　　基于北京市"三农普"数据中行政村的数据，本节研究了三产融合背景下休闲农业与乡村旅游对农业社会化服务收益的影响。结果表明：第一，村庄全年旅游接待人数对农业社会化服务收益能产生正向影响。这说明旅游业的发展和农业社会化服务并非矛盾的关系，而是能产生促进的作用。但是餐饮业的发展与服务收益无关，这也说明了农业社会化服务的发展更受新型的第三产业影响。第二，全年村集体收入与农业经营用地面积都对农业社会化服务收益能产生显著的有益影响。也就是说，集体收入富裕和农业经营用地面积广的村庄更适合发展农业社会化服务。第三，从事第一产业劳动力的比例对农业社会化服务收益产生负向影响。这意味着农业社会化服务收益的提高并不依赖于从事农业人口数量的增加，相反，这一部分劳动力只有不断往外转移，才能为农业社会化服务提供适当的增值空间。第四，村庄地形特征会对农业社会化服务收益产生显著影响。由于丘陵地区（浅山区）和山区都对农业社会化服务收益产生负向影响，平原地区更有利于发展农业社会化服务。第五，从控制变量来看，体育场所和电子商务配送站点有利于服务收益的提高，而少数民族聚集村由于文化特征等因素，不利于农业社会化服务发展。

首先，近年来，北京市第三产业在农村得以迅速发展，似乎使得第一产业的发展受到了挤压，造成了产业融合与农业社会化服务在发展上难以共存的局面。然而，实证结果表明，以旅游业为代表的现代服务业的发展在一定程度上能带动当地农业社会化服务的发展，提高农业社会化服务的总收益。其次，从事农业的人越来越少，使得越来越多的学者关注"谁来经营农业"的问题。在这种背景下，从事第一产业的人越多可能会带来更多的农业社会化服务收益。而事实上，从事农业的人口需要充分流动才能充分释放出农业社会化服务发展的活力，这一结论对于农业经营方式具有启发意义。同时，收入高和农业经营面积广的村庄为农业社会化服务发展提供了有利的条件，这一结论也为对农业社会化服务的支持提供了政策导向。另外，平原地区总体上更适合发展农业社会化服务；而少数民族聚集村由于受文化特征的限制，农业社会化服务的发展较为落后，这为农业区划布局和调整也具有一定的启示意义。最后，利用好现代互联网工具，建设电子商务配送站点，更易于提高农业社会化服务收益。同时，建设体育健身场所，重视加强村庄劳动力的体魄，也有利于农业社会化服务收益的提高。

第五节　本章小结

根据本章已有分析，可以得出以下结论：第一，不管是从总量上看还是从平均量来看，不同经营主体与不同区域的农业社会化服务收益都存在着较大差异。并且，农林牧渔服务收益在不同经营主体与不同区域都有着结构性的差异。第二，相比普通户与规模户而言，农业经营单位的农业社会化服务收益总体而言占着绝对优势。第三，村庄旅游业的发展、村集体收入和农业经营面积的提高有利于农业社会化服务收益的提高，而从事第一产业劳动力的比例越高，农业社会化服务收益反而越低。

　　同时，以上研究结论蕴含着一些政策含义：第一，要大力提高农户的市场意识。不同经营主体、不同功能区、不同地形区社会化服务收益的差别以及农林牧渔服务收益结构的差异说明了各自都具有自身的比较优势。因此，要遵循因地制宜原则，发挥市场导向的作用，让农户根据自身条件以及当地特征去调整提供农业社会化服务的总体水平与结构。第二，农业社会化服务的提供也要注重规模化，以形成纵向一体化服务。由于农业经营单位受选址优势、经营方式、人力资本等推动，农业社会化服务总收益与平均收益明显较高，且普通户的平均社会化服务收益对比下显得势单力薄，因此促使普通户转为规模户甚至逐步融入经营单位中会提高北京市总体的农业社会化服务收益水平。第三，推动农业社会化服务同以休闲农业与乡村旅游为代表的第三产业的融合，加快农村三产融合的进程。而在政策支持方面，经济发展水平较高的村落若得到扶持，其农业社会化服务收益的提高会更快。同时，应充分鼓励农户根据市场信息自行在不同产业间进行劳动力流动，为农业社会化服务的发展提供充分的发展空间。

第四章

休闲农业与乡村旅游对北京市农业社会化服务发展的影响：基于产业融合视角的分析

　　自 2015 年中央一号文件提出要"推进农村一二三产业融合发展"以来，特别是国务院办公厅印发《关于推进农村一二三产业融合发展的指导意见》之后，全国农村三产融合进程明显加快，大量涉农的新产业、新业态、新商业模式不断涌现，增强了农村经济发展的活力，无论对农业现代化还是农民增收致富都具有重要的现实意义[①]。已有研究表明，农村一二三产业融合是以农业为依托，将生产要素在产业之间与产业内部进行合理配置，进而使三次产业的内涵与外延实现有机整合的过程[②]。这意味着，产业融合至少体现在农业与二三产业之间的融合、农业内部不同产业属性的生产经营活动或业务的融合两个方面[③]。如果我们将前者称为"外向型融合"，后者称为"内源型融合"，那么，推进农村产业融合就有必要着眼于基于农业的"向外"和"向内"两个方向上的融合问题。

　　但是梳理文献发现，各界对农村一二三产业融合的关注大多数都局限于外向型融合的层面，如农业与加工业的融合、农业与旅游业的融合等。特别是休闲农业与乡村旅游已经成为各地推进农村产业融合发展的主要抓手和"明星产业"。国家发展改革委发布的《农村一二三产业融合发展年度报告（2017 年）》（以下简称《报告》）显示，2017 年预计全国休闲农业与乡村旅游经营收入超过

---

　　① 赵霞，韩一军，姜楠. 农村三产融合：内涵界定、现实意义及驱动因素分析 [J]. 农业经济问题，2017（4）：49 - 57.

　　② 厉无畏，王慧敏. 产业发展的趋势研判与理性思考 [J]. 中国工业经济，2002（4）：5 - 11；马晓河. 推进农村一二三产业融合发展的几点思考 [J]. 农村经营管理，2016（3）：28 - 29；潘彬，金雯雯. 货币政策对民间借贷利率的作用机制与实施效果 [J]. 经济研究，2017（8）：78 - 93.

　　③ 王昕坤. 产业融合：农业产业化的新内涵 [J]. 农业现代化研究，2007（3）：303 - 306.

了 6 200 亿元，年接待游客 22 亿人次。相比而言，政府和学界对反映要素市场化、分工专业化背景下不断呈现出"农业工业化""农业服务业化"等趋势的内源型融合的关注还较为缺乏①。事实上，内源型产业融合对促进农业发展与农民增收也具有强大的功能。其中，最为典型的就是农业社会化服务②。农业社会化服务是随着要素市场开放与家庭内部的自然分工被打破后，资源要素在农业农村范围内部实现重组而来的③；它是农业"三产化"的一种体现，属于内源型产业融合的重要形式④。大量理论分析与实践探索已经表明，强化农业产前产中产后各环节的社会化服务对于推进中国以小农户为基本面的农业走向现代化具有多重经济功能⑤。《报告》的数据也显示，2017 年涉农的社会化服务组织达到 22.7 万家，已服务 3 600 多万农户，托管面积 2.32 亿亩。因此，如何充分发挥社会化服务的价值创造能力，将是未来中国农业发展的一个重要的经济增长点和政策着力方向⑥。

那么，如何平衡人们对外向型融合与内源型融合的关注度，并有效地从"内""外"两个方向上共同推进农村一二三产业融合发展呢？这就需要充分理解外向型融合与内源型融合的逻辑关系。从理论上看，虽然两者的产业融合方向不同，但其融合的结果都改变了农业传统意义上的产业性质，扩展了涉农生产经营活动的边界，提升了农业的价值功能，更为重要的是两者的融合机制都离不开土地、劳动、资本等生产要素的流动、转换与整合。可见，两种融合方式尽管"内外有别"，但"殊途同归""互联互通"。为此，本章将以休闲农业与乡村旅游和农业社会化服务分别作为外向型融合与内源型融合的代表性产业，利用 2016 年北京市"三农普"数据，对农村一二三产业融合过程中外向型融合与内源型融合

---

① 李俊岭. 我国多功能农业发展研究：基于产业融合的研究 [J]. 农业经济问题，2009 (3)：4-7；姜长云. 推进农村一二三产业融合发展，新题应有新解法 [J]. 中国发展观察，2015 (2)：18-22.

② 也有学者从狭义角度称之为"农业生产性服务业"。但鉴于本章分析重点，不对"农业生产性服务业"与"农业社会化服务产业"作详细区别，统一使用相对广义的"农业社会化服务产业"来指代农村产业融合中典型的内源型融合方式。

③ 罗必良. 论服务规模经营：从纵向分工到横向分工及连片专业化 [J]. 中国农村经济，2017 (11)：2-16.

④ 孔祥智，周振. 发展第六产业的现实意义及其政策选择 [J]. 经济与管理评论，2015 (1)：98-103.

⑤ 张红宇，张海阳，李伟毅，等. 中国特色农业现代化：目标定位与改革创新 [J]. 中国农村经济，2015 (1)：4-13；陈锡文. 坚持走中国特色农业现代化道路：学习习近平总书记相关论述的几点认识 [J]. 中国农村经济，2016 (10)：4-6.

⑥ 钟真. 改革开放以来中国新型农业经营主体：成长、演化与走向 [J]. 中国人民大学学报，2018 (4)：43-55.

内在关联机制，特别是休闲农业与乡村旅游对农业社会化服务的影响及作用机制进行系统考察，以期为深入推进农村一二三产业融合发展提供理论依据。

第一节　理论分析

正如前文所述，休闲农业与乡村旅游和农业社会化服务分别作为外向型融合与内源型融合的代表性产业，两者之间存在着"互联互通"的关系，因此在一个区域内休闲农业与乡村旅游和农业社会化服务之间存在互为影响的关系。鉴于内源型融合受到的关注度相对偏弱，以及农业社会化服务对新时代中国农业现代化的特殊意义①，本节重点聚焦于外向型融合对内源型融合的影响，即重点分析休闲农业与乡村旅游对农业社会化服务发展的影响。

梳理文献发现，已有关于农业社会化服务发展的影响因素分析多是基于服务需求方或服务供给方的视角来进行的，并且无论是供给还是需求均会受到政府支持、区域特征、市场环境等宏观因素与需求或供给者的个人特征、家庭禀赋等微观因素的影响②。但少有文献从农业产业融合的内外部关联视角来分析农业社会化服务发展机制。从服务经济的一般性规律来看，服务性产业的发展会受到在工业化、城市化、信息化背景下成长起来的关联产业的深刻影响③。农业社会化服务作为农业领域内的服务业，也将受到农业以外与之相关产业的影响，并且这种影响常常体现在农业社会化服务的需求结构和供给模式上，进而形成对农业社会化服务市场空间和经济容量的影响④。因而，正如 Schilling 和 Sullivan 在研究美国新泽西州休闲农业与乡村旅游时发现的那样，休闲农业与乡村旅游的兴起为农业社会化服务发展创造了条件，给农业社会化服务供应

---

① 陈锡文. 乡村振兴开启"三农"现代化路径 [J]. 农村工作通讯，2018 (3)：38－39.

② 钟真，谭玥琳，穆娜娜. 新型农业经营主体的社会化服务功能研究：基于京郊农村的调查 [J]. 中国软科学，2014 (8)：38－48；庄丽娟，贺梅英，张杰. 农业生产性服务需求意愿及影响因素分析：以广东省 450 户荔枝生产者的调查为例 [J]. 中国农村经济，2011 (3)：70－78；王钊，刘晗，曹峥林. 农业社会化服务需求分析：基于重庆市 191 户农户的样本调查 [J]. 农业技术经济，2015 (9)：17－26.

③ 江小涓，等. 服务经济：理论演进与产业分析 [M]. 北京：人民出版社，2014.

④ REICHEL A，LOWENGART O，MILMAN A. Rural tourism in Israel：service quality and orientation [J]. Tourism management，2000，21 (5)：451－459；SLEE B，FARR H，SNOWDON P. The economic impact of alternative types of rural tourism [J]. Journal of agricultural economics，1997，48 (1－3)：179－192；彭建仿. 农业社会化服务供应链的形成与演进 [J]. 华南农业大学学报（社会科学版），2017 (4)：45－52.

商提供了机遇[①]。换言之，休闲农业与乡村旅游的发展将对当地农业社会化服务市场产生积极的效应。为此，我们提出推断 H1：在其他因素不变的情况下，同一区域内休闲农业与乡村旅游发展水平对农业社会化服务的发展具有显著的正向影响。

那么，休闲农业与乡村旅游影响农业社会化服务的内在机制是什么？即两者实现"互联互通"所依托的关键因素是什么？从逻辑上看，这些因素既受到外向型融合的影响，又约束着内源型融合的结果。根据林毅夫 2011 年提出的新结构经济学关于经济结构内生决定于要素禀赋结构的观点[②]，我们认为休闲农业与乡村旅游对农业发展的影响本质上是各类要素在其中发挥着重要作用。一方面，从休闲农业与乡村旅游发展形成的经济影响看，无论在农业生产投入结构上，还是在经营管理方式上，抑或是在收益分配格局上，休闲农业与乡村旅游发展都会产生改变同一区域内土地、劳动、资本等要素禀赋格局的效应[③]。例如，休闲农业与乡村旅游的发展通过土地流转、创造就业机会分别影响土地要素与劳动要素的配置[④]，通过优化投资环境、培育"新乡贤"可以吸引资本要素的进入，改变当地产业发展的资本存量[⑤]。另一方面，从约束农业社会化服务发展的核心要素来看，土地规模、劳动力人数、非农收入、农户技能水平等诸多体现要素禀赋特征的因素不同程度地影响着农业社会化服务的需求与供给[⑥]。因此，要素禀赋很有可能是休闲农业与乡村旅游同农业社会化服务之间的重要中介变量。事实上，左冰、万莹通过多案例分析发现，休闲农业与乡村

---

① SCHILLING B J, SULLIVAN K P. Characteristics of New Jersey agritourism farms [J]. Journal of food distribution research, 2014, 45 (2): 161 – 173.

② 林毅夫. 新结构经济学：重构发展经济学的框架 [J]. 经济学（季刊），2011 (1): 1 – 32.

③ LINDA C, FOX M, BOWEN R L. Does tourism destroy agriculture? [J]. Annals of tourism research, 1995, 21 (1): 210 – 213; SONGKHLA T N, SOMBOONSUKE B. Impact of agro-tourism on local agricultural occupation: a case study of Chang Klang district, southern Thailand [J]. Asean journal on hospitality and tourism, 2012, 11 (2): 98 – 109; 柳百萍，胡文海，尹长丰，等. 有效与困境：乡村旅游促进农村劳动力转移就业辨析 [J]. 农业经济问题，2014 (5): 81 – 86; 林移刚，杨文华. 我国乡村旅游精准扶贫困境与破解研究：基于生产要素视角 [J]. 云南民族大学学报（哲学社会科学版），2017 (2): 121 – 127.

④ 周杨. 我国土地流转与乡村旅游发展的关系研究 [J]. 经济管理，2014 (11): 124 – 133.

⑤ 朱璇. 新乡村经济精英在乡村旅游中的形成和作用机制研究：以虎跳峡徒步路线为例 [J]. 旅游学刊，2012 (6): 73 – 78.

⑥ 李侑，张波. 农业社会化服务需求的影响因素分析：基于陕西省 74 个村 214 户农户的抽样调查 [J]. 农村经济，2011 (6): 83 – 87.

旅游能通过改变要素禀赋结构达到农业去内卷化的效果，进而影响农业生产和农民收入①。而农业社会化服务作为基于农业的内源型产业融合的"新业态"理应受到这一作用机制的影响。为此，我们提出推断 H2：区域要素禀赋在休闲农业与乡村旅游对农业社会化服务的影响中起到显著的中介作用，但不同要素的中介作用可能存在差异。

综上，本节认为一定区域内休闲农业与乡村旅游对农业社会化服务的发展总体上将产生积极影响，这种影响主要是借助于该区域内的土地、劳动、资本等要素禀赋来发挥作用的。但限于已有研究的不足，上述 H1 和 H2 两个推断还有待进一步实证检验。

第二节　数据来源与变量描述

一、数据来源与说明

在休闲农业与乡村旅游对农业社会化服务的影响研究上，现有研究要么从国别、省际、县域等宏观层面入手，要么从微观个体层面展开，少有从村一级的中观层面进行切入的。因此，本章仍使用北京市"三农普"数据中的村级数据对上述问题进行深入探讨。该数据包括了较详细的北京市的经营主体开展社会化服务情况，不仅具有很强的权威性，还具备较好的创新视角。

二、变量选择与描述

（一）被解释变量——农业社会化服务收益

选择农业社会化服务收益来衡量农业社会化服务发展水平，不仅能直观地展现出农业社会化服务的市场容量，还能展现内源型融合产业的发展前景。在样本村中，2016 年村均年度农业社会化服务收益为 59.7 万元。但是有 77.2% 的行政村尚未兴起农业社会化服务业，这恰恰表明基于农业的内源型产业融合前景可期，农业社会化服务发展潜力巨大。此外，从区域特征

---

① 左冰，万莹. 去内卷化：乡村旅游对农业发展的影响研究［J］. 中国农业大学学报（社会科学版），2015（4）：21-30.

看，越是城市近郊区域的农业社会化服务收益越高，而越是远郊的生态涵养发展区的农业社会化服务收益越低。其原因可能是农业社会化服务的发展与农业生产经营活动的强度呈正相关，而生态涵养发展区的涉农经济活动相对偏弱（见表4-1）。

表4-1　2016年休闲农业与乡村旅游和农业社会化服务收益情况　单位：万元

功能区	农业社会化服务总收益	村均农业社会化服务收益	休闲农业与乡村旅游经营收入	村均休闲农业与乡村旅游经营收入
全市样本	149 119.1	59.7	1 172 959.0	469.8
城市功能拓展区	72 734.3	371.1	438 570.3	2 237.6
城市发展新区	70 632.4	42.7	484 375.9	386.4
生态涵养发展区	5 752.3	8.9	250 012.8	292.9

（二）核心解释变量——休闲农业与乡村旅游经营收入

本节选择村级层面的休闲农业与乡村旅游经营收入来反映各行政村休闲农业与乡村旅游发展程度。主要有两方面原因：第一，休闲农业与乡村旅游收入和农业社会化服务收益都属于经济效益层面的变量，有利于二者逻辑关系的衔接；第二，休闲农业与乡村旅游收入总体上和农业社会化服务收益都具备相似的空间特征，有利于将区域特征纳入分析范围。样本数据显示，村均年度休闲农业与乡村旅游经营收入为469.8万元，并呈现出与农业社会化服务类似的区域特征。

（三）中介变量

一是土地要素。骆永民、樊丽明的研究表明，土地要素会随着经济环境的变化而转换于工资性收入"阻碍"和农业性收入"保障"这两种角色之间[①]。也就是说，土地要素若对农业社会化服务收益产生影响，需要发挥出改变农村收入结构的作用，而休闲农业与乡村旅游通过改变土地要素的使用用途，可能会改变农村收入结构中农业社会化服务收益的比例。本节使用村级层面的"休闲农业与乡村旅游经营占地面积"来衡量各行政村在休闲农业与乡村旅游影响下的土地要素情况。

二是劳动力要素。钟甫宁等的研究显示，劳动力外出务工会调整农户要素

---

① 骆永民，樊丽明. 土地：农民增收的保障还是阻碍？[J]. 经济研究，2015（8）：146-161.

投入结构与种植结构①。可见，劳动力要素在空间上转移后导致的劳动力在数量层面与结构层面的变化会影响农业经营情况，进而影响农业社会化服务的劳动力投入。为此，本节使用村级层面的"户籍在本乡镇以内的休闲农业与乡村旅游高峰期从业人数"来衡量当地劳动力要素在空间层面上聚集于休闲农业与乡村旅游经营的情况，进而考察劳动力要素结构变化后对农业社会化服务的影响。

三是资本要素。目前，农业农村产业发展所需资本总体上是稀缺的，而资本下乡恰能弥补农业农村资本投入不足的问题②。休闲农业与乡村旅游的发展不仅将吸引村庄外部投资的进入，提升村庄总体资本禀赋；还将改变村庄各类产业的总体投资结构，进而影响与农业有关产业的整体投资水平，农业社会化服务收益自然会受到影响。本节使用村级层面"休闲农业与乡村旅游经营单位实缴或认缴的出资额以及个体实际投入资金"来衡量各行政村在休闲农业与乡村旅游发展下的资本禀赋情况。

（四）控制变量

由于本节基于村级层面来研究休闲农业与乡村旅游对农业社会化服务的影响，故在选择控制变量时有必要着重于控制村庄和区域特征。首先，根据北京市城市功能区域的分类，本节对 13 个市辖区"是否属于生态涵养发展区"以及"是否属于城市发展新区"进行判断，以控制空间层面上的区域特征差异。其次，为控制村集体经营能力、村庄农业发展程度、村庄空间规模、基础设施建设水平、文化特色等差异带来的估计误差，本节选择村集体收入、农业劳动力比例、行政区域面积、村内道路状况以及是否为少数民族聚居村作为村庄特征加以控制。

上述变量的含义及描述性统计见表 4 - 2。

表 4 - 2　变量含义及描述性统计

变量		变量含义和赋值	平均值	标准差
被解释变量	农业社会化服务收益	农业社会化服务总收益（万元）	59.72	950.55

---

① 钟甫宁，陆五一，徐志刚. 农村劳动力外出务工不利于粮食生产吗?：对农户要素替代与种植结构调整行为及约束条件的解析 [J]. 中国农村经济，2016 (7)：36 - 47.

② 曾博. 基于组织形态发展的工商资本下乡合作模式研究：兼论农户主体权益保障 [J]. 学习与探索，2018 (3)：133 - 137.

续表

	变量		变量含义和赋值	平均值	标准差
关键解释变量	休闲农业与乡村旅游收入		休闲农业与乡村旅游经营单位总收入（万元）	469.75	1 889.82
中介变量	土地		休闲农业与乡村旅游经营占地面积（亩）	240.46	1 728.39
	劳动力		户籍在本乡镇以内的休闲农业与乡村旅游高峰期从业人数（人）	25.45	56.97
	资本		休闲农业与乡村旅游经营单位实缴或认缴的出资额以及个体实际投入资金（万元）	555.67	3 666.51
控制变量	区域特征	生态涵养发展区	不属于=0；属于=1	0.26	0.44
		城市发展新区	不属于=0；属于=1	0.66	0.47
	村庄特征	村集体收入	全年村集体收入（万元）	1 150.21	8 525.35
		农业劳动力比例	从事第一产业人数与乡村从业人数的比例	0.25	0.24
		行政区域面积	行政村辖区内的总面积（公顷）	370.34	498.16
		村内道路状况	有损毁=0；无损毁=1	0.60	0.49
		少数民族聚居村	不属于=0；属于=1	0.03	0.17

第三节　实证检验

一、模型设定

根据前文的理论分析，本节将从以下两个层面检验外向型融合对内源型融合的实施效果：

第一，检验外向型融合对内源型融合的总效应，即检验休闲农业与乡村旅游收入对农业社会化服务收益的总影响。回归方程设定如下：

$$Service = \alpha + \beta_1 Agritourism + \gamma_1 Control + \mu_1 \tag{4.1}$$

式中，$Service$ 为农业社会化服务收益；$Agritourism$ 为休闲农业与乡村旅游收入；$Control$ 为一系列控制变量，是常数项。由于农业社会化服务同休闲农业与乡村旅游存在互为影响关系，因此估计时需要解决 $Agritourism$ 和 $Service$ 之间的内生性问题。借鉴 Rozelle 等和高虹等选取工具变量的方法[①]，本节以区级单位内其他行政村休闲农业与乡村旅游收入的平均值作为单个行政村休闲农业与乡村旅游收入的工具变量。事实上，辖区内其他行政村休闲农业与乡村旅游发展水平很难受到单个行政村的影响，基本满足工具变量外生性的要求。

第二，检验外向型融合对内源型融合的中介效应，即检验要素禀赋在休闲农业与乡村旅游收入和农业社会化服务收益之间发挥的中介作用效果。本节利用温忠麟等在 Baron 等的研究基础上建构的中介效应检验方法进行分析[②]。目前该方法已得到了广泛的应用[③]。本章按检验程序设定回归方程如下：

$$Service = \alpha + \beta_1 Agritourism + \gamma_1 Control + \mu_1 \tag{4.2}$$

$$Factor_i = \alpha + \beta_{3i} Agritourism + \gamma_{3i} Control + \mu_{3i} \tag{4.3}$$

$$Service_i = \alpha + \beta_{4i} Factor + \beta_{5i} Agritourism + \gamma_{4i} Control + \mu_{4i} \tag{4.4}$$

式中，$Factor_i$ 为要素禀赋情况，回归过程中将分别以土地要素、劳动力要素、资本要素进行考察。结合上述方程，中介检验的程序为：（1）判断解释变量对被解释变量的影响是否显著，即 β_1 是否显著。（2）若显著，判断 β_{3i} 和 β_{4i} 显著性。若都显著，则进入第（4）步；若至少有一个不显著，则进入第（3）步。（3）进行 Sobel 检验。若检验统计量超过 0.97 的临界值，则在 5% 显著性水平上，通过检验，进入第四步。（4）判断 β_{5i} 显著性。若不显著，则只有中介效应；若显著，则存在中介效应的同时，直接效应显著。（5）通过 $\beta_{3i}\beta_{4i}/\beta_{5i}$ 判断中介效应大小。

二、估计结果

休闲农业与乡村旅游对农业社会化服务收益影响的估计结果如表 4-3 所示。模型（1）~（4）汇报了基于 OLS 方法的回归结果。在模型（1）的基础上，模型（2）和模型（3）分别加入区域特征变量和村庄特征变量后其正向影响仍然显著。模型（4）同时控制了区域特征和村庄特征，结果显示休闲农业

① ROZELLE S，TAYLOR J E，DEBRAUW A. Migration，remittances，and agricultural productivity in China [J]. American economic review，1999，89（2）：287-291；高虹，陆铭. 社会信任对劳动力流动的影响：中国农村整合型社会资本的作用及其地区差异 [J]. 中国农村经济，2010（3）：12-24.

② 温忠麟，张雷，侯杰泰，等. 中介效应检验程序及其应用 [J]. 心理学报，2004（5）：614-620；BARON R M，KENNY D A. The moderator-mediator variable distinction in social psychological research：conceptual，strategic，and statistical considerations [J]. Journal of personality and social psychology，1986，51（6）：1173-1182.

③ 陈凌，陈华丽. 家族涉入、社会情感财富与企业慈善捐赠行为：基于全国私营企业调查的实证研究 [J]. 管理世界，2014（8）：90-101.

与乡村旅游经营收入对农业社会化服务收益的促进作用依然通过显著性检验。然而，考虑到农业社会化服务收益取值存在因变量受限的情况，即有相当一部分行政村的农业社会化服务收益为零，本章进一步采用 Tobit 模型进行了估计。模型（5）汇报了基于 Tobit 方法的回归结果。结果显示在同时控制区域特征和村庄特征后，休闲农业与乡村旅游经营收入对农业社会化服务收益的正向影响依然是显著的，并且促进作用更为明显。这也说明 OLS 中大量没有农业社会化服务的村庄可能会拉低休闲农业与乡村旅游带来的整体效应，因而 Tobit 模型是值得采用的。

表 4-3　休闲农业与乡村旅游对农业社会化服务影响的回归结果

变量	OLS 方法：农业社会化服务收益				TOBIT	2SLS	IVTOBIT
	(1)	(2)	(3)	(4)	(5)	(6)	(7)
休闲农业与乡村旅游收入	0.038 ***	0.027 ***	0.033 ***	0.025 **	0.074 **	0.262 **	1.203 ***
	(0.010)	(0.010)	(0.010)	(0.010)	(0.029)	(0.133)	(0.441)
村集体收入			0.005 **	0.004 *	0.006	−0.003	−0.026
			(0.002)	(0.002)	(0.006)	(0.005)	(0.015)
农业劳动力比例			−75.50	15.04	1 464 ***	116.5	2 188 ***
			(85.62)	(93.86)	(295.7)	(133.1)	(457.9)
行政区域面积			−0.006	−0.005	−0.031 9	−0.053	−0.263
			(0.041)	(0.042)	(0.132)	(0.053)	(0.183)
村内道路状况			22.16	13.42	−21.19	−24.71	−199.9
			(39.28)	(39.28)	(120.4)	(47.98)	(162.7)
少数民族聚居村			−45.60	−28.10	301.1	35.56	601.9
			(111.5)	(111.4)	(332.3)	(127.1)	(426.3)
生态涵养发展区		−311.7 ***		−294.3 ***	−1 109 ***	51.66	595.8
		(79.45)		(87.60)	(270.9)	(215.6)	(737.8)
城市发展新区		−275.4 ***		−260.6 ***	−553.4 **	132.3	1 378 *
		(74.23)		(76.17)	(230.2)	(234.6)	(800.7)
观察值数	2 497	2 497	2 497	2 497	2 497	2 497	2 497
Adj R²	0.01	0.01	0.01	0.01			
p 值	(0.000)	(0.000)	(0.000)	(0.000)			
LR chi2 (8)					41.42		
p 值					(0.000)		
LM 统计量						18.909	
p 值						(0.000)	
Wald chi2 (8)							30.23
p 值							(0.000)

注：括号内为标准误；***、**、* 分别代表在 1%、5%、10% 水平上显著。

然而，由于 Durbin-Wu-Hausman（DWH）检验结果显示的 p 值小于 0.05，模型存在一定的内生性问题。为了解决内生性问题，本节使用辖区内其他村庄的休闲农业与乡村旅游经营平均收入作为工具变量。此外，在 2SLS 工具变量估计中，LM 检验的 p 值等于 0，即可认为不存在识别不足问题，工具变量与内生变量相关，但仍然可能存在弱工具变量问题。而 Wald 检验 F 值为 18.985，强烈拒绝了"工具变量冗余"的原假设，即不存在弱工具变量问题。因此，本章设定的工具变量是合适的。模型（6）报告了工具变量法 2SLS 方法的回归结果，结果显示休闲农业与乡村旅游每创造 1 万元收入将带动 0.26 万元农业社会化服务收益，并通过了显著性检验。而模型（7）报告了 IVTobit 方法的回归结果。结果显示，休闲农业与乡村旅游每创造 1 万元收入对农业社会化服务收益的正向影响就达到了 1.2 万元。由于这一方法能同时解决因变量受限情况下的内生性问题，其影响效果的反映更具有代表性。这说明，外向型融合对内源型融合的促进作用在内生性干扰与因变量受限的双重影响下被大大低估了。

为了提高回归结果的稳健性，本章分别通过调整模型、替换变量、剔除样本的方法来进行稳健性检验，同时使用辖区内其他村庄的休闲农业与乡村旅游经营平均收入作为工具变量再加以检验。具体而言，首先，选择对数—对数模型，能够避免数据波动导致的异方差问题所造成的干扰；其次，考虑到经营单位是各行政村农业社会化服务收益的最主要来源，利用样本村农业经营单位的农业社会化服务收益替换原有被解释变量；最后，本章还尝试剔除休闲农业与乡村旅游收入为零的样本后再进行回归。如表 4-4 中模型（8）～（13）所示，上述各类稳健性检验的 Tobit 方法回归结果均显示休闲农业与乡村旅游收入对农业社会化服务收益存在显著的正向影响，且在解决内生性问题后，正向影响程度得到大幅度增强。一方面，模型（9）和模型（11）的回归系数与模型（7）相近，均落在 1.11～1.21 的区间之内，这为内生性问题与因变量受限导致了估计值有偏提供了有力证据，证明休闲农业与乡村旅游收入为农业社会化服务带来的收益的确被低估了。另一方面，模型（13）的回归结果表明，休闲农业与乡村旅游发展对于农业经营单位农业社会化服务的正向影响更为明显，这说明懂经营、善管理的新型农业经营主体受到休闲农业与乡村旅游发展的推动作用更为强烈。这表明，本节关于休闲农业与乡村旅游发展有利于农业社会化服务收益提高的推断得到了验证。

表4-4　稳健性检验——调整模型、替换变量与剔除样本

变量	调整模型（TOBIT）	调整模型（IVTOBIT）	剔除样本（TOBIT）	剔除样本（IVTOBIT）	替换变量（TOBIT）	替换变量（IVTOBIT）
	(8)	(9)	(10)	(11)	(12)	(13)
休闲农业与乡村旅游收入	0.441***	1.118**	0.074**	1.205***	0.102**	2.876***
	(0.068)	(0.501)	(0.029)	(0.437)	(0.047)	(0.880)
控制变量	已控制	已控制	已控制	已控制	已控制	已控制
最大似然值	−2 382.585		−5 806.074		−2 978.912	
LR chi2 (8)	84.52		41.42		64.06	
Wald chi2 (8)		42.49		30.80		38.01
p 值	(0.000)	(0.000)	(0.000)	(0.001)	(0.000)	(0.000)
观测值数	2 497	2 497	2 448	2 448	2 497	2 497

注：括号内为标准误；***、**、* 分别代表在1%、5%、10%水平上显著。

三、作用机制分析

按照"乡村旅游—要素禀赋—农业社会化服务"的逻辑，本部分分别从土地、劳动力、资本三个要素维度构建作用机制，同时以 OLS 方法和 Tobit 方法探讨要素禀赋在休闲农业与乡村旅游收入同农业社会化服务收益二者间所起到的中介作用。其中，休闲农业与乡村旅游对农业社会化服务的显著影响已在前文证明，此处均不再赘述，这里主要对要素的中介作用进行实证检验。

从土地要素方面来看（见表4-5），模型（14）表明休闲农业与乡村旅游经营收入对土地中介变量（休闲农业与乡村旅游占地面积）的正向影响显著，但模型（15）显示休闲农业与乡村旅游占地面积对农业社会化服务收益的影响却未能通过显著性检验，尽管此时休闲农业与乡村旅游经营收入对农业社会化服务收益的正向影响依旧显著。模型（16）~（17）显示的 Tobit 回归结果与 OLS 回归结果基本一致。中介效应 Sobel 检验的结果显示，统计量小于 0.97，中介效应不显著。这表明，休闲农业与乡村旅游影响下的土地要素变化并未对农业社会化服务收益产生明显作用。可能的原因是：一方面，在休闲农业与乡村旅游经营过程中，土地要素使用结构发生转变，经营主体不单纯追求土地规模经营效益，而重视对有限土地要素的利用规划；另一方面，农业社会化

服务不仅包含农资供应、田间植保、农机作业等产中服务，还包括技术培训、资金借贷等产前、产后或覆盖全程的服务，这就削弱了土地规模对社会化服务收益的影响力度。因而，土地要素在外向型融合推动内源型融合方面作用可能有限。

表4-5 休闲农业与乡村旅游对农业社会化服务的影响：土地要素中介效应

变量	OLS：土地	OLS：农业社会化服务收益	TOBIT：土地	TOBIT：农业社会化服务收益
	(14)	(15)	(16)	(17)
土地		−0.002 (0.011)		−0.045 (0.067)
休闲农业与乡村旅游收入	0.059*** (0.019)	0.025** (0.011)	0.067*** (0.020)	0.076*** (0.029)
控制变量	已控制	已控制	已控制	已控制
Sobel 检验	Z=−0.196，|Z|<0.97		Z=−0.196，|Z|<0.97	
中介效应	不显著		不显著	
观测值数	2 497	2 497	2 497	2 497

注：括号内为标准误；***、**、* 分别代表在1%、5%、10%水平上显著。

模型（18）～（21）报告了劳动力要素的中介效应（见表4-6）。模型（18）显示休闲农业与乡村旅游经营收入对劳动力中介变量（本乡镇内从业人员）产生显著的正向影响，而同时加入关键解释变量和中介变量的模型（19）显示，休闲农业与乡村旅游经营收入依旧对农业社会化服务收益的正向影响显著，但中介变量的影响却不显著。而采用 Tobit 方法回归的模型（20）～（21）有着一致的结论，因此需要通过 Sobel 检验进行下一步判断。检验结果表明，Sobel 检验的 Z 值符合大于 0.97 的要求，中介效应显著。并且 OLS 方法显示的中介效应占总效应的比例为 18.47%，产生影响为负向；而考虑因变量受限情况的 Tobit 方法显示的比例为 23.33%，但产生影响为正向，说明目前休闲农业与乡村旅游发展下的乡镇内劳动力转移是有利于农业社会化服务收益提高的。本节更倾向于接受后者的结果。因为，休闲农业与乡村旅游发展为当地创造就业机会，吸引了周边劳动力的转移。转移劳动力除了可以直接参与到农业生产过程之外，还可能为农业发展注入技术、管理先进生产要素，进而促进农业社会化服务的发展，即劳动力要素有助于外向型融合对内源型融合促进作用的发挥。

表 4-6　休闲农业与乡村旅游对农业社会化服务的影响：劳动力要素中介效应

变量	OLS：劳动力	OLS：农业社会化服务收益	TOBIT：劳动力	TOBIT：农业社会化服务收益
	(18)	(19)	(20)	(21)
劳动力		−0.528		1.267
		(0.369)		(1.033)
休闲农业与乡村旅游收入	0.011***	0.030***	0.011 4***	0.061 9**
	(0.000 6)	(0.011)	(0.000 6)	(0.031)
控制变量	已控制	已控制	已控制	已控制
Sobel 检验	Z=−1.434，|Z|>0.97		Z=−1.434，|Z|>0.97	
中介效应	显著		显著	
中介效应/总效应	18.47%		23.33%	
观测值数	2 497	2 497	2 497	2 497

注：括号内为标准误；***、**、* 分别代表在1%、5%、10%水平上显著。

模型（22）～（25）则报告了资本要素的中介效应（见表4-7）。模型（22）显示休闲农业与乡村旅游经营收入能正向影响资本（投资规模），并且模型（23）也显示了休闲农业与乡村旅游经营收入对农业社会化服务收益的积极影响，但投资规模对农业社会化服务收益的影响并不显著，即OLS模型估计下投资规模的中介作用不明显。但基于Tobit估计的模型（24）与模型（25）得出结论与之不同。按照中介效应检验程序，此时无须进行Sobel检验，且Tobit方法回归下中介效应占总效应的比例为20.92%，中介效应为正向影响，说明目前休闲农业与乡村旅游发展所吸引的投资规模增加会明显地促进农业社会化服务收益的提高。休闲农业与乡村旅游经营能通过为当地创造良好的经济环境，调动外来资本和本地资金进入村庄各个产业，优化农业内部资本要素配置，促进农业社会化服务等基于农业的内源型融合产业的发展。换言之，资本要素对于外向型融合促进内源型融合能发挥明显的正向中介效应。

表 4-7　休闲农业与乡村旅游对农业社会化服务的影响：资本要素中介效应

变量	OLS：资本	OLS：农业社会化服务收益	TOBIT：资本	TOBIT：农业社会化服务收益
	(22)	(23)	(24)	(25)
资本		0.003 66		0.033 1***
		(0.005 3)		(0.012 6)
休闲农业与乡村旅游收入	0.374***	0.023 4**	0.390***	0.061 7**
	(0.039 9)	(0.010 7)	(0.041 7)	(0.029 5)

续表

变量	OLS：资本	OLS：农业社会化服务收益	TOBIT：资本	TOBIT：农业社会化服务收益
	(22)	(23)	(24)	(25)
控制变量	已控制	已控制	已控制	已控制
Sobel 检验	Z=−0.689，|Z|<0.97		系数显著，无须 Sobel 检验	
中介效应	不显著		显著	
中介效应/总效应			20.92%	
观测值数	2 497	2 497	2 497	2 497

注：括号内为标准误；***、**、*分别代表在1%、5%、10%水平上显著。

总体来看，要素禀赋在休闲农业与乡村旅游影响农业社会化服务过程中具有明显的中介作用。其中，劳动力要素和资本要素能产生显著的正向中介效应，而土地要素的中介作用并不明显。这一结果表明，劳动力转移与资本下乡的作用应得到重视，而无须过于追求土地要素的规模化经营。此外，休闲农业与乡村旅游对农业社会化服务也存在直接效应，说明重视休闲农业与乡村旅游发展本身也直接有利于农业社会化服务收益的提高。

第四节　本章小结

本章从产业融合的定义出发，将其细化为基于农业的外向型融合与内源型融合两个方面，并以休闲农业与乡村旅游和农业社会化服务分别作为外向型融合和内源型融合的代表性产业，结合北京市"三农普"数据中的村级数据，运用回归分析模型与中介效应检验方法，系统考察外向型融合与内源型融合之间的联系及其作用机制。研究结果表明：第一，外向型融合对内源型融合具有正向影响。随着休闲农业与乡村旅游收入的提高，各行政村的农业社会化服务收益也会随之得到提升。同时，村庄所处区域特征以及农业劳动力比例也会影响到农业社会化服务收益的变化，而其他村庄特征未能产生显著影响。第二，村庄要素禀赋在外向型融合对内源型融合影响过程中发挥了重要的中介传导作用。休闲农业与乡村旅游的发展，除了会对农业社会化服务产生部分正向的直接效应外，很大程度上会通过调整要素禀赋结构促进农业社会化服务的发展。其中，劳动力、资本两种要素的正向中介效应较为明显，而土地要素的中介效应并不显著。

以上研究结论蕴含着以下两点政策启示：

第一，新时代推进农村一二三产业融合，应综合考虑基于农业的"内""外"两个方向上的融合，注重农村新产业新业态培育与新型农业社会化服务体系完善的结合，积极发挥外向型融合对内源型融合的带动作用。如通过发展休闲农业与乡村旅游、田园综合体、农产品电子商务等农村新产业新业态，不断促进农业经营方式的调整，发挥新型农业经营主体的引领作用，推动农业内部的产业分化与创新，充分挖掘包括农业社会化服务在内的农业经济增长新源泉。

第二，在实施乡村振兴战略的大背景下，推进农业农村现代化应紧紧抓住要素这个"牛鼻子"，着力盘活城乡要素禀赋，建立健全城乡要素禀赋双向流动体系。在土地要素上，一方面要继续重视土地适度规模经营和土地制度改革对农业经济的推动作用，通过出租、托管、抵押、融资等方式优化土地使用结构，使其实现更高的经济效率；另一方面，不应过度依赖土地对农村产业兴旺的推动作用，而有必要将政策视野拓展到非土地密集型的新业态新模式探索上。在劳动力要素上，要创新农村劳动力培训机制，以促进劳动力要素向人力资本要素转变为目标，提高劳动力要素转移效率。在资本要素上，发挥好资本要素的中介效应，能实现休闲农业与乡村旅游同农业社会化服务齐头并进，开创产业融合内外部"互联互通"的新局面。

第五章

休闲农业与乡村旅游助推首都乡村振兴：
模式与经验

　　休闲农业与乡村旅游是北京都市型现代农业的重要组成部分，是"都＋城＋乡"三位一体格局下北京市乡村振兴必不可少的关键产业。一方面，在需求侧，北京市坐拥庞大的消费群体和不断上升的消费需求，休闲农业与乡村旅游不可或缺；另一方面，在供给侧，北京市的经济结构、生态环境和公共诉求的特殊性，要求其都市型现代农业的发展必须紧紧依靠休闲农业与乡村旅游。因而，从《北京城市总体规划（2016 年—2035 年）》、《北京市"十四五"时期乡村振兴战略实施规划》和《北京市"十四五"时期休闲农业发展规划》也可以看到，休闲农业与乡村旅游是"大城市带动大京郊、大京郊服务大城市"的战略性抓手，应该也必将成为京郊支柱产业和惠及全市城乡居民的现代服务业。但北京市的休闲农业与乡村旅游也有其不同于其他省市的特殊性，传统的观光采摘园和民俗接待户的发展势头正在走弱，乡村产业综合体和民宿等新业态新模式正在兴起。如何在新阶段以新理念构建休闲农业与乡村旅游发展新格局，是北京市全面推进乡村振兴需要突破的重要课题。

　　为此，中国人民大学农业与农村发展学院课题组组织力量于 2021 年 6—10 月对延庆区、怀柔区、平谷区、房山区、大兴区、通州区、顺义区、昌平区、朝阳区、海淀区、丰台区、密云区、门头沟区等 13 个涉农区进行了实地调研，共走访了 24 个村，调研各类经营主体 60 余个，重点对休闲农业与乡村旅游发展助推乡村振兴的基本格局、模式经验和问题挑战进行了分析，以期为处理好都、城、乡三者关系、探索超大城市乡村振兴新路子提供参考。

第一节　休闲农业与乡村旅游同乡村振兴的逻辑关系

休闲农业与乡村旅游是乡村产业的重要组成部分，是一种特殊且重要的农业发展模式。休闲农业与乡村旅游能够实现一二三产业融合发展，将传统农业生产和现代农业服务有机结合，融通工农城乡关系，是集农业、文化、旅游、观光、休闲等功能为一体的综合性农业新业态。在实施乡村振兴战略的大背景下，大力发展休闲农业与乡村旅游有助于延长产业链、提升价值链、打造供应链、完善利益链，契合了乡村振兴战略20字方针的总要求，已成为助推乡村振兴的重要引擎。

一、发展休闲农业与乡村旅游对乡村振兴的重要性和必要性

党的十九大提出乡村振兴战略，以"产业兴旺、生态宜居、乡风文明、治理有效、生活富裕"为总要求，指出要坚持农业农村优先发展。党的二十大进一步明确要推动乡村产业、人才、文化、生态、组织振兴，并把产业振兴放在五个振兴之首。近年来，休闲农业与乡村旅游逐渐兴起，成为乡村产业发展的重要方向，对促进农业强、农村美、农民富、市民乐发挥着日益重要的作用。

第一，发展休闲农业与乡村旅游有利于乡村产业兴旺。2015年的中央一号文件明确提出要"积极开发农业多种功能，挖掘乡村生态休闲、旅游观光、文化教育价值"，2016年的中央一号文件要求"大力发展休闲农业和乡村旅游"，2018年的中央一号文件指出要"实施休闲农业和乡村旅游精品工程"，2021年的中央一号文件继续强调"开发休闲农业和乡村旅游精品线路，完善配套设施"。新常态新趋势下发展休闲农业与乡村旅游的政策目标十分明确，休闲农业与乡村旅游正在成为带动农村经济发展的重要动力。2023年的中央一号文件在"推动乡村产业高质量发展"部分明确提出："加快发展现代乡村服务业"，"发展乡村餐饮购物、文化体育、旅游休闲、养老托幼、信息中介等生活服务"。2019年6月国务院印发的《关于促进乡村产业振兴的指导意见》对发展休闲农业与乡村旅游提出新要求，做精乡土特色产业，充分挖掘农村各类非物质文化遗产资源，保护传统工艺，促进乡村特色文化产业发展。发展休闲农业与乡村旅游，有利于推动农业与科技、文化、教育、旅游、康养等产业走向深入融合，产业跨界融合使得农业多种功能不断拓展，共享农业、体验农

业、创意农业等新产业新业态大量涌现。实际上，发展休闲农业与乡村旅游不仅可以拓展农业功能，还可以提升农业多重价值，推动乡村产业结构转型升级。

第二，发展休闲农业与乡村旅游有利于乡村生态宜居。《关于促进乡村产业振兴的指导意见》提出，优化乡村休闲旅游业，"实施休闲农业和乡村旅游精品工程，建设一批设施完备、功能多样的休闲观光园区、乡村民宿、森林人家和康养基地，培育一批美丽休闲乡村、乡村旅游重点村，建设一批休闲农业示范县"。休闲农业与乡村旅游的不断发展，不仅促进了田园农业旅游开发，如农耕养生旅游、科普教育旅游等，也唤醒了传统乡村文化，激发了乡村文化创新。部分农村以农田游、森林游、瓜果游、花卉游、渔业游、动物游等方式为切入点，通过文化资源和历史典故的植入，精雕细琢乡村环境，形成大地景观和农田艺术。可以说，休闲农业与乡村旅游一方面将绿水青山转化成金山银山，让乡村景观美起来；另一方面为市民提供乡村旅游服务，让人们享受"好山好水好风光"带来的身心愉悦，既记住乡愁又愉悦心情。广大乡村地区成为城乡居民游"绿水青山"、寻"快乐老家"、忆"游子乡愁"的理想去处。

第三，发展休闲农业与乡村旅游有利于乡村乡风文明。休闲农业与乡村旅游和文化、历史资源的有机结合，特别是结合当地的文化符号、文化元素，然后通过休闲养生、农耕体验等活动，挖掘出当地的民俗乡土文化、农耕饮食文化、图腾文化和民间工艺，将其激活、保护、传承和弘扬，不仅可以推动优秀乡土文化的复兴与发展和乡村的软环境建设，还可以提高农民的综合素质。一些地方将休闲农业与乡村旅游发展与乡风文明积分制相挂钩，如北京市房山区将美丽庭院建设和乡风文明结合起来，挖掘传统家风文化。一方面，在村里的街道文化墙展示村规、村风、村训，引导村民共同遵守新规、倡导新风，促使邻里关系更加和谐；另一方面，村民以传统书法的形式将家训写在庭院墙上或制作成家训门牌，在庭院展示家训文化，引导村民传承传统美德。可以说，发展休闲农业与乡村旅游也能使传统美德深植到乡村地区的众多家庭，让小家庭影响大社会。

第四，发展休闲农业与乡村旅游有利于乡村治理有效。休闲农业与乡村旅游具有综合性，农村旅游社区治理可以在较大程度上促进农村社区治理。休闲农业与乡村旅游以农民为主体、农村为场所，既有小农户和基层组织的自主经营，又有工商资本的参与带动。在这一过程中，休闲农业与乡村旅游将先进的管理模式和理念引入农村，影响基层组织管理方式，促进自治、法治、德治

"三治"体系的建立，有利于激发基层组织自我调整和创新的活力。有的地方在发展休闲农业与乡村旅游的过程中，以村社基层党建为引领，围绕实施乡村振兴战略，全面加强和改善党委对各项工作的领导，加强党政班子建设，充分发挥"领头羊"作用，不断提高班子成员的政治站位，统一思想认识，促进村社经济和治理全方位提升。

第五，发展休闲农业与乡村旅游有利于农民生活富裕。休闲农业与乡村旅游通过对农业资源进行旅游项目的开发，为旅游者提供了观赏、品尝、购物、体验、休闲等服务，可以获得较高的经济收入，从而实现农业生产的高附加值。通过发展休闲农业与乡村旅游，新产业新业态吸纳了更多农村剩余劳动力，增加了农民收入，扩大了农村的就业容量，有效提升了农村产业的劳动生产率、土地产出率、资源利用率，让农业"有干头、有赚头、有奔头、有念头"。2019 年，休闲农业与乡村旅游营业收入超过 8 500 亿元，年均增速达9.8%，直接带动吸纳 1 200 万农村劳动力就业增收。因受疫情影响，2020 年全国休闲农业与乡村旅游营业收入 6 049 亿元，恢复至 2019 年的七成，占全国旅游市场比重较 2019 年增长超过 10 个百分点。在发展休闲农业与乡村旅游的过程中，当地农民把特色农产品变礼品、把民房变民宿，分享到更多产业增值收益，农村居民的幸福感大大增加，生活质量明显提升。

二、休闲农业与乡村旅游推动乡村振兴的内在机理与外部条件

休闲农业与乡村旅游具有多重功能，主要包括经济功能、社会功能、教育功能、环保功能、游憩功能、医疗功能、文化传承功能等。综合而言，休闲农业与乡村旅游通过提升乡村价值、拓宽增收渠道、转变生活方式、畅通要素流动等四大机制助推乡村振兴。

一是促进农业从生产功能转向多功能，提升乡村价值。休闲农业与乡村旅游不是传统农业，其功能已不再局限于简单的食物供给，而是适应人们对农业功能需求的各种变化，拓展出"农业＋"，如农业＋文化、农业＋教育、农业＋旅游、农业＋康养等产业，催生出旅游农业、创意农业、教育农园、消费体验、民宿服务、农业科普、康养农业等新产业新业态。休闲农业与乡村旅游的发展实现了传统生产性农业向休闲性农业转型，农业种植结构与作业方式、销售方式都发生了重要转变，与之相对应的是休闲农业与乡村旅游逐渐突显出旅游、教育、康养等作用和效能。资源环境、区位条件、社会经济状况、文化

氛围等本身条件较好的村庄，通过有序发展休闲农业与乡村旅游能够有效促进乡村要素增值、结构优化与功能提升，破解乡村发展困境，助推乡村振兴。部分村庄采取多种形式发展休闲农业与乡村旅游，集科普、生产、销售、加工、观赏、娱乐、度假等于一体，提供丰富多样的休闲服务，让农业多种功能和资源多重价值得以充分发挥。

二是促进农民从卖农产品转向卖风景卖服务，拓宽增收渠道。休闲农业与乡村旅游的功能具有多重性，其产品或服务也是多元化、多样化的，不再是单纯的农产品，而是包括农产品、农事体验和其他服务，是丰富多彩的产品和服务所形成的综合性商品。与之相对应的是，从事休闲农业与乡村旅游的农民的收入来源渠道得到极大拓展，从较为传统的卖农产品得收益延伸到通过卖农产品、提供休闲服务、售卖文化服务等获取收益。虽然同样是农业农村，但从传统的粮食、蔬菜种植场景转变为稻田湿地、油菜花海、草原绿地、森林氧吧、河流海洋等休闲场景，再嫁接文化和历史资源，使得农业有文化说头、有休闲玩头、有景观看头，能够实现农业物质产品和精神产品的双重增值。例如，陕西省咸阳市礼泉县袁家村发展乡村餐饮和旅居，收入超过 10 亿元。此外，发展休闲农业与乡村旅游还需要有住宿、饮食、商场、交通、文化行业等配套设施，随之需要导游、管理人员、服务人员、厨师、售货员、保安人员、维修人员等。从事休闲农业与乡村旅游的农民不但卖产品，也卖体验和过程，特别是伴手礼、体验服务等项目的增值收益更高，农民的家庭经营性收入增加了，部分农户的工资性收入或财产性收入也得到了提升。

三是促进乡村从农民居住转向全民居住，转变生活方式。乡村是重要的生活场域，在过去主要是作为农民的生活空间，但随着休闲农业与乡村旅游的发展，乡村的边界被打破，乡村已不再是单纯的农民居住空间，城市居民可以通过长期居住或短期居住的方式在乡村生活，体验"悠然见南山"的田园农趣。例如，有些乡村鼓励农民和农村集体经济组织依法依规利用闲置宅基地和闲置住宅，发展符合乡村特点的休闲农业与乡村旅游、餐饮民宿、文化体验、民俗展览、康养服务等新产业新业态，通过农民自主开发、村企合作、村集体＋农户＋企业等多种方式去联合发展共享农庄、共享农房等，给城市居民提供"山清水秀人也秀、鸟语花香饭也香、养眼洗肺伸懒腰"的好去处，日益展现出产业融合、资源整合和功能聚合的独特作用和迷人魅力。有的村庄为了发展休闲农业与乡村旅游，对房子进行了升级改造，一层是农户自家居住，二层、三层开发成类似酒店服务的民宿，为短途游客、长期租客等提供多样化的居住场所租赁服务。在这一过程中，城市居民"下乡"生活，农民过上"城里人"的生活，两类群体的生活方式都有所改变，生活的幸福感、获得感、满足感都得到不同程度的提升。

四是促进城乡要素从单向流动转向双向流动，畅通要素流动。发展休闲农业与乡村旅游是一项系统工程，涉及城市和乡村的人才、土地、资金、产业等要素。由于休闲农业与乡村旅游属于新兴产业，仅仅依靠本地农民是难以发展起来的，毕竟农民的资金、技术、服务意识、经营理念等与现代市场竞争需要仍有一定差距。休闲农业与乡村旅游因其发展潜力和利润空间而吸引外出务工人员大量回流，乡村的人气和资源要素开始从城市逆向流动进入乡村，即人才的回流带来了资金、技术、信息等各类产业生产要素的回流，再通过休闲农业与乡村旅游的商品输出进一步吸引城市居民及其资源"下乡"。在这一过程中，乡村的水、电、路、气、信等公共设施都得到了改善，城市的基础设施和公共服务快速地向农村延伸，出现城市和乡村融合、市民和农民互动、城镇化和"逆城镇化"共融的情景。在发展休闲农业与乡村旅游的驱动下，城乡间的人才、资本、技术、信息等要素将加速流动，城乡关系得以重塑，乡村全面振兴的基础将进一步夯实。

第二节 北京市休闲农业与乡村旅游发展
促进乡村振兴的初步成效

自 2019 年来，北京市重点围绕"十百千万"畅游行动，通过大力发展休闲农业与乡村旅游推动乡村振兴。主要有以下四个方面的措施：

第一，加强了顶层设计。2019 年，北京市明确了要以"京华乡韵"为引领，在全市推动实施休闲农业"十百千万"畅游行动，着力打造十余条精品线路、创建百余个美丽休闲乡村、提升千余个休闲农业园区、改造近万家民俗接待户，重点实施京华风貌、乡韵风俗、乡韵风味、京华风情、京华风尚等五大重点工程，聚焦产业提档升级，强化服务完善提升，突出产业集群成链，致力农户增收致富，全面开启了休闲农业与乡村旅游高质量发展的新局面。

第二，开展了"十百千万"畅游行动。2020 年 4 月，市农业农村局和市财政局联合印发《北京市休闲农业"十百千万"畅游行动实施意见》，并配套印发《北京市休闲农业"十百千万"畅游行动建设成效评价办法（试行）》，指导休闲农业与乡村旅游发展，并对各区建设成效进行评价。2020 年北京市休闲农业与乡村旅游转移支付资金 1 亿元，为指导性任务；2021 年北京市财政局加大对休闲农业与乡村旅游支持力度，将资金增加到 2 亿元，并调整为约束性任务，用于支持休闲农业与乡村旅游精品线路、美丽休闲乡村、休闲农业与乡村旅游园区、民俗接待户和乡村民宿等提升。在连续两年的政策支持下，涌现出集群驱动型、内涵提升型、绿色引领型、节庆撬动型、"新农人"助力型等一批新模式，全市休闲农业与乡村旅游提档升级加速。

第三，创新了政策支持方式。一是按照预算管理模式，强化了项目执行的规范性。为进一步加强预算管理，确保预算编制的科学性和有效性，2021 年北京市农业农村局组织编制了《北京市休闲农业"十百千万"畅游行动资金管理办法》，明确项目预算负面清单和重点支持领域，规范项目资金使用方向，建立了休闲农业"十百千万"畅游行动项目库；还建立了全过程预算绩效管理机制，并将评价结果作为下一年度的资金分配的重要依据。二是实施专业人才进村入户、对接指导。2021 年，北京市启动实施休闲农业专家辅导团制度，并出台《北京市休闲农业专家辅导团管理办法（试行）》，切实解决经营主体尤其是农户经营中存在的产品创新不够、文化挖掘不足、带动增收不足等"最后一公里"问题。2021 年，共计 82 名个人专家和 6 个专家团队已经在各区开展对接服务工作，共开展各类培训服务 650 人次，一批合作项目已在京郊落地。三是加强了督导检查，确保项目发挥实效。不仅加强了市农业农村局、市文化和旅游局、市统计局、市财政局及休闲农业专家辅导团共同开展休闲农业"十百千万"畅游行动的督导；还持续关注市统计局发布的每季度休闲农业与乡村旅游统计数据变化，结合农业农村部监测平台的要求，组织相关单位对休闲农业星级园区、美丽休闲乡村和部分乡村民宿开展监测；并严格科学考核，充分发挥北京市涉农区党政领导班子和领导干部在推进乡村振兴战略实绩考核中的作用，形成严格而科学的评价结果。

第四，加大了宣传培训力度。2021 年，在海淀区、顺义区、门头沟区、怀柔区开展了四场"京华乡韵"系列休闲农业与乡村旅游推介活动和休闲农业与乡村旅游高质量发展论坛，推介了一批京彩线路、京韵乡村、精致园区、京味民宿、乡村特色美食，宣传培养了一批休闲农业与乡村旅游新农人，创新推广乡村综合体、"三原"民宿（原住民、原住地风格、原生态文化）等新理念、新模式。北京市休闲农业专家辅导团吸引了大批具有行业影响力的专家，首批即吸引 166 名专家报名参与，积极响应休闲农业与乡村旅游提档升级，正式启动后 4 个月内开展各项服务近 300 人次，参与辅导项目已有数十项纳入 2022 年项目库。截至 2021 年底，仍有大批个人专家和专家团队通过电话或网络咨询等方式希望在未来进入专家库、参与休闲农业与乡村旅游建设，并已有亲子小院、乡村会客厅等项目落地村庄。

第三节　北京市休闲农业与乡村旅游助推乡村振兴的主要模式与规律特征

一、基于五大振兴维度的助推模式分析

乡村振兴是多维度的，推动乡村振兴也必然是多维度的。同时，休闲农业与乡村旅游是类型多样的，休闲农业与乡村旅游助推乡村振兴（以下简称"助推"）的途径也必然是多样化的。从近年来北京市休闲农业与乡村旅游发展情况看，已经在乡村振兴方面形成了不少有价值的助推模式，积累了不少助推经验。课题组基于调研获取的 24 个村、60 余户经营户的资料分析，对北京市休闲农业与乡村旅游助推乡村振兴的主要模式与重点类型进行了归纳梳理（见图5-1）。

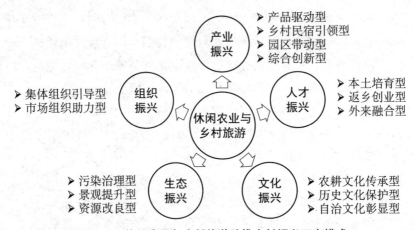

图 5-1　休闲农业与乡村旅游助推乡村振兴五大模式

（一）产业振兴助推模式

1. 产品驱动型

产品驱动型以促进特色产品增值为主要特征，依托村落自然资源优势，专

注本地化农产品或文化创意产品的凝练与打造，并以发源地为中心辐射周边村庄共同发展。该类型多起源于当地特色种植业或餐饮业，村庄以品质化、规模化、产业化为途径将区域名称和产品紧密结合，打造区域特色品牌。产品驱动型产业振兴以一产为出发点，以开发深加工食品、建设主题园区、开办餐饮住宿延展单一产业链，形成三产融合的态势。该模式将重点放置于产业链后端，链条前端农产品供给终端消费，以"体验式消费"为重点，以传统产品销售为附带，打包出售"产品＋服务"。

昌平区十三陵镇仙人洞村以素食文化为支撑，发展素食产业，是产品驱动型助推模式的典型代表。仙人洞村以其自创的"福禄寿喜·金锅养生汤"为基础发展了丰富的素食菜品，打响了"中国仙人洞·素食第一村"品牌。在素食文化扬名的基础上，仙人洞村对村中的历史文物景观进行了修复，实现了文旅经济深度融合发展，最终发展成为北京市周边有名的素食文化旅游村。仙人洞村已有4家特色素食餐厅、11家乡村民宿，2019年村内休闲农业与乡村旅游产业总收入超过630万元，村集体实现经济收入1 120万元，村民人均可支配收入达到3.5万元。

产品驱动型适用于具有特色农产品种植、食品加工或文化创意产品制作等产业基础的村庄，如海淀京西稻种植业、怀柔栗子种植业、昌平素食产业等。在该类型中，产业基础是核心，产品市场是重点，主体能力是关键。

2. 乡村民宿引领型

乡村民宿引领型以资源市场化盘活为主要特征，依托村内闲置农房等资源资产、以发展乡村民宿为抓手带动村庄转型发展。在区域覆盖上，乡村民宿引领型一般以村为单位统筹规划、整体打造、集群式合理发展。一般而言，乡村民宿建设离不开"村、企、民"三方合作平台的搭建，村集体组织从村民手中盘活闲置房屋资源，再交付第三方的专业团队进行改造，形成村企合作、风险共担、收益共享的发展机制。

门头沟区清水镇洪水口村盘活村庄闲置资源，是乡村民宿引领型的典型代表。洪水口村积极发展以乡村民宿为重点的乡村旅游经济，依托灵山自然资源，将险村搬迁改造与发展乡村旅游相结合，完成135栋精品别墅及旅游配套设施建设。民俗旅游户数量比改造前增加了5倍，实现乡村旅游产业全覆盖，全村村民捧起了"绿饭碗"、吃上"旅游饭"。此外，洪水口村还打造了"灵山冰雪节""聚灵峡穿越之旅"等多个旅游文化活动品牌，推动"绿水青山""冰天雪地"转化为"金山银山"。洪水口村发展村企合作模式和"四四二"分成形式（40％收益归企业所有，40％收益归集体所有，20％收益由村民参与分成），壮大了集体经济，拓宽了村民增收渠道。特别是镇外返乡就业村民中20～45周岁的青壮年达15人，以前他们外出就业年收入约为3.6万元，现年收入达10万元以上。

乡村民宿引领型适用于兼有优美的生态资源、闲置农宅资源及特色设计理念的村庄：优美的自然生态环境及与城市截然不同的乡村气息是发展乡村民宿吸引客流的前提条件，闲置农房资源是打造乡村民宿的基础条件，特色设计理念是增强民宿核心竞争力的驱动条件。

3. 园区带动型

园区带动型以成功发展休闲农庄实体或多功能农业园区为主要特征，通过引入外来资本或村组织自建，发展具有果蔬供给、观光采摘、研学教育、休闲旅游等多功能的综合性园区。在区域覆盖上，园区一般以村级行政单位的边界为限，主打"高端、优质、绿色、特色"的农产品和"小而精"涉农园区，并充分利用近郊区位优势和物流资源，开展农场承包、果蔬预订、生鲜配送等业务，定位多为城区居民精致的"菜篮子"和"后花园"。

海淀区苏家坨镇柳林村引入外来资本建设弗莱农庄，村企合作共同发展，是园区带动型的典型代表。弗莱农庄以生态农场为核心，以"生态、有机、绿色"为亮点发展优质蔬菜供给业务。农庄还积极开发生态旅游、休闲团建、农园菜园认养、农事研学活动等功能，打造了一三产融合的综合性园区。该农庄两期共建设开发市民农园203块，规格为30平方米；企业农园12块，规格为240平方米；市民休闲绿地、拓展区域、餐饮服务、会议茶歇等农庄配套服务建设1 082平方米。弗莱农庄目前仍在持续建设中，2020年年收入约为400万～500万元并已实现收支平衡，为柳林村的产业发展和知名度提升均作出了重要贡献。

园区带动型适用于地理位置优越的乡村。一般涉农园区肩负着城市居民蔬果供应功能，而蔬果供应业务对运输时间、冷链物流、保鲜技术等要求较高。事实也表明，该类型多见于海淀区、丰台区、大兴区、顺义区等区的近郊区。

4. 综合创新型

综合创新型以平台化运作、新业态新模式发掘为主要特征，依托平台的综合优势，打造多主体参与、多业态融合、多场景打造、多层次布局的产业聚集区。该类型最重要的特征是村企共建平台，平台由村集体经济组织领导，各主体参与协商，主要职能为发展规划决策、共享资源分配、利益联结建立以及村庄内部自治等。各主体在平台统筹下实现不同模式共促发展、产业网络交叉融合、生产生活全面融通。与上述其他三种类型不同的是，综合创新型模式更能发挥多产业聚集效应，增强了对外来资本的吸引力。同时，该类型下各产业园区均有独立的产业链和特有的生存模式，各自产品定位和客户群体具有明显差异性，各园区共同构成了生产生活的不同场景，为城市居民长期融入乡村提供了可能。

密云区溪翁庄镇金叵罗村搭建发展平台，吸引多方主体加入，是综合创新型助推模式的典型代表。金叵罗村的休闲农业与乡村旅游由村集体统一领导规划，通过招商引资引入大量的外来创业主体并统称其为"十一队"，其中包括民宿品牌"老友季"、会员体验式农场"飞鸟与鸣虫"、蔬果供应农场"分享农场"、"研食社"等餐厅、"乡村会客厅"等研学组织、围棋协会和法律咨询团队等。村集体给予外来创客诸多优惠条件，由25％创客和75％原生村民共同治理乡村，村集体有权共享创客10％～60％不等的利润。不同产业组织在金叵罗村安家落户，在村域范围内实现了良好的集聚效应，实现了协调融合发展。产业集群渗透生活生产各个场景，为不同家庭成员提供了休闲娱乐场所，致力于打造城市人的"第二故乡"。

综合创新型是前三种类型主体多样化、场景多元化、产业集群化、业态融合化后的进阶类型，一般适用于产业模式初步成型、发展初具规模、盈利路径初步明晰的村庄，并且村集体有能力搭建平台、开展一定的招商引资与统筹规划。

（二）人才振兴助推模式

1. 本土培育型

本土培育型以本地在乡人才培育和成长为主要特征，挖掘在乡人才内在价值是实现乡村人才振兴的根本途径。休闲农业与乡村旅游推动在乡劳动力渗透产业链前、中、后端，通过激活闲置劳动力、加强素质培养、促进轮岗转岗等途径综合提升了在乡劳动力素质。休闲农业与乡村旅游对在乡人才价值挖掘的具体机制如下：一是产业化发展扩大了基础劳动力需求，帮助村庄解决基本就业问题，对老人、妇女和残障人士等相对弱势群体扶助尤甚；二是产业化升级推动了技术型人才的培育，以村组织为抓手，为在乡劳动力提供特色作物种植、特色产品加工、餐饮、民宿、物业服务相关专业技能培训，增强人才创新创收能力；三是外来资本和本土资源产业化融合催生了治理型人才缺口，促进了村民自治机制的创新、村民政治参与的加强和自治人才的培育。

密云区溪翁庄镇尖岩村围绕本地栗树种植业，大力培育本土技术人才，是本土培育型助推模式的典型代表。尖岩村紧邻密云水库，自古就有"客商买不断尖岩的栗子"的说法。尖岩村自 2012 年起以栗子宴为亮点大力开发餐饮民宿产业，栗子宴的发展扩大了对基础劳动力的需求，为留守村内的老、弱、病、残弱势群体提供充足的就业机会，大幅增加了村内居民收入，带动了尖岩村实现全面脱贫。在栗子宴产业发展起来之后，尖岩村对提升在乡劳动力素质和休闲农业与乡村旅游整体质量极为重视，培育了大量技术人才。村集体每年举办栗子小吃、菜品、接待礼仪培训，还组织民俗户到怀柔区喇叭沟门乡等地参观学习。目前尖岩村每年举办栗子宴，民俗户均年接待游客近万人次，户均年收入能达到 10 万元以上。休闲农业与乡村旅游的发展还促进了当地村庄自治水平的提高。为了促进休闲农业与乡村旅游产业持续发展，村集体自治组织和党组织积极提升村民凝聚力，建立集中思想学习、垃圾清理、街道巡逻等多项乡规民约，大幅提升了在乡人才的自治水平。

本土培育型适用于仍然具有相当数量留守人口在本地从事相关生产和生活居住的村庄。乡村在大力发展休闲农业与乡村旅游的过程中对本地和邻近区域在乡劳动力会产生强大的辐射带动作用。结合产业振兴助推模式的四种类型来看，园区带动型对本地弱势群体帮扶效应尤为突出，产品驱动型和乡村民宿引领型对本地技术人才培育效果显著，综合创新型则对本地乡村治理人才的发展意义重大。

2. 返乡创业型

返乡创业型以本地在外人才回流为主要特征，通过动员和吸引外出人才返乡从事休闲农业与乡村旅游相关的创业创新，或通过休闲农业与乡村旅游的发展吸引本乡在外人才回归乡村发展。一般在乡村休闲农业与乡村旅游由起步阶段迈入快速成长阶段后，传统乡村景观、土地、资本、设施等资源的价值得到有效开发，吸引了本乡外出人才返乡就业创业，不仅填补了本地休闲农业与乡村旅游发展的人力资源缺口，也为乡村振兴注入了新的人力资本。在乡村双创政策的影响下，返乡创业型人才一般以自有房屋、土地和人脉资源为基础，以家庭为单位开展经营活动。

门头沟区清水镇梁家庄村通过村企合作，打造乡村民宿产业，吸引本地在外人才回流，是返乡创业型助推模式的典型代表。基于龙门涧、灵山、清水花谷、百花山等景区资源，梁家庄村集体和北科建集团开展村企合作，共同开发村庄闲置房屋资源，建设乡村民宿。民宿产业的发展一方面为村中留守的半失能人口提供了稳定的就业岗位，另一方面吸引了一批从村庄走出去的大学生青年返乡创业。例如，大学毕业后一直在城市负责酒店运营工作的陈诚，在母亲开始办民宿之后，出于对家乡民宿产业的信心和为家乡贡献的希冀，毅然放弃城市的工作，以自己多年酒店管理经验为家乡发展奉献一份力。

返乡创业型适用于初具产业发展基础的村庄，特别是乡村民宿引领型和综合创新型两类产业振兴助推模式。相对成熟的产业形态、良好的创业环境、丰富的民宿资源及完善的配套设施，都是吸引村民返乡创业的重要前提。

3. 外来融合型

外来融合型以外来人才融入本土乡村为主要特征，外来主体和村庄之间存在资源互补、平台共建、利润共享的纵向利益联结机制。两者具体合作机制如下：在资源利用上，外来主体为乡村发展注入人才、技术、资本等要素，而村庄则提供土地、设施和政策等相关配套支持；在平台共建上，村企基于平等合作关系，企业在日常事务运营中拥有绝对话语权并发挥主导作用，村庄主要担负要素的融通统筹作用；在利益分配上，村庄以土地租金、保底收益和利润分红等方式共享企业成果。一般而言，外来人才融入乡村的动因可分为资源驱动、政策引导、平台吸纳等多种类型。资源驱动型融入指村庄凭借独特资源优势吸引外来资本，外来资本方深入挖掘资源的经济社会价值并加以利用；政策引导型融入指村庄集体给予外来主体用地、建设优惠政策以吸引其入驻；平台吸纳型融入指村庄以成熟产业集群平台吸引多元主体加入，并参与式融合到当地发展治理之中。

顺义区龙湾屯镇的分享收获农场秉持社区支持农业（community support agriculture，CSA）的理念创新开展休闲农业与乡村旅游经营，吸引了大量外来人才，是外来融合型助推模式的典型代表。分享收获农场在该镇的柳庄户村和龙湾屯村两个村，基地占地面积分别为 50 亩和 230 亩。前者有大棚 26 栋，为分享收获农场的租赁基地，以种植蔬菜为主，养殖为辅；后者以各种果树为主，作为分享收获农场"大地之子"食农教育项目的主要活动场所。近年来，在招收大量实习生、培养职业农民的过程中实现了当地的人才振兴。一方面，不少人才加入到农业产业中来。20 名分享收获农场的员工大多数是年轻的大学毕业生，一部分员工来自农村，希望能在自己的家乡开展社区支持农业项目。另一方面，还有不少当地的农户加入到农场的有机种植中来，在自己的土地上耕种。有 5 名村民被全职聘用，负责配送和销售。当地农民在与农场员工接触、休闲农业与乡村旅游生产培训中，不断提高种植技术、更新农业理念，实现了自身素质的发展。此外，分享收获农场利用自身丰富的教育资源和生产经营的成功经验，建立了自己的新农人职业农贸培训计划和农场经理人等新型职业农民培育计划。大量外来人才以短期或长期的形式加入到龙湾屯镇的乡村振兴中来。

外来融合型适用于资源禀赋优越、外来资本发展空间较大和发展理念相对开放包容的村庄。对于绝大多数村庄而言，资本相对稀缺、理念相对落后、能力相对偏低，发展休闲农业与乡村旅游，能够获取外来人才智力汇聚和物质支持，在更大范围内提升乡村人气。

（三）文化振兴助推模式

1. 农耕文化传承型

农耕文化传承型以农耕文化的传承与开发为主要特征，挖掘农耕文化的经济价值是关键，促进农耕文化的文字化、实体化、产业化是重要机制。以农耕文化传承作为推进乡村文化振兴核心抓手的村庄，一般都将"农耕体验"作为其打造的主要产品，将有形农产品和无形体验服务打包出售，开发"产、学、研、旅、食、宿"综合产业链。农耕文化传承和休闲农业与乡村旅游发展呈现相辅相成、互促共赢的关系。农耕文化为休闲农业与乡村旅游发展提供了包括文化内涵和思路方法在内的关键软性支持，赋予了休闲农业与乡村旅游思想教育意义，如开拓家庭亲子游、研学教育及集体团建等业务。而休闲农业与乡村旅游的蓬勃发展也使消费者在无形中为农耕文化所浸染，反向促进了农耕文化传承，丰富了农耕文化的实践意义和现实内涵。

海淀区上庄镇西马坊村对中国重要农业文化遗产——北京京西稻作文化系统所蕴含的农耕文化进行了产品化、服务化、产业化，是农耕文化传承性助推模式的典型代表。西马坊村京西稻种植基地将农耕文化具象化为主题课程和手工绘制动画产品，以京西稻种植基地 App 为载体，再将其与京西稻深加工产品、农耕体验活动打包向亲子游客户出售。西马坊村高举农教特色旗帜，依托海淀区优质教育资源，开展中小学生农事体验，宣教"人与自然和谐共处""绿水青山就是金山银山"等价值理念。

农耕文化传承型主要适用于有特色农耕文化、经济实力相对雄厚的村庄。调研发现，一般农耕文化产业园区前期开发需投入包括地块重整、基础建设及文化产品研发在内大量的成本，后续日常运营、维修养护、重建升级也需要源源不断的资金投入。例如，丰台区王佐镇怪村的总投入高达上千万元，仅是铺设地下电网、疏通水管就需要大量的资金投入，这是经济基础薄弱的村庄无力负担的。

2. 历史文化保护型

历史文化保护型以挖掘历史文化底蕴为主要特征。乡村的红色历史、革命精神和奋斗历程对乡风民俗产生历久不衰的影响作用，对于村民共治发挥无可替代的凝聚作用。对于部分以历史文化为亮点的休闲农业与乡村旅游而言，历史文化和休闲农业与乡村旅游呈现一种互融互通、互利共生的态势，历史文化资源的经济价值再开发是实现历史保护和产业发展双重目标的有力推手。乡村历史文化以其"聚人心、促发展"的功能特征在乡村振兴过程中发挥核心引领作用。以历史为主题的产业振兴一般以村集体组织为领导，以第三方中介为经营者，将村庄历史凝聚成产业文化核心，通过具象化、景观化、产品化等多种机制将历史文化融入休闲农业与乡村旅游产业链。

延庆区八达岭镇石峡村以"历史＋景观""历史＋产品""历史＋民宿"等多重机制充分挖掘自身历史文化底蕴，是历史文化保护型助推模式的典型代表。石峡村以石峡关长城、石峡峪堡等历史资源为依托，充分利用当地人文景观，打造高品质长城精品旅游线路，实现了"历史＋景观"机制；手工艺匠人们在非遗手工艺体验馆为游客提供制作布老虎、捏面人、编中国结等数百种传统手工艺指导，推出具有鲜明传统特色的手工艺产品，实现了"历史＋产品"机制；村集体引入外来资本妫水人家，以"石"为主题进行翻新装修，推出石光长城乡村民宿，成功将历史文化和民宿集群建造相结合，实现了"历史＋民宿"机制。20 座石光长城乡村民宿院落实现年收入约 300 万元、利润约 180 万元，村民户均实现年收入平均超过 15 万元。

历史文化保护型适用于历史文化资源丰富的村庄。历史文化资源以其不可被轻易复制的特性成为村庄发展宝贵且独有的财富，包括历史景观、历史产品、传统民俗等，通过在发展休闲农业与乡村旅游过程中保护和弘扬历史文化，为乡村文化振兴注入了"灵魂"。

3. 自治文化彰显型

自治文化彰显型以新时代乡村自治文化建设为主要特征。京郊村庄的休闲农业与乡村旅游发展往往以村集体三套班子为领导核心、以村民为中坚力量。为了更好发展休闲农业与乡村旅游，村民的自治意识逐步加强，组织凝聚力持续上升，村自治文化逐渐彰显。良好的村民自治展示了乡村精神风貌和软硬件环境水平等多个方面。村集体自治能力还体现在各种自治组织的复兴和功能的完善方面，村自治组织为休闲农业与乡村旅游发展提供物业、基建、规范、约束等硬件与软件的全方面支持。乡村秩序的规范以村庄为限建立了奖惩分明的内部制度，约束了村民行为，提升了村民的素质，推进了乡村文化振兴。

怀柔区渤海镇北沟村村集体强势有力，对集中村民凝聚力、提升集体服务能力、改善生产生活环境起了核心推动作用，是自治文化彰显型助推模式的典型代表。首先，村委会起草村规民约，定时召开全体村民代表大会，对村内大大小小事务进行了规定。其次，村委会为休闲农业与乡村旅游产业提供了辅助的物业服务，引入物业公司进行环境管理。村规民约由物业公司进行执行，村民如有违反，则在村集体分红中进行相应罚款。物业公司的具体奖惩制度保障了村规民约的强制执行的可操作性。最后，休闲农业与乡村旅游的发展需要一个良好的村庄环境，这不仅包括生态环境还包括人居环境。北沟村制定的村规民约提升了村民素质，培育了良好的契约文化，推动了当地的乡风民俗建设。

自治文化彰显型适用于强有力的村集体领导组织。村庄中的自治组织、政治组织和经济组织"三位一体"在自治文化建设中起到了精神引导、制度建立、设施完善等多重推动作用。

（四）生态振兴助推模式

1. 污染治理型

污染治理型以多层次环境污染治理为主要特征。休闲农业与乡村旅游发展对环境卫生的硬性需求反向驱动村庄着手环境污染全面治理，这是助推乡村生态振兴的"底线式一招"。但不同村庄在污染治理方面的手段呈现差异性和多样性，其中包括基础治理、循环治理、科技治理等多种途径。基础治理主要包括垃圾分类、清洁村庄、生活污水处理等一系列工作。基础治理大多通过"组织领导＋党员带头＋民众发力"的机制得以落实。循环治理主要针对乡村生产者而言（包括从事农业生产的小农户和产业园区），其落脚点在于产业链的相互融合以实现资源循环利用。科技治理主要是指通过建立"村、校、企"三者紧密合作关系，积极将新技术引入乡村污染治理中来。多主体参与、多手段作用、多场景应用的污染治理模式可以针对性地解决不同层次污染问题，从而起到积极处理生活污染、适度减少生产污染、有效治理生态破坏的实际效果。

平谷区大兴庄镇西柏店村通过基础治理、高科技介入等途径和手段综合治理乡村污染问题，是污染治理型助推模式的典型代表。在基础治理上，西柏店村村集体发挥了至关重要的作用，其立足"美丽"功能定位，开展了综合环境整治等各项活动。村集体以生活污水、垃圾等有机废弃物为重点，建立分类回收、利用和无害化处理体系。在高科技介入上，西柏店村村集体和科研机构建立了合作关系，通过高科技助力对生活污水实施景观化处理。村集体进一步鼓励和扶持使用清洁能源，推动形成绿色生产生活方式。西柏店村采用由丹麦引进的生活污水景观化处理技术，借助芦苇及人工湿地中的微生物协同作用，降解污水中的有机物质，解决了以往污水排放带来的严重污染问题，营造绿色景观，提升环境质量。

污染治理型助推模式适用于处于污染治理困境的村庄。但具体成效则因环境基础条件、主体参与程度、休闲产业模式和技术资源禀赋等状况而异。如村庄污染严重程度和范围影响了生产生活生态各领域的污染治理广度；主体参与程度决定了村庄短期整治、长期规范、机制建立等方面的污染治理深度；休闲产业模式差异关系着村庄污染治理的实操难度和适配模式选择；科研力量参与和技术引入拓展了化学、物理、生物等污染治理维度。

2. 景观提升型

景观提升型以生态景观优化重塑为主要特征。休闲农业与乡村旅游观光式、体验式、沉浸式的产业特质决定了其对乡村生态景观的高标准和严要求，一旦乡村休闲景观受到破坏，其产业吸引力和市场竞争力将被大幅削弱。因此，生态景观提升是休闲农业与乡村旅游助推乡村生态振兴的"关键性一招"。在生态景观提升的过程中，立足本村禀赋、定位关键问题、打造区域特色是核心要点；组织引领、党员为先、村民共建是重要途径；微型景观打造、配套设施美化、生态景观重塑是具体方式。

门头沟区清水镇下清水村将"矿沟"深度改造为"花谷"，优化乡村生态景观，是景观提升型的典型代表。在生态修复上，下清水村在清水花谷区域进行景区标准化建设，2016 年投入超 9 985 万元，建设了人工湖、叠水等景观及配套设施，之后每年进行景区设施设备的升级和景点项目的建设。正是因为有了完善的基础设施和美丽的乡村环境，下清水村具备了将休闲旅游引入生态涵养区的条件，实现了绿色发展。在景观重建上，下清水村村集体兴建花卉园区。花谷区域由原来矿区的一片荒芜转变为绿化率超过 90%，花卉、藜麦、中草药三个种植园区相互结合的"田园综合体"，这一举措不仅改善了生态环境，更增添了下清水村的观赏价值。在设施美化上，下清水村村集体着重投资了基础设施建设，推动村内基础设施建设和游客需求相匹配。基础设施的完善是乡村旅游发展的必要条件。下清水村开展美丽乡村创建和农村人居环境整治工作，拆除违章建筑、消除火灾隐患、完善乡村设施、美化乡村环境，村庄面貌焕然一新。

乡村景观提升型适用于基础条件落后、景观资源丰富或设计理念先进的乡村。更为重要的是，一个强有力的村集体组织是最终实现生态振兴的重要前提，村集体组织在洞悉环境劣势、凝聚村民力量、推进景观重建过程中起着不可替代的"主心骨"作用。

3. 资源改良型

资源改良型以自然资源的有效利用为主要特征。资源的整体改良是出于休闲农业与乡村旅游产品换代升级、休闲环境根本改善，以及休闲农业与乡村旅游持续发展的客观需求。尤其对于以发展休闲农业与乡村旅游园区为主的乡村，自然资源修复是休闲农业与乡村旅游发展的刚性要求。乡村借力外来资本可通过返自然化、绿色生产、科技赋能等路径持续推动自然资源改良。其中，返自然化多以林木保护、退耕还林、平原造林作为具体手段改善乡村环境，起到了涵养水源、改善气候等多重作用；绿色生产多以园区主体为推手，借助有机肥料施用、种植密度优化、土壤肥力保护等手段保障农产品的优良品质；科技赋能是资源改良的重要助推器，乡村依托校企合作渠道，将生物、化学、物理、信息等多种技术引入乡村资源改良。

延庆区康庄镇太平庄村同外来资本荷府展开合作，共同建设了共享农庄，并以返自然化和绿色生产为途径，对乡村自然资源进行整体改良，是资源改良型助推模式的典型代表。荷府等外来资本通过引进大量景观作物，扩大全村绿化面积，帮助村庄建设鱼香荷塘体验区等。同时，荷府引进先进科技助力，农庄严格依循自然农法的以菌抑菌、以虫控虫、以草治草的农业生产方式，全部实现有机肥，从农业的源头土地入手，培育土壤微生物，修复生态环境，然后因地制宜、轮作套种，形成可持续发展的生态闭环农业，充分激发自然力量孕育出品质纯粹的农产品。

资源改良型助推模式适用于有外来企业或科研机构紧密对接、初步实现了要素共享、优势互补的村庄。只有在强大的市场推力或专业技术推力之下，外来资本和科研机构方有可能形成助推的双核主体，以理论指导实践，以科技赋能产业。

（五）组织振兴助推模式

1. 集体组织引导型

集体组织引导型以多元类型组织共治共建共享引领休闲农业与乡村旅游发展为主要特征。北京市乡村由村镇两级机关共同管理，村内实行三套班子一体化。党组织、村民委员会、村集体经济股份合作社由同一核心团队领导，各有分工、相互配合，实现政治组织增力、自治组织增能、经济组织增效的共治局面。党组织通过发挥党员先进性和示范作用，以小部分党员为先锋，以人民群众为主力，以"党建促进、村民携手"形式积极推动乡村共治。村庄日常事务由村镇两级自治组织发力，共同管理村级事务。村集体自办的股份合作社则承担重要的经济意义，其在全村范围内发挥着资源整合、集中管理、共同决策、风险共担、收益共享功能。部分村庄的集体经济组织还包括村集体自办企业，村庄以企业为载体，发挥了村集体组织在方向引导、事务决策、收益分配等方面的能动作用。

昌平区十三陵镇康陵村村集体通过党支部领导下的政治组织、自治组织、经济组织共同建设，不断完善利益联结机制、提升自治能力、发挥当地资源潜力，是集体组织引导型助推模式的典型代表。康陵村成立了北京康陵村物业有限公司，物业公司的法人代表由村支部书记担任，实施村级公共服务的物业化管理。康陵村物业有限公司的成立完善了村内的公共服务体系。公司主要负责技术开发、技术转让、家庭劳务、建筑物清洁、出租商业用房、城市园林绿化、销售电子产品、服装鞋帽、机械设备、通信设备、计算机、软件及辅助设备以及居家养老服务等服务工作。岗位需求吸纳了村内的剩余劳动力，促进了村民的就业和增收。康陵村村集体通过凝聚人心、整合资源、创造效益、共享红利等多种驱动推动休闲农业与乡村旅游发展。村集体自办物业公司，解决了村内弱势群体的就业问题，为村内休闲农业与乡村旅游发展提供了保障和服务，稳定了人心，提升了村民凝聚力。

集体组织引导型助推模式适用对象多为集体经济实力雄厚或是领导能力卓越的村庄。村庄本身优良的经济基础会为村组织自建多元经济组织提供坚实发展的沃土和广阔的施展空间。对于基础条件不占优的村庄而言，高能力、高水平、强能动性的集体领导班子在乡村振兴中亦大有可为。

2. 市场组织助力型

市场组织助力型以外来组织融入、城乡资源融合、市场主体不断涌现为主要特征。市场组织通常为有战略眼光、运营经验、充足资源的企业、创业团体或协会组织。它们在促进城市资源"下乡"、推动产业建设、带动农民增收、辐射周边区域发展等方面起着至关重要的作用。市场组织融入乡村大大缩减了乡村休闲农业与乡村旅游自主成长所需时间，在短时间内为乡村迅速注入成长资本、管理技术和市场营销等稀缺资源，成为乡村产业兴旺辐射中心。市场组织助力村庄搭建产业发展平台，可通过村企对接、村民群体带动、范围经济形成、产业集群吸引等路径帮扶乡村休闲农业与乡村旅游发展和壮大。在此过程中，市场组织充分展现其产业扶持效应、农民增收效应和区域发展效应。

丰台区王佐镇魏各庄村通过打造村企融合平台，为村庄经济发展整合了村域内外的各项资源，是市场组织助力型的典型代表。魏各庄村与丰台区旅游联盟、北京农商银行王佐支行及东方美高美国际酒店签订了战略合作协议，为魏各庄村进一步市场化发展搭建优质的平台。本着互利共赢、合作开发、聚集产业的原则，魏各庄村计划进一步利用村庄存量资产和土地资源，采取合资、合作、租赁、控股等多种形式，广泛开展对外合作，吸引多种经济成分，引进符合区域功能定位的战略性优势产业。

市场组织助力型适用于自有资源受限或发展遭遇周期性瓶颈的村庄。村集体在招商引资、产业运作、平台搭建等方面发挥作用不理想的情况下，引入更强、更灵活的市场主体参与，有助于在休闲农业与乡村旅游发展中发挥市场的决定性作用，并推动乡村振兴中的多方合作机制，实现乡村组织振兴。

上述北京市休闲农业与乡村旅游助推乡村振兴的主要模式与重点类型及其代表性案例、实践路径和适用条件见表5-1。

表5-1 北京市休闲农业与乡村旅游助推乡村振兴的主要模式与重点类型

主要模式	重点类型	代表性案例	实践路径	适用条件
产业振兴助推模式	产品驱动型	昌平区十三陵镇仙人洞村	依托特色产品资源，以"产品消费＋服务体验"为基本途径，通过单一产业链深化实现三产融合。	适用于有特色农产品种植或食品产业基础的村庄。产业基础是核心，产品市场是重点，主体能力是关键。
	乡村民宿引领型	门头沟区清水镇洪水口村	依托村内闲置农宅资源和优美的生态资源，建立"村、企、民"三方利益共同体，以民宿集群带动全产业链的发展。	适用于区位条件优越、生态环境优美、具有闲置房屋资源的村庄，资本投入是基础，特色理念是驱动。
	园区带动型	海淀区苏家坨镇柳林村	依托近郊区位优势，以"果蔬配送＋园区观光"双重途径实现产业振兴。	适用于城区、近郊或生鲜物流便利的村庄。充足资金和基建支持是起步的前提条件。
	综合创新型	密云区溪翁庄镇金叵罗村	依托综合创新平台，以多主体参与、多业态融合、多场景打造、多层次布局建设多元产业网络。	适用于休闲农业与乡村旅游发展的高级阶段，为前三类的进阶形态。

续表

主要模式	重点类型	代表性案例	实践路径	适用条件
人才振兴助推模式	本土培育型	密云区溪翁庄镇尖岩村	通过基础劳动力需求增加、技术人才培育及乡村治理人才成长等途径挖掘在乡人才的价值。	几乎适用于所有村庄。成效与产业发展模式、集体带动力量、综合发展态势密切相关。
	返乡创业型	门头沟区清水镇梁家庄村	通过资本返乡、资源盘活、家庭经营模式建立促进返乡人才融入产业链。	适用于初具产业发展基础的乡村。成熟的产业形态、良好的创业环境、丰富的民宿资源及完善的配套设施是前提条件。
	外来融合型	顺义区龙湾屯镇的分享收获农场	通过资源驱动、政策引导、平台吸纳引入外来新产业模式，辐射带动乡村休闲农业与乡村旅游发展。	除经济基础极为扎实的村庄外，几乎适用于所有村庄。不同产业振兴模式所适用的外来融合型存在差异。
文化振兴助推模式	农耕文化传承型	海淀区上庄镇西马坊村	以农耕文化为核心，以"农耕体验"为主要产品，开发"产、学、研、旅、食、宿"综合产业链，充分挖掘农耕文化经济价值。	主要适用于经济基础雄厚或是有外来资本介入的村庄。
	历史文化保护型	延庆区八达岭镇石峡村	以具象化、景观化、产品化等多种机制将历史文化融入休闲农业与乡村旅游产业链，打造"历史＋景观""历史＋产品""历史＋民宿"等多种产品模式。	适用于有着丰富历史文化资源的村庄。
	自治文化彰显型	怀柔区渤海镇北沟村	以集中村民凝聚力、提升集体服务能力、改善生产生活环境为途径，为休闲农业与乡村旅游发展提供文化支撑。	适用于强势有力的村集体领导组织。
生态振兴助推模式	污染治理型	平谷区大兴庄镇西柏店村	以基础治理、循环治理、模式适配、科技治理为途径，从生产、生活、生态等多方面着手全面整治环境污染。	几乎适用于所有村庄，成效因环境基础条件、主体参与程度、休闲产业模式和技术资源禀赋等特征而异。

续表

主要模式	重点类型	代表性案例	实践路径	适用条件
生态振兴助推模式	景观提升型	门头沟区清水镇下清水村	以微型景观打造、配套设施美化、生态景观重塑为途径，通过组织带领、村企对接、专业团队介入全面提升景观环境。	适用于基础条件落后、景观资源丰富或设计理念先进的村庄。村集体组织起着不可替代的"主心骨"作用。
	资源改良型	延庆区康庄镇太平庄村	以返自然化、绿色生产、科技赋能为途径，多以园区主体为推手改良自然资源。	适用于有着农产品市场需求推力或专业技术推力的村庄。以"外来资本＋科研机构"的双核主体为推手实践。
组织振兴助推模式	集体组织引导型	昌平区十三陵镇康陵村	以三套班子为核心，实现党政治组织增力、村自治组织增能、合作社经济组织增效的共治局面。	适用于集体经济实力雄厚或领导能力卓越的村庄。多元集体组织的建立是基础。
	市场组织助力型	丰台区王佐镇魏各庄村	以市场组织为推力为乡村注入稀缺资本、推进市场化进程及扩展产业发展空间。	适用于自有资源受限或发展遭周期性瓶颈的村庄。村集体招商引资、产业运作、平台搭建等能动作用的发挥是前提。

二、有效助推的规律性特点

剖析案例发现，休闲农业与乡村旅游有效助推乡村振兴是有规律可循的，主要可以表现为以下四个方面的规律性特点：

（一）两大切入点

发展休闲农业与乡村旅游主要有两大切入点，即卖出有形的产品和无形的服务，通过市场交易实现产品和服务的价值增值，进而推动整个产业发展。休闲农业与乡村旅游将两者紧紧联系在一起，两者相互重合的内容非常多，发展休闲农业与乡村旅游的关键在于有"货物"可以售卖，这些"货物"既包括涉农产品又包括旅游服务。

一是围绕"产品"做文章。从事休闲农业与乡村旅游的各类经营主体不仅需要生产出优质原生态的农产品，还要将特色农林牧渔初级农产品加工成游客可品尝、可观赏、易携带的商品，开发成伴手礼等特色产品。

二是围绕"服务"做文章。从事休闲农业与乡村旅游的各类经营主体除了提供产品，还可以提供休闲、体验等服务，根据不同人群的休闲需求，瞄准吃住行、游购娱，发展研学教育、田园养生、亲子体验、拓展训练等乡村休闲旅游项目，推动农田游、森林游、瓜果游、花卉游、渔业游等发展。通过产品开发和服务供给去拓展景观农业、农事体验、观光采摘、特色动植物观赏、休闲垂钓等业态，丰富乡村发展元素，助推乡村振兴。

（二）三大前提

休闲农业与乡村旅游有效助推乡村振兴离不开三大前提，即特色资源禀赋、多元经营主体和创新发展理念。这三大前提是缺一不可且相辅相成的，是休闲农业与乡村旅游能否突破发展桎梏的三大核心要素，能够解决休闲农业与乡村旅游"依靠什么发展"、"谁来发展"和"怎样发展"三个核心问题。

特色资源禀赋。特色资源可以是风光秀丽的自然资源，如秀美山峰、湖泊河流、草原湿地等，归纳起来就是山水林田湖草沙冰系统，这是休闲农业与乡村旅游发展的一项重要资源支撑。特色资源还可以是底蕴深厚的人文资源，如古村落、古民居、旧码头、庙宇、古商道、亭台楼阁等建筑景观资源，欢庆的民俗节日活动、多样的民族特色美食、绚丽的民族服饰等民俗民族风情资源，民间故事、书画艺术等历史文化资源，这是休闲农业与乡村旅游发展的另一项重要资源支撑。一般来说，拥有某些特色资源的村庄或县域发展休闲农业与乡村旅游才会具有比较优势，"人无我有，人有我特"足以降低一个产业的发展门槛。

多元经营主体。休闲农业与乡村旅游是近些年兴起的新业态，同样面临着乡村振兴中的人才供给不足难题。不是随便一个普通农户或有农业情怀的企业家都能吃上休闲农业与乡村旅游这碗"饭"的。由于休闲农业与乡村旅游有着多种发展模式，不同发展模式适宜不同类型的经营主体，因而休闲农业与乡村旅游必然要求经营主体类型是多元化的。例如：家庭在兴办农家乐和渔家乐、开办民宿、提供小规模餐饮服务等方面具有优势，而实际上也确实是家庭经营农家乐、民宿更为普遍。农民合作社、企业等主体则更多地参与休闲农业与乡村旅游园区建设、风景区服务、文化展览等业态，因为它们更具有资金优势和专业优势。另外，农村集体经济组织参与休闲农业与乡村旅游的现象也日益增多，它们充分发挥"统"的作用：一方面组织村内众多小规模经营户按约定规则去开展业务；另一方面引导村内村外经营主体开展联合与合作，有条件的村级集体经济组织甚至自主发展休闲农业与乡村旅游，增加村集体收入。总体上，发展休闲农业与乡村旅游既需要依靠本土的经营主体，又需要依靠外来的经营主体。

创新发展理念。休闲农业与乡村旅游要想成功发展必须面向市场需求，各类经营主体参与休闲农业与乡村旅游不能守着特色资源"坐吃山空"。由于休闲农业与乡村旅游业态多、门槛低，一些地区出现千军万马闯休闲农业与乡村旅游的现象并非特例。因此，发展休闲农业与乡村旅游更应当应用新技术、开发新产品、开拓新市场，引入现代管理方式，创新经营理念。通过创新理念去指导休闲农业与乡村旅游的具体发展实践，将创新融入产品开发和服务供给，提升市场契合度。只有经得起市场检验的休闲农业与乡村旅游经营主体、经营业态和经营模式，才能具有持久的发展后劲。

（三）四种驱动

休闲农业与乡村旅游要想保持持久生命力，就要走多轮驱动的发展之路。综合来看，发展休闲农业与乡村旅游要坚持凝聚人心、整合资源、创造效益、共同富裕四轮驱动，并且这四种驱动必须一并运转起来才能发挥最佳效果。

一是以组织为驱动，凝聚人心。发展休闲农业与乡村旅游需要依靠各类型经营主体，要提高经营主体的组织化水平，形成合力，甚至要组建区域层面的休闲农业与乡村旅游经营者联盟，以便实现资源共享、机会分享、客群互通和服务协同，共同分享休闲农业与乡村旅游发展红利。要根据各地休闲农业与乡村旅游经营主体的培育情况，适时推动创建家庭农场协会、民宿协会、合作社联合社、企业联盟等；同时也应充分发挥农村集体经济组织的功能，以村集体名义聚集村内分散的休闲农业与乡村旅游参与者，联合打造品牌和提升休闲服务质量。

二是以资源为驱动，整合资源。发展休闲农业与乡村旅游需要以特色资源为基础，既要适应乡村熟人情感网络又要充分利用市场机制，整合乡村拥有的特色自然资源、文化资源、民俗资源等，推动资源形成产品、产品转为商品、商品创造收益的过程顺畅有序。整合资源要与休闲农业与乡村旅游发展需要相结合：适宜在村庄内部整合的就在村内整合；适宜在乡镇层级整合的就在镇域内整合；如果休闲农业与乡村旅游的产业规模较大、市场半径较广，则应探索在区级甚至更上一层级整合资源。

三是以营利为驱动，创造效益。发展休闲农业与乡村旅游是为了创造收益共同得利，不论是对经营主体、村庄、乡镇还是区，休闲农业与乡村旅游作为一个产业，要成为经济增长点才能有生命力可言，这就要求休闲农业与乡村旅游是能够创造效益的，经营者和管理者都能直接或间接从中受益。对经营者来说，如果不盈利，他们终将"用脚投票"——抛弃休闲农业与乡村旅游。对管理者来说，如果不能提供更多就业机会，不能成为强村富民产业，他们也不会将有限的政府公共资源用于支持休闲农业与乡村旅游。效益是休闲农业与乡村旅游的根本驱动力。

四是以善治为驱动，共同富裕。休闲农业与乡村旅游发展涉及经营主体的规范管理和经营收益的合理分配，这是休闲农业与乡村旅游稳健运转的机制保障。要规范管理经营主体，引导经营主体合作发展，避免同业无序竞争和同行恶意踩踏，共同做大"蛋糕"。各类经营主体要遵守所在村庄或社区的竞争规则和村规民约，共同营造和维护健康良好的发展氛围，协同助力营商环境优化。要构建紧密利益联结机制，创新村企合作模式，鼓励农村集体经济组织通过出租、入股合作等形式与社会资本合作，探索"农民＋合作社＋龙头企业""土地流转＋优先雇用＋社会保障""农民入股＋保底收益＋按股分红"等利益联结方式，推动村集体、村民和企业建立稳定合作关系、形成稳定利益共同体，促进共同富裕。

（四）三个落脚点

休闲农业与乡村旅游具有多种功能和多重价值，横跨一二三产业，融合历史现实理想，融通工农城乡，兼容生产生活生态。发展休闲农业与乡村旅游的落脚点在于生产生活生态"三生合一"及其提升。较为成功"助推"的村庄一般都紧紧抓住了以下三大落脚点：

一是带动涉农产品销售、提升生产效益。休闲农业与乡村旅游是乡村产业兴旺的一个重要方向，已经从特色生态农产品种植跨入了农产品加工并向乡村旅游服务延伸，极大地延长了乡村产业链条，农民就业空间变得更广，就业自由度变得更大，实现了居家就业创收。城镇的一些返乡下乡入乡人员找到了创业创新的新领域新内容。据农业农村部休闲农业与乡村旅游发展情况调查，2021 年北京市休闲农业与乡村旅游带动农产品销售收入 10.1 亿元，占休闲农业与乡村旅游营业收入三成。可以说，发展休闲农业与乡村旅游实现了"村村有产业，户户有项目，人人有收入"。

二是促进农民增收，提升生活品质。随着农村人居环境改善、美丽乡村建设、休闲村庄建设等一系列重大乡村基础设施建设项目实施叠加推进，村庄环境变得更加优美，生活设施变得更加完备，日常服务变得更加便利，农村居民的生活水平、生活品位跟城镇居民的差距在逐渐缩小，个别地区甚至超过了城镇。据农业农村部休闲农业与乡村旅游发展情况调查，2021 年北京市休闲农业与乡村旅游带动农民就业 3.38 万人，同比增长 7.31%；从事休闲农业与乡村旅游的农民占从业人员数五成以上；从业人员年人均工资 3.29 万元，同比增长 11.15%。同时，休闲农业与乡村旅游的开放性也让城镇居民不仅"望得见山、看得见水"，还能住上农家房、吃上农家饭、干上农家活。可以说，发展休闲农业与乡村旅游改善了城乡居民的生活方式和生活质量。

三是壮大农村集体经济实力，提升生态价值。休闲农业与乡村旅游的底色是生态绿色，郊区是休闲农业与乡村旅游发展的主战场，不仅为城区提供着生态农产品，还提供着城市绿肺和休闲场所，提供着优美的生态环境。农村集体经济组织是保育乡村生态的重要载体。北京依托村集体经济组织，积极践行"两山"理论，聚焦生态资源变为生态产品，探索保育乡村生态促农增收的绿色路径，实现生态富民。据北京市统计局资料，2020 年北京市已完成集体产权制度改革的 3 957 个村集体中有 36.5%实现了股份分红，而实现分红的村集体绝大多数都领办、合办了休闲农业与乡村旅游相关的经营业务。

第四节　条件薄弱村庄以休闲农业与乡村旅游助推乡村振兴的可行途径

现实中北京市大多数村庄并不完全具备休闲农业与乡村旅游有效助推乡村振兴的三大前提（特色资源禀赋、多元经营主体和创新发展理念），要如何在实现前提缺乏的情况下发展是当前亟须解决的问题。课题组基于调研案例的理论归纳，梳理了不同类型的条件薄弱村庄通过发展休闲农业与乡村旅游推动乡村振兴的可行性经验。

一、资源禀赋匮乏型村庄

资源禀赋匮乏型村庄是北京市最普遍的村庄类型。北京市作为政治文化中心，资金充足、市场广阔，在资源上本该具有天然的优势，但是土地指标的制约、乡村文化的待开发、生态环境的破坏使得很多村庄在资源上面临着掣肘。因此，对于资源禀赋匮乏型村庄，需要根据其匮乏的资源具体分析其发展的方式。

北京市村庄缺乏的资源主要包括两方面：一方面是自然资源，如山水林田湖草沙冰等任何一种特殊的自然景观；另一方面主要是人文资源，如文化古迹、风俗习惯、传说历史等。因此，我们可以将北京市所有村庄划分为四类：资源充足型、自然资源匮乏型、人文资源匮乏型、资源深度匮乏型（见图 5 - 2）。通过充分利用其优势资源，挖掘其内生资源，可以实现资源禀赋匮乏型村庄的内生发展。

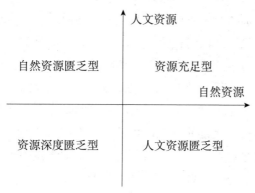

图 5 - 2　基于资源禀赋维度的村庄分类

（一）自然资源匮乏型

对于自然资源匮乏型村庄，关键在于发挥其人文资源的优势，提升自然资源附加价值。北京市许多村庄并不具备良好的自然资源，但是却具有良好的文化传统，尤其是京味文化、红色文化、农耕文化等。对于这一类村庄，一方面要挖掘可以利用的自然资源，例如通过生态修复、景观建设提升自然资源基础；另一方面，侧重在已有文化资源的基础上，从产品和服务两大切入点着手进行开发，通过文化产品和文化服务驱动休闲农业与乡村旅游发展。

首先，可以通过文化产品、文化服务切入休闲农业与乡村旅游。文化资源是北京市一大资源优势，也是休闲农业与乡村旅游最有价值的资源。缺乏自然资源的村庄，可以把产品的重心转移到文化资源上来。许多文化资源不依赖于土地、森林等实体环境，完全可以从村史博物馆中走出来，从村民的口耳相传中显现出来。就文化产品而言，不符合环境要求的文艺挂件等可以外包加工，手工艺品等则可以直接在村内制作。文化服务同样可以单独打造，例如音乐表演、体育比赛等。因此，通过文化资源打造文化产品和文化服务可以成为自然资源匮乏型村庄的产业切入点。

其次，依托文化和服务，驱动文艺产业组织、整合自然资源、创造文化附加价值、引导村民文化建设。文化产品和文化服务打造完成之后，需要有足够的文艺产业组织来具体运行：一方面村庄的集体经济组织、外来企业可以同时进行文化产品服务的提供，另一方面可以通过当地公共文化组织如文艺协会等来丰富村庄的文化活动。人文资源同样可以和自然资源结合，将人文资源与自然资源匮乏型村庄相对稀缺的自然资源相结合，可以起到增加自然资源附加值的作用。当然，最重要是要实现收入和村庄治理的两大驱动：一方面打造文化产品和服务的高附加值，提高村民收益；另一方面通过村民建设村庄文化，促进村民善治氛围，实现共同富裕。

例如门头沟区清水镇下清水村，本来经过多年的矿业发展，自然环境遭到了严重破坏，但是村庄有着光辉的红色历史，有着丰富的红色文化。一方面，下清水村积极修复生态环境，填平了大部分矿洞，将少部分矿洞加以改造，使之成为景点；还进行了大量的景观作物种植，美化了环境。另一方面，下清水村积极开发矿山文化和红色文化，如开发红军活动体验等项目。将这些特色文化作为自己产品和服务的内核，既减少了对于自然资源的依赖，又打造了自己区别于其他旅游景点的核心竞争力。

（二）人文资源匮乏型

对于人文资源匮乏型村庄，关键在于发挥其自然资源的优势，挖掘其潜在的人文资源。人文资源与自然资源具有明显的区别，自然资源大多数是无法被打造的或打造成本太高，例如山峰、河流、湖泊等。但是人文资源的引进或者挖掘成本并不高，大多数一次性投入后由于互联网等技术的运用，边际成本较低甚至趋于零。因此，人文资源匮乏型村庄完全可以实现与资源充足型村庄相似的发展道路，一方面挖掘可能存在的人文资源，另一方面充分发挥自然资源丰富的优势。

首先，可以通过自然资源产品服务带动人文资源产品服务。在人文资源匮乏型村庄，土地、森林、湖泊等自然资源往往存量充足，但是却缺乏有效的建设和利用。尤其是受制于北京市用地政策、环保政策的要求，大多数处于待开发状态。但是，这些富有乡土气息的农田、风景秀丽的山川湖泊本身就具有一定的文化性质，村庄完全可以通过软性文化的开发来发挥其附加价值。例如，可以避免在农田进行游乐设施的建设而打造农耕体验项目，进行农耕文化讲解，这样既充分利用了农地自然资源又带动了农耕文化产品开发。

其次，可以通过平台型组织驱动，实现自然资源为主、人文资源为辅创造收益。人文资源匮乏型村庄需要平台型组织充分利用自然和人文两种资源，先利用丰富的自然资源确立休闲农业与乡村旅游优势，再利用可以挖掘的人文资源增加产品和服务价值。一般而言，平台型组织可以在人文资源匮乏型村庄发挥更强的作用，因为一方面良好的平台可以挖掘村庄内生文化，另一方面可以通过引进外来文化打造自身的特色文化。尤其是外来文化结合村庄内生自然资源往往可以产生巨大的利润空间。

例如密云区溪翁庄镇尖岩村自然资源得天独厚，村庄却缺乏特色产业、特色文化。但是尖岩村通过打造"栗子宴"的方式，将栗子种植这一自然资源打造出人文资源"栗子文化"。尖岩村靠近密云水库，附近自然资源得天独厚，土层深厚、空气湿润、排水良好、土壤肥沃，非常适合种植油栗。但是单纯的栗子种植景观或者栗子销售并不能吸引游客。通过打造符合城市游客审美的"栗子宴"，尖岩村连续 3 年开展移民风情文化节活动，较好地带领村民重温传统文化之魅力。最终，尖岩村实现了民俗户年接待游客近万人次，大大加快了村民的增收步伐。

（三）资源深度匮乏型

对于资源深度匮乏型的村庄，关键在于整合闲置资源、实现资源有效利用。资源深度匮乏型的村庄在自然资源和人文资源两方面都不具有很大的优势，但是往往这些村庄有很多闲散的资源，例如闲置的房屋、留守的老人、分散的农田。但是将这些看似离散的要素组合起来，往往能够打造出一至两个拳头产品和服务。而这些拳头产品和服务可以进一步带动村民收入增加、人才返乡，促进村庄资源进一步丰富，实现良性内生发展。

首先，资源深度匮乏型的村庄要活跃僵化资产，集中优势资源。村庄不可能完全没有任何方面的资源，所谓的完全匮乏事实上只是缺乏成体系的资源优势，或者存在不少看似无用的僵化资源。但是通过良好的资源组合，僵化资产完全可以被打造为一定的资源优势。即便没有优美的自然景观，也可以打造村庄民宿景观；没有丰富的历史文化，还可以引进外来文化。因此，通过村庄闲置资源的利用，挖掘村庄资源组合，集中优势资源，打造拳头产品是资源深度匮乏型村庄发展休闲农业与乡村旅游的主要路径。

其次，资源深度匮乏型村庄往往需要外来资本驱动，促使村庄识别激活自身僵化的资源，打造村庄特色产业盈利点。由于村民长期生活在本地，对村庄资源习以为常，资源深度匮乏型村庄可能无法依靠自身识别僵化资源。因此，往往外来资本能够带来不一样的理念，将村庄被忽视的资源整合起来，实现村庄内生发展。当然，外来资本本身也会带来大量的资源，在一定程度上弥补资源深度匮乏型村庄对于一些关键资源如资金等的需求。

例如怀柔区渤海镇北沟村，本来是一个名不见经传的小山村，既没有特别靠近慕田峪长城，村庄的生态环境还因为长期从事琉璃瓦生产遭到了严重破坏，且缺乏村庄自身的特色文化。但是在外来投资者的示范下，本村村民也加入到民宿建设中来。通过整合村庄已有的瓦片厂等看似僵化的资源，打造了丰富的旅游文化产业，实现了乡村振兴。

二、经营主体薄弱型村庄

（一）市场主体薄弱型

市场主体最能够洞悉消费者需求、引入各类资源、打造创新理念，因而必须重视市场主体在休闲农业与乡村旅游发展中的作用。市场主体薄弱的村庄，首先要打造合适的市场主体，通过集体经济组织建设与外来组织引入相结合，从内外两方面打造市场主体。

首先，依靠集体经济组织带动市场主体。村庄集体经济组织是村庄直接参与市场的途径，通过集体经济组织，村庄一方面可以把已有的市场主体如个体民宿户、个体采摘园等集合起来，打造村庄整体市场；另一方面还可以通过集体经济组织成立诸如股份合作社等市场主体，参与村庄休闲农业与乡村旅游的整体规划经营。

其次，通过外来组织引入市场主体。外来组织往往是市场主体建立的最直接途径。大多数参与到休闲农业与乡村旅游的组织是农业企业通过引入有意愿发展的休闲农业与乡村旅游企业，尤其是平台型企业，可以较好地培育市场主体。这些企业可以带动一大批配套主体的发展如物流企业、民宿个体户等。

例如门头沟区清水镇梁家庄村，在传统的煤矿公司关闭、农副产品加工企业迁走后，经历了市场主体缺乏的阵痛。但是，梁家庄村以村委为引领，通过村企合作的模式，带动了村庄整体休闲农业与乡村旅游市场的发展，实现了大量村民再就业，涌现了各类市场主体。这就是既发挥村集体经济组织作用，又充分借助外来组织的成果。

（二）集体组织薄弱型

集体组织在休闲农业与乡村旅游中起到整合村庄资源、合理收益分配的重要作用。尤其是很多村庄依靠村"两委"引导，实现休闲农业与乡村旅游转型和发展，又依托村集体经济组织实现股份分红。因此，充分发挥集体组织作用，对于驱动休闲农业与乡村旅游实现共同富裕具有重要意义。

首先，充分发挥村"两委"的带动作用。大多数缺乏集体力量的村庄只是受制于产业发展、资源资金等缺乏集体经济组织，尤其没有充分发挥村"两委"的作用。通过村庄党建引领，发挥党员带头作用，大多数的村庄完全可以通过村集体组织来整合闲置资源、建设乡村环境、打造乡村文化。因此，即使缺乏集体经济组织的村庄，依然可以通过村"两委"的带动充分发挥集体力量。

其次，多元主体共同参与村庄建设。与市场主体薄弱型村庄类似，集体组织薄弱型村庄依然拥有较好的社会资源，可以引进外来资本，打造多元的村庄建设主体。如何协调多元组织参与建设主要在于两方面：一方面要坚持村党委的领导；另一方面要建设多元主体发挥作用的平台，平台既可以是村庄集体经济组织，也可以是股份有限公司等形式。

此外，要重视村民合理参与分配。一方面要关注各主体要素投入有合理回报；另一方面要重视村民利益得到合理保护，使村民能够在休闲农业与乡村旅游建设中得到应得之利。如果休闲农业与乡村旅游发展起来了，外来资本得到了回报，村民利益却受到损失，进而失去了村庄的主人翁地位，那么休闲农业与乡村旅游发展一定会再次遇到阻碍，同时这也违背了共同富裕的原则。

例如朝阳区金盏乡楼梓庄村，本身位于朝阳区城市近郊，工商企业颇多却缺乏集体经济组织，农业发展也一度出现困难。因此，在休闲农业与乡村旅游发展的大背景下，楼梓庄村通过与外来资本蓝调庄园合作，通过蓝调庄园发展休闲农业与乡村旅游，通过共建党支部确保村民利益，打造了 400 多亩薰衣草园，增加了村民收入的同时，实现了乡村组织振兴。

（三）外来组织薄弱型

部分村庄资源条件匮乏、地理位置不便，在招商引资、引进外来组织方面存在很大劣势。因此这类村庄必须着重于内生组织发展：一方面充分发挥村民自我积极性、主动性和创造性，充分利用村民资源；另一方面充分发挥村集体统筹作用，把一家一户办不好办不了的任务主动承担起来。

首先，要充分发挥村民积极性、主动性和创造性。虽然村庄缺乏招商引资优势，但可以充分调动村民自有资源，包括村民闲置的房屋、资金等有形资源，也包括人情关系、知识理念等无形资源。通过挖掘村民拥有的资源，许多村庄能够依靠自身实现良性发展，例如通过一两个大户或大学生引领整个村庄休闲农业与乡村旅游的发展。休闲农业与乡村旅游本身的发展门槛不高，通过带动示范效应、资源整合效应，完全可以实现从无到有、从弱到强的转变。而自我内生发展的实现也有利于改善招商引资条件。

其次，发挥村集体的统筹作用。单单依靠村民自身发展会存在很多问题，例如村民缺乏对于市场信息的洞察、易产生同质化竞争等。因此，村集体必须充分发挥协调者、统筹者的作用，规范村庄内休闲农业与乡村旅游主体的发展，为村庄整体休闲农业与乡村旅游的发展把握方向，尤其是在市场信息提供、休闲农业与乡村旅游宣传、村庄环境治理、市场环境监督等方面充分发挥作用。

例如延庆区刘斌堡乡山南沟村，位于延庆区生态涵养区附近，自然资源丰富却缺乏开发，也无充足的招商引资条件。但是山南沟村通过村民赵俊龙、赵青山等成立青山园民俗旅游专业合作社，在村庄发展立体农业和休闲农业与乡村旅游，充分开发了村庄的滩涂用地并发挥了返乡大学生的人才优势，实现了村庄的内生发展。

三、发展理念不适型村庄

（一）新发展理念贯彻不力型

贯彻新发展理念是乡村振兴对于休闲农业与乡村旅游发展的必然要求，缺乏新发展理念的村庄往往在休闲农业与乡村旅游发展过程中举步维艰。在休闲农业与乡村旅游的发展中，各个村庄要始终围绕创新、协调、绿色、开放、共享五个理念，通过理念打造具体的休闲农业与乡村旅游模式，而不是等遇到了实际困难再来调整发展理念。

调整理念中与创新理念不符合的部分。北京市如今的休闲农业与乡村旅游发展理念同质化严重，除了"住农家院、吃农家饭"外，真正能够因地制宜打造特色项目的村庄少之又少。这其中的关键还在于大部分村庄的发展理念与创新理念不符，照搬照抄发展优秀村庄的模式而缺乏自身的创新理念。因此休闲农业与乡村旅游发展落后的村庄，应及时调整发展理念中与创新理念不符合的部分，寻找村庄特色，既可以是独特的风景资源，也可以是奇特的人文文化。将这些特色以创新的形式展现出来，如特色产品、特色服务等，从而驱动休闲农业与乡村旅游持续内生发展。

调整理念中与协调理念不符合的部分。部分村庄在发展过程中，没有协调全体村民的利益。应该充分重视休闲农业与乡村旅游所有参与者的利益，协调休闲农业与乡村旅游参与者与村庄其他行业从业者的利益，将休闲农业与乡村旅游发展与村庄全面发展相结合。将休闲农业与乡村旅游作为村庄整体的战略规划，通过休闲农业与乡村旅游的发展带动全体村民增收、所有行业发展、总体环境改善，让村庄整体体现协调理念。

调整理念中与绿色理念不符合的部分。绿色发展是当前首都发展的重中之重，不符合绿色发展理念的项目往往被一票否决。因此，在休闲农业与乡村旅游的发展理念中，各个村庄都应该把绿色发展理念贯彻到发展的各个环节、各个方面。尤其是随着生态监测技术越发先进、生态保护政策持续收紧，许多尚未发展的村庄面临着起步难的现实。这就要求绿色理念要有所创新，不能局限于垃圾分类、资源利用等方法，更要因地制宜。比如当地基本农田要求高，可以结合有机农业进行发展，再比如当地林地保护政策严，可以发展林下经济。

调整理念中与开放理念不符合的部分。当前北京市休闲农业与乡村旅游主要还是面向本地市场，如何继续开放面向全国乃至国际的市场关系着休闲农业与乡村旅游能否做大做强。部分村庄发展的困境在于将市场局限在北京市区，将受众局限于北京市民。这就使得这些村庄在大量休闲农业与乡村旅游先进村庄已经发展的情况下，缺乏实际的客源。这部分村庄应该转换发展思路，进行市场细分，可以重点依托北京市周边地区打造特色市场；甚至可以依托北京市国际大都市的优势地位，致力于开拓国际市场。

调整理念中与共享理念不符合的部分。休闲农业与乡村旅游的发展是为了乡村振兴和共同富裕，因此必须坚决贯彻共享的发展理念。尤其是发展较为落后的村庄，在发展过程中决不能急于求成而忽视村民的共享权益，不能追求总体经济指标而忽视了公平。在休闲农业与乡村旅游发展之初，就应该重点设计公平合理但富有积极性的分配制度，避免发展后期因分配问题走向衰落。

例如房山区石楼镇大次洛村，在发展中始终以"生态、环保、可持续发展"为理念，创新林下资源的有效载体，通过中草药种植、无公害蔬菜种植、青少年科普、户外拓展、林中木屋、餐饮娱乐、农耕体验等项目实现了休闲农业与乡村旅游发展；同时解决了周边乡村妇女的就业问题，通过现代农业示范基地建设，带动农户 500 多户，安排就业 600 多人（其中妇女 480 人），户均年收入达到 20 880 元，取得了很好的社会效益及经济效益。可以看出大次洛村至少在创新、协调、绿色、共享四个维度上充分贯彻了新发展理念。

（二）经营理念相对落后型

经营理念相对落后的村庄往往需要调整理念，以与政府的政策和市场的趋势相符，否则将缺乏长期发展的核心竞争力。在所有的发展理念中，经营理念决定着休闲农业与乡村旅游是否能够生存和发展壮大，经营理念是休闲农业与乡村旅游发展的生命力。因此，一方面要调整休闲农业与乡村旅游经营理念中不符合市场规律的部分，把握市场发展规律；另一方面要调整休闲农业与乡村旅游理念中与政策导向不符合的部分，控制政策风险。

调整经营理念中不符合市场规律的部分。休闲农业与乡村旅游本身是一个产业，因此休闲农业与乡村旅游的发展也必然要贯彻市场规律。许多村庄休闲农业与乡村旅游发展困难的原因在于没有充分尊重市场规律，盲目加入又缺乏市场经验，最终导致亏损。对于这些村庄，要及时调整经营理念中不符合市场规律的部分，在发展休闲农业与乡村旅游之前及时做好市场调研、把握行业发展动态。要打造符合消费者需求的产品和服务，对于参与休闲农业与乡村旅游的要素按市场贡献合理分配。

调整经营理念中不符合政策导向的部分。休闲农业与乡村旅游目前还是一个有着明确政策目标和严格政策导向的行业，尤其是在土地用途、环境保护等方面有着严格的要求。因此部分村庄也受制于政策约束，缺乏发展的动力。这些村庄应该避免与现行政策发生冲突，及时准确把握政策动向，利用自身能动性在政策允许下发展休闲农业与乡村旅游，将政策风险控制在合理范围内。同时地方政府也应该及时与经营村庄和经营主体沟通，及时传达政策意见，避免信息不对称。

例如朝阳区蟹岛度假村，发展初期因为最早加入有机农业，盈利颇多。但是由于对于市场规律把握不清和土地政策重视不够，随着竞争对手增多、成本上升、大棚房整治等，蟹岛慢慢进入了亏损状态。如今随着蟹岛投资全新产业，休闲农业与乡村旅游不断规范整合，蟹岛的盈利能力在市场规律下逐步恢复，政策风险也逐渐收拢到可以控制的范围内。

上述不同类型的条件薄弱村庄通过发展休闲农业与乡村旅游推动乡村振兴的模式梳理见表5-2。

表5-2 条件薄弱村庄通过发展休闲农业与乡村旅游推动乡村振兴的模式

基本类型	关键特征	主要对策	代表案例
自然资源匮乏型	不具备良好的自然资源，但具有良好的文化传统。	（1）通过文化产品、文化服务切入；（2）依托文化和服务，驱动文艺产业组织、整合自然资源、创造文化附加价值、引导村民文化建设。	门头沟区清水镇下清水村修复生态环境，重点通过开发矿山文化和红色文化弥补环境不足。
人文资源匮乏型	不具备良好的人文资源，但具有良好的自然资源，人文资源可以打造。	（1）通过自然资源产品服务带动人文资源产品服务；（2）平台组织驱动，实现自然资源为主、人文资源为辅创造收益。	密云区溪翁庄镇尖岩村依托本地适合种植栗子的自然环境打造了自身的"栗子文化"。
资源深度匮乏型	既不具备自然资源优势，也不具备人文资源优势，但是可以挖掘闲散资源。	（1）活跃僵化资源，集中优势资源；（2）外来资本驱动，带领本村识别激活僵化资源，打造村庄特色产业盈利点。	怀柔区渤海镇北沟村在外来投资者的示范下，通过整合村庄已有的僵化资源，打造了丰富的民宿产业。
市场主体薄弱型	缺乏本村市场主体，但是村庄集体经济组织和外来资源相对丰富。	（1）依靠集体经济组织带动市场主体；（2）通过外来组织引进市场主体。	门头沟区清水镇梁家庄村以村委为引领，通过村企合作的模式，带动了村庄整体休闲农业与乡村旅游市场的发展。
集体组织薄弱型	村庄集体组织发展较差，但是本村市场主体和外来资源等相对丰富。	（1）充分发挥村"两委"的带动作用；（2）多元主体共同参与村庄建设；（3）重视村民合理参与分配。	朝阳区金盏乡楼梓庄村通过与外来资本蓝调庄园合作，发展乡村休闲农业与乡村旅游，通过共建党支部保证村民利益。
外来组织薄弱型	资源条件匮乏、地理位置不便，在招商引资、引进外来组织方面存在很大劣势。	（1）充分发挥村民积极性、主动性和创造性；（2）发挥村集体的统筹作用。	延庆区刘斌堡乡山南沟村通过村民自办合作社充分开发了村庄的滩涂用地并发挥了返乡大学生人才优势，在村庄发展立体农业，实现了村庄的内生发展。

续表

基本类型	关键特征	主要对策	代表案例
新发展理念贯彻不力型	发展理念总体不符合新发展理念的要求。	及早调整经营理念中与创新、协调、绿色、开放、共享理念不符合的部分。	房山区石楼镇大次洛村创新了林下资源的有效载体，通过绿色发展和收益共享充分贯彻了新发展理念的创新、协调、绿色、共享四大理念。
经营理念相对落后型	发展理念中经营理念不符合市场规律。	调整经营理念中与市场发展趋势和政府政策规划不相符合的部分。	朝阳区金盏乡蟹岛度假村不断投资全新产业，规范整合休闲农业与乡村旅游，将市场风险和政策风险都及时化解。

第五节　本章小结

作为国内较早开始发展休闲农业与乡村旅游的城市之一，北京市休闲农业与乡村旅游具有独特的区位优势、丰富的生态资源、良好的现代农业基础和庞大的消费市场，其发展水平一直走在全国前列，在扩内需、促增长、惠民生、保稳定等方面发挥了重要作用。但是，随着京内外消费者对休闲农业与乡村旅游的需求层次不断提高和需求类型日趋多元化，北京市休闲农业与乡村旅游发展的压力逐渐凸显，在助推乡村振兴上也出现了不少问题与挑战。

一、助推乡村振兴面临的问题与挑战

（一）资源开发利用不够深入，内容创新不足

当前，消费者在对休闲农业与乡村旅游的产品质量、文化内涵、基础设施、生态环境、服务态度等方面提出要求的同时，越来越关注参与体验、健身养生、亲子活动、文化创意等新产品。但是，京郊现有的休闲农业与乡村旅游产业对资源要素的挖掘不够充分，产品开发仍旧粗放，"小、散、低"的问题没有得到根本性扭转。大量有价值的闲置农房、仓库、厂房等资源尚未开发利用；大量能体现出本地传统文化的元素尚未发掘包装；大量区域特

有资源、主打农产品和特色农业项目尚未塑造成精品，形成品牌效应的项目不多。依托农业观光园和民俗旅游的经营形式占主导地位，文化娱乐、主题感受等休闲类产品明显不足。休闲农业与乡村旅游产品创新总体滞后于消费需求的升级，这导致休闲农业与乡村旅游助推乡村振兴的内容还不够丰富，助推抓手与方向有待进一步创新。

（二）集体经济组织实力偏弱，载体激励不足

农村集体经济是社会主义公有制经济的重要成分，是实现乡村共同富裕的制度保障。而休闲农业与乡村旅游的发展需要依托大量农村集体资源，其产生的集体性收益和分配更需要依靠集体经济组织的参与和管理。但北京市农村集体经济组织资源禀赋差异较大，经济实力参差不齐，特别是仍然有相当一部分村集体资源条件与经营收入较差，参与市场竞争的能力不强，导致在多方合作中的话语权缺失，未能在休闲农业与乡村旅游的发展中充分发挥引领共建的作用。多数村集体经济组织和村内休闲农业与乡村旅游项目的利益联结相对松散，带动农民增收的方式主要体现在土地租赁、订单收购、劳动雇佣等方面，集体资源和资产没有得到合理的收益回报。村集体作为休闲农业与乡村旅游助推乡村振兴的重要载体，在协调村民、外来投资者等各方形成利益共享、风险共担的真正的利益共同体上存在明显的激励不足。

（三）专业人才培育缺口明显，动能储备不足

在农民老龄化、农村空心化的大背景下，北京市休闲农业与乡村旅游也面临着从业人员老龄化、妇女化、低质化的挑战，其受教育水平、专业技能、综合素质普遍不高，服务质量也往往难以达标。北京市"三农普"数据显示，80％的休闲农业与乡村旅游园区服务人员为当地或外地的农民，具有大专及以上学历的不到10％，60％以上的经营者缺乏必备的从业技能训练。这导致休闲农业与乡村旅游产业中，小规模创业者经营思路不开阔，中大规模经营者难以吸引到高素质人才加盟。在市场规划和运营宣传方面，休闲农业与乡村旅游专门性人才缺失问题尤为严重。此外，"未来谁来从事京郊休闲农业与乡村旅游"的问题日益紧迫，有70％的休闲农业与乡村旅游经营者认为招聘不到年轻人来就业，绝大多数50岁以上的休闲农业与乡村旅游经营者表示子女不愿意"接班"。这些都大大影响了休闲农业与乡村旅游高质量发展的人才储备，削弱了休闲农业与乡村旅游助推乡村振兴的核心动能。

二、有效助推乡村振兴的主要政策需求

（一）配套政策的稳定性和协调性有待加强

休闲农业与乡村旅游的进入门槛总体上还不高，很多经营者都是京郊当地农户，对政策了解不多，往往根据过去的或者熟人的经营经验进行项目建设。但随着政府部门在休闲农业与乡村旅游经营相关领域管理规范程度和执法力度的增强，不少经营欠规范的主体跟不上政策优化的脚步而受到了一定程度的损失。同时，休闲农业与乡村旅游发展往往涉及农业农村局、财政局、文化和旅游局、规划和自然资源委员会等多个部门，而不同部门由于资源开发导向及任务目标不同，要有效发挥休闲农业与乡村旅游对乡村振兴的助推作用，亟须具有更好的稳定性和协调性的相关配套政策。

（二）人才政策的针对性和完备性有待加强

人才短缺已经成为制约北京市休闲农业与乡村旅游发展的重要因素之一。诸如保洁、管家、配送、餐饮、文创等方面休闲农业与乡村旅游的配套服务人员也需要经过严格的训练才能胜任，在没有经过正规培训的情况下，休闲农业与乡村旅游项目带给游客的体验往往较差。同时，仅有33％的经营者认为自己和项目从业人员曾接受过有针对性的培训，受到了社保、减税等人才政策的支持。因而亟须面向休闲农业与乡村旅游出台一套涉及人才培育、人才回流、人才引进等多方面的相对完备的优惠政策，让村里的人能发展、外来的人留得住。

（三）用地政策的实用性和创新性有待加强

大量休闲农业与乡村旅游项目由于缺乏建设用地指标，停车场、休闲体验场所、卫生间等设施的建设受到制约，对放宽用地政策的需求尤为迫切。调查发现，45％的经营者认为当前用地政策还不太明朗，希望加强用地政策的适用性和创新性。明晰土地政策，对稳定休闲农业与乡村旅游经营预期、拓宽乡村振兴的产业空间具有重要意义。

◄◄ 第六章 ►►

乡村振兴背景下首都休闲农业与乡村旅游：
外来投资重要吗？

近年来，在国家实施乡村振兴战略的大背景下，休闲农业与乡村旅游快速发展，并逐步成为农村一二三产业融合发展的代表性产业。国家发展改革委发布的《农村一二三产业融合发展年度报告（2017 年）》显示，2017 年预计全国休闲农业与乡村旅游经营收入超过 6 200 亿元，年接待游客 22 亿人次；全国从事休闲农业的人员达到 900 万人，带动 700 万户农民从中受益。可见，休闲农业与乡村旅游对于加快农业供给侧结构性改革、建设生态美丽乡村和促进农民就业创收均发挥着重要作用①。进一步的经验研究还表明，休闲农业与乡村旅游的发展对第一、第三产业转型升级具有积极的"牵动"和"促动"效应②；对于农户的非农收入增加③、农民脱贫和可持续生计发展④，以及缓解城乡经济不平衡⑤等多个方面均具有明显的积极意义。

当然，已有研究也发现新时代休闲农业与乡村旅游的发展面临着诸多现实困难与体制机制障碍。经营模式同质化⑥、专业人才短缺⑦、资源约束增

---

① 胡鞍钢，王蔚.乡村旅游：从农业到服务业的跨越之路 [J]. 理论探索，2017 (4)：21-27.

② 宁泽群.农业产业转型与乡村旅游发展：一个乡村案例的剖析 [M]. 北京：旅游教育出版社，2014；袁中许.乡村旅游业与大农业耦合的动力效应及发展趋向 [J]. 旅游学刊，2013 (5)：80-88.

③ 赵磊.旅游发展能否减小城乡收入差距?：来自中国的经验证据 [J]. 旅游学刊，2011 (12)：15-25.

④ 王彩彩.京津冀休闲农业与乡村旅游数字脱贫机制 [J]. 社会科学家，2018 (9)：97-105；史玉丁，李建军.乡村旅游多功能发展与农村可持续生计协同研究 [J]. 旅游学刊，2018 (2)：15-26.

⑤ LIU J，NIJKAMP P，LIN D. Urban-rural imbalance and tourism-led growth in China [J]. Annals of tourism research，2017，64 (3)：24-36.

⑥ 周玲强.中国旅游发展笔谈：乡村旅游助推乡村振兴 [J]. 旅游学刊，2018 (7)：1.

⑦ 樊志勇，沈左源.以供给侧改革打造乡村旅游升级版 [J]. 人民论坛，2018 (9)：92-93.

强[①]、体制机制不畅[②]等问题一直存在，致使某些地区休闲农业与乡村旅游陷入了瓶颈期。以北京市为例，作为全国政治、文化中心和超大城市，北京市具备良好的自然资源条件和政策环境支撑，也是我国最早发展休闲农业和乡村旅游的城市之一，而正如前文所述，该产业目前面临的挑战也较为突出。

对此，无论是 2015 年以来的历年中央一号文件，还是国务院办公厅关于加快转变农业发展方式、推进农村一二三产业融合发展、进一步促进旅游投资和消费、支持返乡下乡人员创业创新促进农村一二三产业融合发展的四个意见和 2018 年发布的《乡村振兴战略规划（2018—2022 年）》，抑或是各部委单独或联合出台的关于推动全国休闲农业与乡村旅游的文件，都直接或间接地提出要调动社会资本，撬动和引导更多外部资源支持休闲农业与乡村旅游。很多地方政府更是直接针对休闲农业与乡村旅游产业出台了不少招商引资政策。这为大量外来资本进入乡村、涌向休闲农业与乡村旅游产业提供了机遇。不少国内外研究发现，政府的支持政策对休闲农业与乡村旅游的整体发展确实能起到积极作用[③]；但是在鼓励外来投资进入的效果上，无论是国内的案例[④]，还是西班牙、南非、伊朗、澳大利亚等国的案例[⑤]都显示，休闲农业与乡村旅游经

---

① 于法稳. 我国乡村旅游发展的动因、问题及政策建议 [J]. 企业经济，2017 (8)：5 - 10.

② 孟凯，李佳宾，陈险峰，等. 乡村旅游地发展过程中"公地悲剧"的演化与治理 [J]. 旅游学刊，2018 (8)：19 - 28.

③ FLEISCHER A，FELSENSTEIN D. Support for rural tourism：does it make a difference? [J]. Annals of tourism research，2000，27 (4)：1007 - 1024.

④ ZHOU L，CHAN E，SONG H. Social capital and entrepreneurial mobility in early-stage tourism development：a case from rural China [J]. Tourism management，2017，63 (6)：338 - 350；YING T，ZHOU Y. Community，governments and external capitals in China's rural cultural tourism：a comparative study of two adjacent villages [J]. Tourism management，2007，28 (1)：96 - 107；TANG S，SEL-VANATHAN E A，SELVANATHAN S. The relationship between foreign direct investment and tourism：empirical evidence from China [J]. Tourism economics，2007，13 (1)：25 - 39；ZOU T，HUANG S，DING P. Toward a community-driven development model of rural tourism：the Chinese experience [J]. International journal of tourism research，2014，16 (3)：261 - 271.

⑤ SASTRE J L. Tourism revenues and residential foreign investment flows in Spain：a simultaneous model [J]. Applied economics，2002，34 (11)：1399 - 1410；MAHONY K，VAN ZYL J. The impacts of tourism investment on rural communities：three case studies in South Africa [J]. Development southern Africa，2002，19 (1)：83 - 103；YAZDI S K，SALEHI K H，SOHEILZAD M. The relationship be-tween tourism，foreign direct investment and economic growth：evidence from Iran [J]. Current issues in tourism，2015，20 (1)：15 - 26；DALY M T，STIMSON R J，JENKINS O. Tourism and foreign invest-ment in Australia：trends，prospects and policy implications [J]. Geographical research，2010，34 (2)：169 - 184.

营效益的提升很大程度上还要受到当地社区相关的社会文化、集体行动与非正式制度等多方面因素的约束。那么，外来投资对休闲农业与乡村旅游发展是否真的那么重要，它究竟能发挥多大的作用？换言之，外来投资者能否"玩转"当地休闲农业与乡村旅游，其产业发展中是否也存在"外来和尚好念经"的现象？这就需要在乡村振兴的大背景下，厘清影响休闲农业与乡村旅游产业发展的关键因素，科学审视外来投资同休闲农业与乡村旅游发展的关系，方能为新时代首都休闲农业与乡村旅游的发展转型提供理论依据和政策建议。

第一节　理论分析

学界关于外来投资在各行业发展中所发挥作用的相关研究较为丰富，限于篇幅本章不再展开梳理。这里重点对外来投资同休闲农业与乡村旅游高质量发展之间的关系进行文献综述，并提出拟验证的假说。

一、外来优势：外来投资是否起作用？

目前，"外来者劣势"理论在制造业、商业、金融业等非农产业中被多次证明并已逐步成为共识①。在涉农领域，不少学者也有类似发现。相对于将工人聚集于一个空间内便于管理的工商业而言，休闲农业与乡村旅游产业的劳动者常常在广袤的农田、开放的村庄或者采摘观光园内工作，其劳动的速度和质量都无法有效监控②，进而产生"经典"的激励和监督问题③。同时，随着土地租金和雇工成本的走高，外来资本的利润率被快速压缩了，经营者容易陷入财务困境④。此外，外来资本在利用当地资源要素进行规模化经营时，

---

① 蔡灵莎，杜晓君，史艳华，等. 外来者劣势、组织学习与对外直接投资绩效研究 [J]. 管理科学，2015 (4)：36-45.
② 陈锡文. 把握农村经济结构、农业经营形式和农村社会形态变迁的脉搏 [J]. 开放时代，2012 (3)：112-115；MANN S A, DICKINSON J M. Obstacles to the development of a capitalist agriculture [J]. The journal of peasant studies，1978, 5 (4)：466-481.
③ 伯恩斯坦. 农政变迁的阶级动力 [M]. 汪淳玉，译. 北京：社会科学文献出版社，2011.
④ 黄宗智. 小农户与大商业资本的不平等交易：中国现代农业的特色 [J]. 开放时代，2012 (3)：88-99；贺雪峰. 小农立场 [M]. 北京：中国政法大学出版社，2013.

还经常会面临诸如与当地居民利益分配协调不充分①、与当地农民或从业者的互动不足②、与当地社会文化的融合不深入③等"水土不服"的问题。但是，也有学者从农业转型、产业融合及农业现代化的视角出发，对外来投资发挥的作用给予了肯定④。因为外来投资不仅能解决农业规模经营中最重要的资金来源问题⑤，还能促进农民增收⑥，优化村落空间布局、生态环境，建立新的村落符号和文化互动⑦，改善乡村治理⑧等。

可见，对于外来投资在休闲农业与乡村旅游发展中是否具有全方位的外来优势，已有研究并没有一致的答案。但仅从提升经营效益的角度而言，外来投资者往往较以农户为主的本地经营者具有更加雄厚的资本实力、更加先进的管理理念、更加规范的经营手段、更加完善的运营方式、更加稳定的客户来源以及更加优质的经营内容，从而具有更高的收益水平；并且不同来源的投资在同一区域内部将形成效力各异的综合作用，进而带来区域之间休闲农业与乡村旅游收益的差异⑨。可以推断，一个区域内外来投资者比重越高，该区域休闲农业与乡村旅游的经营收益就可能越高。大量政策实践也表明，外来投资确实能够在提升经营效益上发挥正面作用。这从各部委、各地方政府频繁出台针对休闲农业与乡村旅游产业招商引资政策的现象可见一斑。据此，我们提出假说 H1：在其他因素不变的情况下，外来投资可以促进同区

---

① 赵祥云，赵晓峰. 资本下乡真的能促进"三农"发展吗？[J]. 西北农林科技大学学报（社会科学版），2016（4）：17-22.

② 徐宗阳. 资本下乡的社会基础：基于华北地区一个公司型农场的经验研究 [J]. 社会学研究，2016（5）：63-87.

③ 吴冠岑，牛星，许恒周. 乡村旅游开发中土地流转风险的产生机理与管理工具 [J]. 农业经济问题，2013（4）：63-68.

④ 黄祖辉，王朋. 农村土地流转：现状、问题及对策：兼论土地流转对现代农业发展的影响 [J]. 浙江大学学报（人文社会科学版），2008（2）：38-47；仝志辉，温铁军. 资本和部门下乡与小农户经济的组织化道路：兼对专业合作社道路提出质疑 [J]. 开放时代，2009（4）：5-26.

⑤ 徐林强，童逸璇. 各类资本投资乡村旅游的浙江实践 [J]. 旅游学刊，2018（7）：7-8.

⑥ 罗明忠，唐超. 农地确权：模式选择、生成逻辑及制度约束 [J]. 西北农林科技大学学报（社会科学版），2018（4）：12-17.

⑦ 罗秋菊，冯敏妍，蔡颖颖. 旅游发展背景下民居客栈的空间生产：以大理双廊为例 [J]. 地理科学，2018（6）：927-934.

⑧ 王敬尧，王承禹. 农地制度改革中的村治结构变迁 [J]. 中国农业大学学报（社会科学版），2018（1）：35-46.

⑨ 徐振伟，朱增勇. 非洲的新圈地运动及对中国"一带一路"倡议的启示 [J]. 教学与研究，2018（5）：74-83；葛顺奇，罗伟. 外商直接投资与东道国经济增长：基于模仿与创新的研究 [J]. 世界经济研究，2011（1）：56-60.

域内休闲农业与乡村旅游的经营效益。

二、本地优势：本地乡村振兴程度是否有影响？

休闲农业与乡村旅游作为扎根于农业农村的融合型产业，是实现农业多功能性价值与游客体验需求多元性精准对接的重要平台，与乡村振兴战略的基本要求具有较好的耦合性[①]，因而它的发展水平必然受到多方面的影响。从需求侧看，游客满意度、出游意愿、消费者个体特征、消费动机等对休闲农业和乡村旅游发展起到了明显的驱动作用，其中需求方对休闲农业与乡村旅游产品的感知评价是最为重要的因素[②]。目前，学术界在这个角度的研究已经相当丰富，但对衡量当地乡村振兴程度的供给侧因素的关注还较为薄弱。事实上，随着乡村振兴战略的实施和深入开展，体现本地优势的乡村振兴各个维度都影响着当地休闲农业和乡村旅游的经营状况。概括来说，这些维度主要包括以下几个方面：一是与生态宜居水平息息相关的，如自然资源、景观特色[③]、地方基础设施及其附属设施建设情况[④]等；二是与乡村治理状况、乡风文明程度密不可分的，如村庄集体行动和组织领导能力[⑤]、获得政府干预和政策导向支持[⑥]、存在古村落和文化遗产[⑦]等；三是与该产业规范性、产业融合度、产业兴旺程度紧

---

① 蔡克信，杨红，马作珍莫. 乡村旅游：实现乡村振兴战略的一种路径选择 [J]. 农村经济，2018 (9)：22 - 27.

② 杨军辉，潘秋玲，徐冬平. 村寨型乡村旅游地游客满意度影响因素与机制研究：以西江千户苗寨为例 [J]. 资源开发与市场，2018 (3)：413 - 417；尹燕，周应恒. 不同乡村旅游地游客重游意愿的影响因素实证研究：基于江苏省苏南地区 [J]. 旅游科学，2013 (6)：83 - 92；唐德荣，杨锦秀，刘艺梅. 乡村旅游者重游决策影响因素实证研究：基于重庆市 510 位城市游客的调查数据 [J]. 农业技术经济，2010 (7)：78 - 83.

③ GAO J，BARBIERI C，VALDIVIA C. Agricultural landscape preferences：implications for agri-tourism development [J]. Journal of travel research，2014，53 (3)：366 - 380.

④ LOUREIRO S M C. The role of the rural tourism experience economy in place attachment and behavioral intentions [J]. International journal of hospitality management，2014，40 (5)：1 - 9.

⑤ TANG H，CLAIRE J E. Local leadership for rural tourism development：a case study of Adventa，Monmouthshire [J]. Tourism management perspectives，2012，4 (3)：28 - 36.

⑥ SRISOMYONG N，MEYER D. Political economy of agritourism initiatives in Thailand [J]. Journal of rural studies，2015，41 (5)：95 - 108.

⑦ KASTENHOLZ E，CARNEIRO M J，MARQUES C P，et al. Understanding and managing the rural tourism experience-the case of a historical village in Portugal [J]. Tourism management perspectives，2012，4 (3)：207 - 214.

密联系的，如是否为本地品牌的农产品[①]、有机农业发展程度[②]、是否为法人单位或是本地人经营等[③]、要素投入、经营规模和经营策略等[④]。可见，关注本地乡村振兴程度对休闲农业与乡村旅游发展的影响是十分必要的。从逻辑上看，鉴于出游便利性、舒适性等因素，消费者往往会更青睐交通卫生条件更好、相关产业融合程度更深、生态环境更宜居、乡风文化更淳朴浓厚的乡村作为休闲农业与乡村旅游的目的地[⑤]。因而本地乡村振兴程度越高，游客吸引能力将越强，休闲农业与乡村旅游的经营收益自然也越高。那么休闲农业与乡村旅游项目由谁投资经营的意义便会弱化。换言之，外来投资和本地乡村振兴程度都会对休闲农业与乡村旅游的经营收益产生正向促进作用，因此不考虑若干维度上的本地乡村振兴程度，可能会高估外来投资的作用。

进一步地，由于休闲农业与乡村旅游本身就是乡村振兴（特别是产业兴旺）的一个重要体现，因而休闲农业与乡村旅游发展基础将影响外来投资所能发挥作用的大小。文献研究表明，由于资本、信息、理念等因素的"外来性"特征，外来投资者与本地原经营户之间在要素投入、资源获取、文化融合、经营内容等方面是存在差异的，两者间的差异在影响休闲农业与乡村旅游经营收益方面将可能形成挤压效应[⑥]。即在休闲农业与乡村旅游发展水平越高的地区，外来投资者的"外来性"对其投资收益可能并不明显，甚至会对其生产效率、经营质量带来负面影响；相反，在休闲农业与乡村旅游刚刚起步的地区，外来投资的经济效果可能更好[⑦]。基于此，我们提出假说 H2：如果不剥离本地乡村振兴程度的影响，外来投资对休闲农业与乡村旅游经营收益的促进作用将会被

---

① OHE Y, KURIHARA S. Evaluating the complementary relationship between local brand farm products and rural tourism: evidence from Japan [J]. Tourism management, 2013, 35 (4): 278 - 283.

② KUO N, CHEN Y, HUANG C. Linkages between organic agriculture and agro-ecotourism [J]. Renewable agriculture and food systems, 2006, 21 (4): 238 - 244.

③ KOMPPULA R. The role of individual entrepreneurs in the development of competitiveness for a rural tourism destination: a case study [J]. Tourism management, 2014, 40: 361 - 371.

④ CHEN L C, LIN S P, KUO C. Rural tourism: marketing strategies for the bed and breakfast industry in Taiwan [J]. International journal of hospitality management, 2013, 32: 278 - 286.

⑤ 熊剑平，刘承良，颜琪. 城郊农村居民对乡村旅游感知影响因素的实证分析：以武汉市黄陂区明清古街为例 [J]. 中国农村经济，2008 (1): 59 - 68.

⑥ 张世兵，龙茂兴. 乡村旅游中社区与旅游投资商合作的博弈分析 [J]. 农业经济问题，2009，30 (4): 49 - 53.

⑦ 李涛. 中国乡村旅游投资发展过程及其主体特征演化 [J]. 中国农村观察，2018 (4): 132 - 144；黄郁成，张国平，李金波. 乡村旅游投资主体关系研究 [J]. 旅游学刊，2007，22 (6): 75 - 79.

高估，并且该促进作用与区域休闲农业与乡村旅游发展水平呈负相关关系。

三、逻辑框架

综上，本章将综合考察由外来投资带来的外来优势和基于本地乡村振兴程度形成的本地优势对区域休闲农业与乡村旅游经营收益的双重影响。一方面，重点考察在控制了本地优势之后，外来优势的作用是否会在挤压效应的影响之下减弱。另一方面，由于休闲农业与乡村旅游是在乡村振兴背景下三次产业融合的特殊产业，它的发展不仅将进一步提升本地乡村振兴程度，还将影响对外来投资的吸引力，那么挤压效应会不会因休闲农业与乡村旅游发展水平的不同而产生差异，进而对外来投资的作用产生显著影响？这是本章要考察的另一个重点。具体逻辑分析框架如图 6-1 所示。

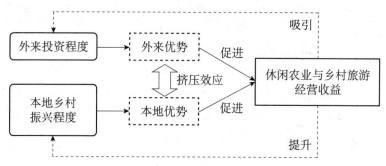

图 6-1　本章逻辑分析框架

第二节　数据来源与指标解释

一、数据来源

本章实证分析所用数据仍主要来自北京市"三农普"数据中的村级数据。在数据选择理由上，一方面，从已有研究来看，仅有少数学者或从需求侧讨论过京郊休闲农业与乡村旅游在低碳经济发展和美丽乡村建设背景下发展的影响因素[①]，或从

[①]　范子文. 北京休闲农业升级研究 ［M］. 北京：中国农业科学技术出版社，2014；何忠伟，陈艳芬，罗红. 低碳经济背景下北京乡村旅游转型升级研究 ［M］. 北京：中国农业出版社，2015.

供给侧分析了经营者决策逻辑和产业融合问题[①]，但针对外来投资同休闲农业与乡村旅游经营收益关系还缺乏深入的定量分析。另一方面，从经营户的层面看，资本作为投入要素，它是何种来源对于休闲农业与乡村旅游的生产经营过程的影响差异并不明显；但从区域层面看，由于休闲农业与乡村旅游产业的集聚效应和不同投资者在要素共用、客源互通、资源共享、风险分担方面的协同作用，外来投资将出现不同程度的溢出效应[②]，因此，选择村级数据是较为合适的。经过梳理，本章所用数据一共涉及北京市非城区的 2 950 个村级单位。

二、指标选择与描述分析

（一）被解释变量：休闲农业与乡村旅游经营收益

本章选取样本村 2016 年休闲农业与乡村旅游产业经营收益合计作为被解释变量，衡量村庄休闲农业与乡村旅游产业发展水平。之所以不用利润来衡量的理由主要有以下两点：一是经营收益是反映经营效益最为直接的指标；二是北京市休闲农业与乡村旅游依然以农户自主经营为主，实际上经营支出往往与农户的个人支出、家庭支出混同，故从统计口径来说，经营利润并不能有效衡量休闲农业与乡村旅游的经营效益。样本数据显示，2016 年北京市平均村级休闲农业与乡村旅游收益为 452.09 万元，但约有 42% 的样本村休闲农业与乡村旅游年收益在 50 万元以下，超过 75% 的样本村在 300 万元以下。

（二）解释变量：外来投资者比重

本章重点是在区域层面考察"外来和尚是否好念经"，故主要关注村庄范围内休闲农业与乡村旅游经营者的地域属性及其构成。为此，选择样本村休闲农业与乡村旅游经营者中非京籍的占比来衡量，而不是村庄非京籍经营者的投资规模或其比重。主要理由是：一方面北京市"三农普"数据并没有提供 2016 年当年的投资规模；另一方面正如前文所述，资本本身是"中立"的，作为投入要素而言，投资规模大小并不能直接反映投资者身份及其在村庄中的构成。从样本村的数据来看，休闲农业与乡村旅游点（或项目）有 73.90% 由本乡镇人投资经营，

---

① 王琪延，徐玲．基于产业关联视角的北京旅游业与农业融合研究［J］．旅游学刊，2013，28（8）：102-110；钟真，谭玥琳，刘俨慧．观光农业经营策略及影响因素研究：以京郊农业经营户应对成本上升为视角［J］．北京社会科学，2015（1）：26-35．

② 杨慧莲，郑风田，韩旭东，等．如何唤醒"沉睡资源"助力村庄发展：贵州省六盘水舍烹村"三变"案例观察［J］．贵州社会科学，2017（12）：140-148；罗庆，李小建．基于共生理论的农户群发展研究：以河南省孟寨村农户群为例［J］．经济经纬，2010（2）：48-51．

乡（镇）外（北京）市内人经营的占比为 5.73%，由市外及境外人士投资经营的占比为 20.37%（见图 6-2）。进一步地，考虑到近年来北京市城乡一体化深入推进和各区县休闲农业与乡村旅游产业的协调融合发展，使得乡（镇）外（北京）市内投资者的外来属性相对较小，故而本章以市为界将休闲农业与乡村旅游经营者划分为京内投资者与京外投资者两类。如图 6-3 所示，从经营效益上看，无论是从年平均经营收入还是利润率来看，京外投资者的经营表现均优于京内投资者，这初步说明了外来投资与经营收益很可能呈现正相关关系。

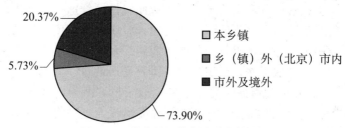

图 6-2 样本村经营者地域属性分布

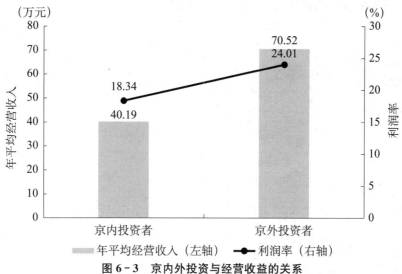

图 6-3 京内外投资与经营收益的关系

（三）控制变量：生产经营特征与本地乡村振兴程度

为了更加准确地衡量外来投资的影响，本章借鉴已有研究的做法，从休闲农业与乡村旅游产业的"内""外"两个层面来选择控制变量[①]：对"内"重点控

---

① 赵磊，全华. 外部性、市场潜能与旅游业发展：来自中国的经验证据 [J]. 财贸经济，2013，34（2）：112-123.

制村级层面休闲农业与乡村旅游的生产经营特征，对"外"重点控制休闲农业
与乡村旅游发展的外部条件——本地乡村振兴程度。其中，生产经营特征主要
从要素投入和经营方式的角度，选取了经营用地面积、经营者受教育程度、劳
动力投入、投资规模和组织化程度等 5 个指标。本地乡村振兴程度主要按照党
的十九大提出的 20 字方针，选取了产业兴旺、生态宜居、乡风文明、治理有
效、生活富裕等 5 个维度 23 个指标。其中，产业兴旺维度主要从产业关联度
的视角出发，选取了农业用地面积、餐馆数量、商超数量、是否有电子商务配
送点等指标；生态宜居维度主要基于居住的便利性、舒适性方面考虑，选取了
进村道路、村内道路、路灯条件、公共交通、村庄绿化程度、生活垃圾集中收
集点数量、饮用水处理、污水管网、地形地貌；乡风文明维度主要从乡村文化
基础设施的角度，选取了文化组织数量、体育场所数量、图书文化室数量、卫
生室数量等指标①；治理有效维度则主要选取了村"两委"任职特点和乡村治
理水平②等指标；生活富裕维度则选取了村集体收入、村集体负债、农网升级
改造、清洁能源使用等指标。

上述各变量的描述性统计如表 6-1 所示。

表 6-1　变量的描述性统计

变量		赋值及含义	平均值	标准差
休闲农业与乡村旅游经营收益（Agritourism）		样本村 2016 年休闲农业与乡村旅游经营收入合计（万元）	452.09	1 881.23
外来投资者比重（Investment）		样本村非京籍投资者占比（%）	20.37	32.35
生产经营特征（Input）	经营用地面积	样本村休闲农业与乡村旅游经营用地面积（亩）	233.57	1 633.62
	经营者受教育程度	经营者受过高等教育占比（%）	12.68	24.52
	劳动力投入	长期从事该行业的人员（个）	33.82	87.31
	投资规模	样本村经营户注册资金总额（万元）	676.28	5 763.06
	组织化程度	样本村团体、法人经营的占比（%）	17.98	31.05

① 之所以把"卫生室数量"放在乡风文明维度主要是由于卫生室在村庄中不仅承担了村庄基础的
医疗卫生服务功能，也常常是作为村庄社会交流的一个重要场所。此外，这样划分也并不影响模型本身
的估计结果。

② 样本村"乡村治理水平"是根据"是否有村庄规划""是否有村规民约""是否进行村务公开"
"是否有村务监督委员会""是否完成集体产权制度改革"等 5 个具体指标综合判定。若样本村满足上述
5 个指标，则评定为乡村治理水平较高；满足其中任意 3~4 个，则评定为乡村治理水平中等；同理，若
只符合 1~2 个指标，则表明样本村乡村治理水平较低。

续表

变量		赋值及含义	平均值	标准差
产业兴旺维度（Industry）	农业用地面积	全村农业用地面积（亩）	3 711.05	7 333.57
	餐馆数量	有执照的餐馆个数（个）	3.30	9.89
	商超数量	营业面积50平方米以上的综合商店或超市个数（个）	2.27	3.00
	是否有电子商务配送点	是＝1；否＝0	0.49	0.50
生态宜居维度（Reside）	进村道路	进村道路是否有大面积损毁（有＝0；无＝1）	0.67	0.47
	村内道路	村内道路是否有大面积损毁（有＝0；无＝1）	0.56	0.50
	路灯条件	村内主要道路是否有路灯（有＝1；无＝0）	0.99	0.07
	公共交通	是否通公共交通（是＝1；否＝0）	0.97	0.18
	村庄绿化程度	样本村村庄绿化面积（亩）	312.54	988.54
	生活垃圾集中收集点数量	样本村垃圾收集点的个数（个）	7.75	14.31
	饮用水处理	饮用水是否集中净化处理（是＝1；否＝0）	0.99	0.11
	污水管网	是否有生活污水管网（是＝1；否＝0）	0.47	0.50
	地形地貌	样本村所处地的地形地貌（平原＝1；山区＝0）	0.68	0.47
乡风文明维度（Culture）	文化组织数量	农民业余文化组织个数（个）	0.72	0.92
	体育场所数量	样本村体育健身场所个数（个）	1.37	1.15
	图书文化室数量	样本村图书室、文化站个数（个）	0.96	0.28
	卫生室数量	样本村卫生室个数（个）	0.96	0.80
治理有效维度（Governance）	村"两委"任职特点	党支部书记是否兼任村委会主任（是＝0；否＝1）	0.40	0.49
	乡村治理水平	样本村乡村治理水平（高＝3；中＝2；低＝1）	2.74	0.45

续表

变量		赋值及含义	平均值	标准差
生活富裕维度（Life）	村集体收入	样本村村集体收入（万元）	988.95	7 835.99
	村集体负债	样本村村集体负债（万元）	3 930.41	23 111.15
	农网升级改造	实施农网升级改造的自然村、居民定居点个数（个）	0.60	1.02
	清洁能源使用	清洁能源供暖的户数（户）	161.32	456.05

第三节　实证分析

一、模型设定

为考察村庄外来投资者比重同休闲农业与乡村旅游经营收益之间的量化关系，本章建立如下计量模型：

$$\ln Agritourism = \beta_0 + \beta_1 Investment + \beta_{2i} Input_i + \beta_{3i} Industry_i$$
$$+ \beta_{4i} Reside_i + \beta_{5i} Culture_i + \beta_{6i} Governance_i + \beta_{7i} Life_i$$
$$+ \mu \qquad (6.1)$$

式中，β_0 为常数；β_1 表示外来投资者比重指标的回归系数；β_{2i} 为若干生产经营特征的回归系数；β_{3i}、β_{4i}、β_{5i}、β_{6i}、β_{7i} 分别为产业兴旺维度、生态宜居维度、乡风文明维度、治理有效维度和生活富裕维度的相关回归系数；μ 代表随机干扰项。

根据理论分析的推断，无论是外来投资对休闲农业与乡村旅游发展的影响，还是本地优势对外来优势形成的挤压效应，都很有可能会因不同村庄休闲农业与乡村旅游发展水平的不同而产生差异。而经典 OLS 回归的估计结果存在均值意义上的局限性，无法很好呈现各类因素对不同经营收益层次的村庄的休闲农业与乡村旅游的具体影响。对此，学界常见的处理方式是采用分位数回归、分组回归、半参数分析法或局部线性匹配法等计量方法[1]。考虑到数据特点，本章用分位数

---

[1] 刘晗，王钊．农户生产分工差别化影响因素研究：基于种植业调查的实证分析［J］．农业技术经济，2017（5）：67-76；张永丽，梁顺强．农户家庭教育收益率的测量及其影响因素［J］．华南农业大学学报（社会科学版），2018，17（3）：83-92．

回归的方法来考察不同村庄休闲农业与乡村旅游经营收益异质性的影响。该方法将条件分位数与回归方法相结合，假设给定 $y|x$ 的总体 q 分位数 $y_q(x)$ 是 x 的线性函数。于是，本章又进一步建立如下分位数回归模型：

$$Y_q(X_i) = \alpha_q + X_i\beta_q \tag{6.2}$$

式中，β_q 为 q 分位数回归系数向量；X_i 为方程中的第 i 个解释变量。本章分别选取休闲农业与乡村旅游经营收益的 3 个四分位数的回归结果，将其划分为低、中、高三个层次，以此来揭示各个解释变量对不同经营收益分布段的影响程度。

二、结果分析

本章所有的检验及回归均在 Stata14 软件操作下完成。首先，在回归时本章考虑了关键变量的内生性问题。一方面，村级休闲农业与乡村旅游经营收益对该村非京籍投资者占比的影响并不明显，因为外来投资者可能会选择休闲农业与乡村旅游发展水平高的村，但也可能因为竞争压力而更愿意选择发展水平较低的村，故而休闲农业与乡村旅游经营收益与外来投资者比重之间互为因果造成的内生性可能并不严重；另一方面，考察是否存在遗漏变量问题的 Ramsey 检验结果表明（检验的 p 值为 0.374），模型遗漏重要变量的可能性也比较小。故综合来看本研究中关键变量的内生性问题可能并不严重，至少是可以接受的。其次，为了减少异方差带来的影响和多重共线性问题，本章采用稳健回归，并在回归之前对部分变量做了取对数处理。在对进入模型的自变量进行 Spearman 检验时，发现自变量中相关性最大的两个变量，其相关系数为 0.70；并且平均的方差膨胀因子（Mean VIF）值为 1.23，最大的也仅为 1.89①。这些结果表明尽管模型可能存在多重共线性问题，但问题并不严重。此外，稳健回归Ⅱ的 R^2 为 0.631，F 值为 155.16，且在 1% 的水平下显著；分位数回归的 R^2 分别为 0.375、0.411、0.445，回归方程和结果整体是可接受的（具体回归结果见表 6-2）。

（一）稳健回归分析

（1）关于外来投资者比重的作用。从稳健回归Ⅰ的估计结果看，在仅控

---

① 限于篇幅，本章不具体报告 Spearman 检验矩阵和 VIF 结果。

制了生产经营投入要素的影响之后，样本村非京籍投资者占比每增加1个百分点，样本村经营收益合计则增加0.736%，说明外来投资者比重确实会促进样本村休闲农业与乡村旅游经营收益的增加。但正如前述逻辑，本地乡村振兴程度同样会对休闲农业与乡村旅游经营收益有较强的正向效果，模型Ⅰ的结果并没有将这部分"增收效应"予以剥离，因而不能有效说明外来投资者比重的真实作用。对此，稳健回归Ⅱ将本地乡村振兴程度进一步纳入估计，结果显示：样本村非京籍投资者占比每增加1个百分点，样本村经营收益合计则增加0.398%，该作用比前者缩小了近一半。这说明，若不控制本地乡村振兴程度的影响，外来投资者比重对样本村休闲农业与乡村旅游经营收益的实际促进效果将被大大高估。

表6-2　稳健回归结果

变量		稳健回归Ⅰ		稳健回归Ⅱ	
		系数估计值	标准误	系数估计值	标准误
外来投资者比重		0.736***	0.068	0.398***	0.068
生产经营特征	经营用地面积	0.150***	0.010	0.158***	0.012
	经营者受教育程度	0.020	0.100	−0.005	0.118
	劳动力投入	0.005***	0.000	0.004***	0.001
	投资规模	0.376***	0.014	0.338***	0.019
	组织化程度	−0.031	0.082	−0.055	0.089
产业兴旺维度	农业用地面积	—	—	−0.032*	0.017
	餐馆数量	—	—	0.011***	0.002
	商超数量	—	—	0.043***	0.011
	是否有电子商务配送点	—	—	0.112***	0.042
生态宜居维度	进村道路	—	—	0.204***	0.063
	村内道路	—	—	−0.033	0.059
	路灯条件	—	—	0.313	0.366
	公共交通	—	—	0.375**	0.152
	村庄绿化程度	—	—	0.037***	0.010
	生活垃圾集中收集点数量	—	—	0.001	0.001
	饮用水处理	—	—	−0.184	0.211
	污水管网	—	—	0.109**	0.046
	地形地貌	—	—	0.097	0.061

续表

变量		稳健回归Ⅰ		稳健回归Ⅱ	
		系数估计值	标准误	系数估计值	标准误
乡风文明维度	文化组织数量	—	—	0.017	0.021
	体育场所数量	—	—	0.016	0.016
	图书文化室数量	—	—	−0.092	0.071
	卫生室数量	—	—	0.082***	0.026
治理有效维度	村"两委"任职特点	—	—	−0.014	0.046
	乡村治理水平	—	—	0.043	0.049
生活富裕维度	村集体收入	—	—	0.038**	0.017
	村集体负债	—	—	0.051***	0.013
	农网升级改造	—	—	0.078***	0.020
	清洁能源使用	—	—	−0.000	0.000
样本量		2 950		2 950	
R^2		0.590		0.631	
F值		704.94***		155.16***	

注：***、**、*分别表示在1%、5%、10%的水平上显著。

（2）关于生产经营特征的影响。稳健回归Ⅱ的结果显示，土地、劳动力和资本等要素投入每提高1个百分点，样本村休闲农业与乡村旅游经营收益分别会增加0.158%、0.004%、0.338%。这说明要素投入依然是样本村休闲农业与乡村旅游产业发展的重要支撑。其中，投资规模的边际作用最大，几乎与外来投资程度旗鼓相当。可以推断，若各类要素投入能够自给自足，那么在不考虑本地乡村振兴程度的情况下，休闲农业与乡村旅游由谁来投资经营的意义就将大大减弱，即外来投资的外来优势势必式微。当然，与土地、资本投入相比，劳动力投入的作用要小得多，说明休闲农业与乡村旅游并非一个劳动密集型产业。此外，经营者较高的受教育水平和组织化的经营方式对休闲农业与乡村旅游经营收益的影响并不明显。这可能与北京市休闲农业与乡村旅游仍旧是小微规模的农户自主经营方式为主有关。这也从侧面反映出，来自经营者能力或创意等个体因素的作用尚未成为当前休闲农业与乡村旅游的主要驱动，而产业整体投入和所处外部环境的影响更为明显。

（3）关于本地乡村振兴程度的影响。前述理论分析和部分计量结果的推断已经表明，本地乡村振兴程度确实是影响休闲农业与乡村旅游发展所不可忽视的因素。在产业兴旺维度中，样本村农业用地面积、餐馆数量、商超数量和是否有电子商务配送点等因素与该村休闲农业与乡村旅游经营收益均有显著的正向影响。其中，有电子商务配送站点的村庄的经营收益比没有的村庄平均高出0.112个百分点。在生态宜居维度中，进村道路、公共交通、村庄绿化程度和污水管网对样本村休闲农业与乡村旅游经营收益也有显著的正向影响。其中，进村道路没有损毁和开通公共交通的村庄的经营收益相对分别要高出0.204和0.375个百分点，进行生活污水处理的村庄的经营收益也要高出0.109个百分点，这说明直接影响游客感官的那些与路和水相关的村庄硬件设施，依然是影响休闲农业与乡村旅游发展的重要因素。在乡风文明维度中，除了卫生室数量具有较小的正向影响之外，文化体育设施对村庄休闲农业与乡村旅游经营收益的影响并不显著。在治理有效维度中，衡量村集体领导班子"战斗力"的村"两委"交叉任职现象和衡量村庄整体治理程度的"乡村治理水平"两个指标均不显著。这说明体现乡风文明和治理有效的主要因素尚未对村庄休闲农业与乡村旅游经营收益构成重要影响，这与当前休闲农业与乡村旅游发展还处于初级阶段，相关产品与农村文化、村庄治理的结合度还比较低有关。在生活富裕维度中，除了清洁能源使用户数之外，村集体收入、村集体负债、实施农网升级改造的自然村或居民定居点个数均对样本村休闲农业与乡村旅游经营收益具有显著的正向作用。这说明，与村庄集体收入水平和生活质量相关的因素对休闲农业与乡村旅游发展的影响总体上是积极的。

（二）分位数回归分析

（1）关于外来投资者比重的作用。如表6-3所示，从Q1~Q3三个分位数回归的结果看，样本村非京籍投资者占比对该村休闲农业与乡村旅游经营收益的影响均十分显著，但其系数逐步减小，分别为0.387、0.285和0.207。进一步对三个分位数回归中外来投资的系数是否相等的T检验表明，在10%的显著性水平上三个系数不完全相等。这表明，外来投资者比重的作用会随着样本村休闲农业与乡村旅游经营收益的提高而减弱。即在休闲农业与乡村旅游发展水平越高的村庄（以下简称"高水平村庄"），外来投资者越多对该产业的作用相对越小；而在休闲农业与乡村旅游发展水平较低或刚刚起步的村庄（以下简称"低水平村庄"），外来投资者越多经济效果反而越好。为更好地检验外来投资者数量与其经济效果的关系，我们将休闲农业与乡村旅游发展水平位于两者之间的村庄单独列出（以下简称"中等水平村庄"）。可见，"外来和尚好念经"也是有条件的，这种现象多存在于休闲农业与乡村旅游发展水平较低的区域；

而对那些休闲农业与乡村旅游发展程度已经达到较高层次的区域而言，引入更多的外来投资者未必能发挥较高的预期效果。

表6-3 分位数回归结果

变量		分位数回归					
		Q1 低水平村庄		Q2 中等水平村庄		Q3 高水平村庄	
		系数估计值	标准误	系数估计值	标准误	系数估计值	标准误
外来投资者比重		0.387***	0.079	0.285***	0.064	0.207***	0.081
生产经营特征	经营用地面积	0.143***	0.015	0.147***	0.013	0.156***	0.015
	经营者受教育程度	−0.176	0.125	0.101	0.138	0.214	0.178
	劳动力投入	0.003***	0.001	0.005***	0.001	0.006***	0.001
	投资规模	0.392***	0.022	0.359***	0.018	0.320***	0.025
	组织化程度	0.091	0.090	−0.027	0.104	−0.210	0.132
产业兴旺维度	农业用地面积	−0.018	0.020	−0.027	0.019	−0.052***	0.019
	餐馆数量	0.015***	0.003	0.008***	0.002	0.007**	0.004
	商超数量	0.046***	0.012	0.048***	0.013	0.070***	0.017
	是否有电子商务配送点	0.116**	0.045	0.130***	0.033	0.066	0.051
生态宜居维度	进村道路	0.304****	0.075	0.211***	0.072	0.160**	0.072
	村内道路	−0.070	0.084	−0.019	0.060	−0.049	0.076
	路灯条件	0.117	1.113	−0.014	0.409	0.340	0.310
	公共交通	0.447*	0.231	0.210	0.132	0.457***	0.118
	村庄绿化程度	0.029*	0.016	0.042***	0.011	0.047***	0.014
	生活垃圾集中收集点数量	−0.000	0.002	0.001	0.002	0.001	0.003
	饮用水处理	−0.580	0.425	−0.343	0.274	−0.236	0.156
	污水管网	0.158*	0.084	0.081*	0.047	0.052	0.048
	地形地貌	0.190**	0.917	0.063	0.074	−0.122	0.083
乡风文明维度	文化组织数量	0.022	0.030	0.014	0.022	−0.018	0.032
	体育场所数量	0.018	0.023	0.010	0.022	0.019	0.015
	图书文化室数量	0.190*	0.102	−0.026	0.098	−0.048	0.102
	卫生室数量	0.082**	0.039	0.082**	0.033	0.047	0.030

续表

变量		分位数回归					
		Q1 低水平村庄		Q2 中等水平村庄		Q3 高水平村庄	
		系数估计值	标准误	系数估计值	标准误	系数估计值	标准误
治理有效维度	村"两委"任职特点	−0.048	0.083	−0.006	0.048	0.002	0.063
	乡村治理水平	−0.020	0.065	−0.002	0.047	0.037	0.053
生活富裕维度	村集体收入	0.072***	0.021	0.036*	0.022	0.030	0.021
	村集体负债	0.018	0.014	0.042***	0.012	0.059***	0.016
	农网升级改造	0.085***	0.027	0.088***	0.031	0.040	0.034
	清洁能源使用	−0.000	0.000	−0.000	0.000	0.000	0.000
样本量		2 950		2 950		2 950	
伪 R^2		0.375		0.411		0.445	

注：＊＊＊、＊＊、＊分别表示在1%、5%、10%的水平上显著。

（2）关于生产经营特征的影响。三个分位数回归的结果显示，土地、劳动力、资本三大要素投入的系数依然显著；但是 T 检验的结果表明，随着样本村休闲农业与乡村旅游发展水平的提高，土地和资本投入的作用并没有发生显著变化，而劳动力投入的作用（尽管很小）却显著提高。这说明，尽管休闲农业与乡村旅游并非劳动密集型产业，但它的发展繁荣依然是解决农民就业的有效途径之一。

（3）关于本地乡村振兴程度的影响。对于休闲农业与乡村旅游发展程度不同的村庄而言，本地乡村振兴的 5 个维度 23 个因素的回归系数在显著性方面与稳健回归的结果略有变化，但是在系数大小方面出现了明显的差异。在产业兴旺维度中，农业用地面积对高水平村庄具有显著负向影响，而对于中低水平村庄影响不显著，原因可能在于以种植业为代表的农业用地面积越大，高水平村庄对休闲旅游等非农用地的利用将越受到限制；餐馆数量对低水平村庄作用更大，而商超数量则相反，可能是因为低水平村庄多处于人气集聚阶段，餐饮则常常是吸引游客门槛较低的手段，而对于已经形成品牌或知名度的高水平村庄，特色农产品或文创产品则成了其重要的创收来源；是否有电子商务配送点对于中低水平村庄作用明显，而对高水平村庄的作用则不显著，可能的原因在于高水平村庄绝大多数已经具备快捷便利的物流配送和在线预订网络，各类设施设备相对完善，已经能够较好满足游客需求，而低水平村庄则相反。在生态宜居维度中，进村道路和污水管网两个指标均对低水平村庄具有更大的作用，原因在于低水平村庄常常连基本的硬件设施都不完善，进而影响了其休闲农业与乡村旅游的经营收益；是否开通公共交通对于低水平和高水平村庄同时具有类似的正向影响，而对中等水平村庄则影响不明显，可能的原因是由于中等水平村庄中的绝大多数都已经开通公共交通，因而公交带动的游客数量对其休闲农业与乡村旅游经营收益的影响相对于高低两端的村庄而言更不敏感；村庄绿化的作用则随着休闲农业与乡村旅游发展水平的提高而不断增强，这也是为什么高水平村庄常常具有更好的绿化或生态景观设置；所处地形地貌为平原对于低水平村庄的休闲农业与乡村旅游经营收益具有明显作用，但对中等水平和高水平村庄的作用并不明显，原因主要在于北京市的平原地区主要在城市近郊，而近郊区在硬件条件上更容易开展休闲农业与乡村旅游经营，事实上大多数低水平村庄也集聚于此，而高水平村庄大多在山区或丘陵地区（浅山区）。在乡风文明维度中，除了稳健回归中影响显著的卫生室数量这一指标对低水平和中等水平村庄依然显著外，图书文化室数量也仅对低水平村庄具有显著作用，其他指标均不显著。可能的原因是，这些卫生文化设施在北京市农村已经全面普及，而在休闲农业与乡村旅游并没有同农村文化深度结合的情况下，它们对高水平村庄的影响自然不明显。在治理有效维度中，两个代理指标依然没有在不同发展程度的村庄之间产生新的不同结果。在生活富裕维度中，村集体收入和农网升级改造程度对于中低水平村庄具有显著的正向影响，而对高水平村庄的影响不显著；村集体负债则相反，它对中高水平村庄具有显著的正向作用，而对低水平村庄作用不明显。可能的原因在于，高水平村庄的村集体收入和农网升级改造程度本就达到了较高水平，其对休闲农业与乡村旅游经营收益的边际作用已经不明显了，而村集体负债常常体现的是村庄通过自我举债开展的非政府普惠式的特色基础设施和公共服务项目建设的规模或程度，这对于高水平村庄的经营户而言可谓"如虎添翼"，而对低水平村庄而言反而过早地增加了负担。

第四节　本章小结

休闲农业与乡村旅游作为当前农村一二三产业融合的重要形式，在新时代实施乡村振兴战略的大背景下将迎来一个新的发展高峰期。而以吸引外部投资进入为主要手段的招商引资策略能否在休闲农业与乡村旅游产业中实现"外来和尚好念经"的效果，是实践探索和理论分析的焦点之一。为此，本章以北京市"三农普"数据为基础，对外来投资者比重、本地乡村振兴程度同休闲农业与乡村旅游经营收益之间的关系进行了深入的实证分析，主要结论可以归结为如下三点：一是在其他因素不变的情况下，外来投资者比重对休闲农业与乡村旅游经营效益提升有明显的正向促进作用，但若不剥离本地乡村振兴程度的叠加影响，外来投资者比重的作用将被高估；二是外来投资者比重对休闲农业与乡村旅游经营效益的促进作用存在区域差异，对休闲农业与乡村旅游发展水平较低村庄的作用总体上大于发展水平较高的村庄；三是要素投入等生产经营特征和产业兴旺、生态宜居、乡风文明、生活富裕四个维度的本地乡村振兴程度的若干指标对休闲农业与乡村旅游经营收益具有显著影响，并且其影响会随着村庄休闲农业与乡村旅游发展水平的差异呈现出明显的异质性。

上述结论可以为相关政策制定提供以下两个方面的启示：一方面，外来投资与本地乡村振兴程度对首都休闲农业与乡村旅游发展各具优势，即"依靠外力"与"练好内功"同等重要，在制定相应支持政策时不应偏废。尤其是过度重视外来投资对于那些休闲农业与乡村旅游发展水平已经较高的村庄而言将可能得不偿失。因而有必要通过相应的政策引导，实现外来优势和本地优势的互补，方是提升休闲农业与乡村旅游经营收益、推进乡村产业兴旺的合理做法。另一方面，针对由不同发展层次形成的村庄异质性，需要采取有针对性的政策措施支持处于不同发展阶段的村庄或区域开展休闲农业与乡村旅游。对于大多数处于起步阶段或休闲农业与乡村旅游经营收益较低的村庄而言，重视外来投资的同时，应注意尽快完善村庄道路、污水管网、互联网设施等硬件配套建设；而对于已经处于较高的发展水平、休闲农业与乡村旅游经营收益较高的村庄，应适当弱化对招商引资的关注，而更加重视本地农业用地面积、商超数量、绿化面积、非普惠式特色基础设施建设同休闲农业与乡村旅游发展的协同配合。

◀◀ 第七章 ▶▶

互联网如何影响首都休闲农业
与乡村旅游的经营效益

随着我国城乡居民收入的快速增长和"逆城市化"趋势的初步显现，休闲农业与乡村旅游从供求两方面都显示出了巨大的发展潜力。从需求方面来看，休闲农业与乡村旅游已逐步成为消费者"望山看水记乡愁"的好去处①；从供给方面来看，休闲农业与乡村旅游作为一二三产业融合的重要形式在国家实施"大众创业、万众创新"战略的背景下业已成为农村经济和农民收入新的增长点②。无论是早期以农家乐、渔家乐、牧家乐为代表的庭院经济，还是后来以"华夏城乡游"为代表的休闲农业，都曾为休闲农业与乡村旅游经营者带来过较高的收益③。但是随着消费者新鲜感的降低和同质性产品的增多，特别是在投资者同群效应的影响下，休闲农业与乡村旅游发展的风险日益上升、挑战不断增加，传统经营户的盈利水平不断下降④。即便是北京市这样具有庞大消费群体支撑的地区，休闲农业与乡村旅游的经营收入和接待人次也自 2017 年开

---

① 邱晔，黄群慧. 休闲农业中的美感资源与美感体验分析：基于美学经济的视角 [J]. 中国农村观察，2016（2）：2-13.

② NILSSON PÅ. Staying on farms：an ideological background [J]. Annals of tourism research，2002，29（1）：7-24；VENTURA F，MILONE P. Theory and practice of multi-product farms：farm butcheries in Umbria [J]. Sociologia ruralis，2000，40（4）：452-465；FLEISCHER A，PIZAM A. Rural tourism in Israel [J]. Tourism management，1997，18（6）：367-372；BUSBY G，RENDLE S. The transition from tourism on farms to farm tourism [J]. Tourism management，2000，21（6）：635-642；王明康，刘彦平. 休闲农业发展对城乡收入差距的非线性效应研究：基于中国 249 个县域的面板数据 [J]. 农业技术经济，2019（1）：40-53.

③ 万先进，邱映贵. 乡村旅游初探 [J]. 中国农村经济，2006（11）：58-62.

④ 覃建雄. 基于系统理论的乡村旅游转型升级研究：进展与趋势 [J]. 中国人口·资源与环境，2016（S1）：301-304.

始出现"双下降"的情况①。如何提高经营效益已经成为大多数地区休闲农业与乡村旅游发展亟待解决的问题。而以互联网技术为代表的信息与通信技术的发展，特别是移动互联网终端在人们生活工作中的爆发式渗透，为包括休闲农业与乡村旅游在内的诸多服务业走出经营困境创造了可能②。

事实上，在宏观经济进入新常态以来，诸多行业都在积极寻求与互联网的对接以实现结构性调整，休闲农业与乡村旅游业也开始加速"入网"，即从传统的休闲农业与乡村旅游经营模式快速地向"互联网＋"模式转型③。在这个过程中，休闲农业与乡村旅游业的生产要素、业务体系和商业模式将得到优化、更新甚至重构，进而对其服务质量、组织结构等方面产生重要的影响④。一些学者也因此提出了"智慧乡村旅游""大数据乡村旅游"等概念⑤。2015年，以国务院发布《关于积极推进"互联网＋"行动的指导意见》为标志，中国经济正式拉开了"互联网＋"的大幕。2019年的中央一号文件在全面部署新时代乡村振兴战略的同时，首次提出"实施数字乡村战略"，要求深入推进"互联网＋农业"、继续开展电子商务进农村综合示范、全面推进信息进村入户等，再次强调了"互联网＋"在发展壮大乡村产业、拓宽农民增收渠道中的作用。这些政策的出台表明，互联网在助推休闲农业与乡村旅游业转型升级上被各界寄予了厚望。而北京作为全国政治、文化中心和特大城市，具备良好的自然资源条件和政策环境支撑，也是我国最早发展休闲农业与乡村旅游的城市之一，而正如前文所述，该产业面临的下行压力明显加大，亟待寻求转型升级，"互联网＋休闲农业与乡村旅游"或许是其重要的突破口。

对已有文献进行梳理发现，互联网对一般性旅游业的发展而言，机遇与挑战并存，但总体而言互联网的兴起极大地推动了旅游业的发展⑥。机遇主要在

---

① 京郊民俗游缘何陡现双下降：乡村旅游供给侧结构性改革调查 ［N］. 北京日报，2018－04－10（8）.

② 江小涓. 高度联通社会中的资源重组与服务业增长 ［J］. 经济研究，2017（3）：4－17.

③ 谢安世. 我国休闲农业发展演进及"互联网＋"转型研究 ［J］. 经济纵横，2017（6）：102－107.

④ 王昌海. 效率、公平、信任与满意度：乡村旅游合作社发展的路径选择 ［J］. 中国农村经济，2015（4）：59－71；马敬桂. 乡村旅游服务质量分析：以湖北省为例 ［J］. 农业技术经济，2010（8）：94－100.

⑤ 张凌云. 智慧旅游：个性化定制和智能化公共服务时代的来临 ［J］. 旅游学刊，2012（2）：3－5；金卫东. 智慧旅游与旅游公共服务体系建设 ［J］. 旅游学刊，2012（2）：5－6；李云鹏，胡中州，黄超，等. 旅游信息服务视阈下的智慧旅游概念探讨 ［J］. 旅游学刊，2014（5）：106－115.

⑥ BUHALIS D, LAW R. Progress in information technology and tourism management：20 years on and 10 years after the internet：the state of eTourism research ［J］. Tourism management，2008，29（4）：609－623.

于，互联网为旅游产品的供给和需求增长提供了新的可能和有效工具①，它一般通过策略和战略两个层面为旅游业的发展带来更大的潜力②。挑战主要在于，互联网所形成的更大规模的产品和更好的用户体验的需求，对经营者提出了更高的能力要求，同时也推高了旅游业信息化本身的技术要求③。由于城乡"数字鸿沟"的存在和经营者数字人力资本的差异④，以"互联网＋"的思路发展休闲农业与乡村旅游还存在一定的阻力。首先，在人力资本方面，农民是农业和休闲农业与乡村旅游中最重要的利益主体，不仅存在着服务者的信息化水平不高、管理者经营方式落后等技术性能力问题，也存在着服务和管理人员大量兼业而常常通过业余时间工作等专业性能力问题⑤。其次，在基础设施方面，乡村相对于城镇而言依然存在互联网基础设施不完善、互联网使用效率低和普及难度较大等问题⑥。再次，在风险承受能力方面，互联网给休闲农业与乡村旅游经营者带来了较高的前期投入、运营和维护成本，采纳失败将给经营户带来更大的经济损失⑦。因而，互联网可能是一把"双刃剑"，休闲农业与乡村旅游的经营者若不能合理有效地应用互联网，将造成弊大于利的局面⑧。

那么，在互联网方兴未艾和乡村振兴如火如荼的当下，互联网能否为乡村产业兴旺插上腾飞的翅膀？具体而言，互联网能否对首都休闲农业与乡村旅游经营效益产生积极影响，其影响的内在机制是怎样的，影响程度如何，其影响效果是否会因经营者异质性而产生差异？这些都是现有文献未能充分揭示的问

① BUHALIS D，LICATA M. The future eTourism intermediaries ［J］. Tourism management，2002，23 (3)：207－220.

② NAVÍO-MARCO J，RUIZ-GÓMEZ L M，SEVILLA-SEVILLA C. Progress in information technology and tourism management：30 years on and 20 years after the internet：revisiting Buhalis and Law's landmark study about eTourism ［J］. Tourism management，2018，69：460－470.

③ 江金波，梁方方. 旅游电子商务成熟度对在线旅游预订意向的影响：以携程旅行网为例 ［J］. 旅游学刊，2014 (29)：75－83.

④ BACH A，SHAFFER G，WOLFSON T. Digital human capital：developing a framework for understanding the economic impact of digital exclusion in low-income communities ［J］. Journal of information policy，2013，3：247－266.

⑤ 万宝瑞. 我国农村又将面临一次重大变革："互联网＋三农"调研与思考 ［J］. 农业经济问题，2015 (8)：4－7.

⑥ 郭美荣，李瑾，冯献. 基于"互联网＋"的城乡一体化发展模式探究 ［J］. 中国软科学，2017 (9)：10－17.

⑦ GARCÉS S，GORGEMANS S，SÁNCHEZ A，et al. Implications of the Internet：an analysis of the Aragonese hospitality industry，2002 ［J］. Tourism management，2004，25 (5)：603－613.

⑧ HERBIG P，HALE B. Internet：the marketing challenge of the twentieth century ［J］. Internet research，1997，7 (2)：95－100.

题。而对这些问题的回答对于理解新时代乡村经济增长的逻辑和一二三产业融合发展的内在机理具有重要的理论意义，还可以为经济供给侧结构性改革中传统产业寻找转型升级方向，特别是实现互联网转型提供有益的启示。

第一节　理论框架

鉴于已有文献对"互联网＋"产业发展机制的研究相对不足，本章试图在休闲农业与乡村旅游特殊性的基础上构建一个能够初步解释互联网如何影响休闲农业与乡村旅游经营效益的逻辑框架（见图7-1），主要包括互联网对休闲农业与乡村旅游经营效益的影响机理、互联网在内部管理环节和对外推介环节中的应用机制和互联网对休闲农业与乡村旅游经营效益的影响在异质性经营者中的差异三个方面来展开梳理。

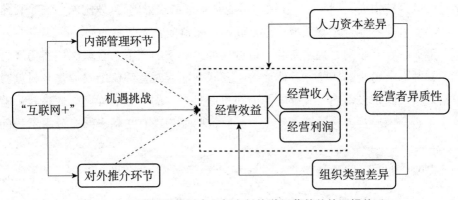

图7-1　互联网同休闲农业与乡村旅游经营效益的逻辑关系

一、互联网影响休闲农业与乡村旅游发展的基本逻辑

从需求侧看，根据互联网和旅游业相关的经济学文献，互联网对休闲农业与乡村旅游需求的影响是不容忽视的，应旅行者个性化需求产生的以顾客为中心、赋权和参与的理念越来越成为旅游业的驱动力[1]。具体体现在以下几个方

---

[1]　SIGALA M. Web 2.0 and customer involvement in new service development：a framework，cases and implications in tourism ［J］. Social media in travel，tourism and hospitality，2012：25-38.

面：一是在到达目的地前，互联网可以帮助旅行者形成更加完备的旅行计划①，这包括更为便利的在线搜索②、价格比对③和包括但不限于事前行动的旅游产品及服务的在线购买与内部管理，如机票、酒店、门票、入场券等的预订、购买、退订和售后等④；二是在到达目的地后，互联网可以更有效地满足消费者在当地的即时需求，包括在移动设备上寻找饭店、购物或其他的特定服务⑤；三是在旅行结束以后，通过互联网可以更加便捷和相对独立地作出对旅行产品和服务的评价⑥、重复旅游决策⑦以及是否向他人推荐的决策⑧；四是无论在游前游中游后，互联网都有利于消费者共享旅游经营者的特色资源，直接或间接地参与旅游产品的生产供给，使自身成为"生产消费者"（prosumer），使旅游的价值创造方式从单向为旅行者提供价值逐步转变为与旅行者共同创造价值。例如，农户将自己的农家院通过"小猪短租"等互联网平台进行出租，或是通过网络成为当地导游或提供其他服务⑨。

从供给侧看，互联网对休闲农业与乡村旅游产品的提供也产生了明显的促

① XIANG Z, GRETZEL U. Role of social media in online travel information search [J]. Tourism management, 2010, 31 (2)：179-188；XIANG Z, WANG D, O'LEARY J, et al. Adapting to the internet：trends in travelers' use of the web for trip planning [J]. Journal of travel research, 2015, 54 (4)：511-527；XIANG Z, MAGNINI V, FESENMAIER D. Information technology and consumer behavior in travel and tourism：insights from travel planning using the internet [J]. Journal of retailing and consumer services, 2015, 22：244-249；WANG Y, FESENMAIER D. Towards understanding member's general participation and active contribution to an online travel community [J]. Tourism management, 2004, 25：709-722.

② 孙浦阳，张靖佳，姜小雨. 电子商务、搜寻成本与消费价格变化 [J]. 经济研究, 2017 (7)：139-154.

③ CHUNG N, KOO C. The use of social media in travel information search [J]. Telematics and informatics, 2015, 32 (2)：215-229.

④ BILGIHAN A, BUJISIC M. The effect of website features in online relationship marketing：a case of online hotel booking [J]. Electronic commerce research and applications, 2015, 14 (4)：222-232.

⑤ WANG D, XIANG Z, FESENMAIER D R. Smartphone use in everyday life and travel [J]. Journal of travel research, 2016, 55 (1)：52-63.

⑥ GUO Y, BARNES S, JIA Q. Mining meaning from online ratings and reviews：tourist satisfaction analysis using latent dirichlet allocation [J]. Tourism management, 2017, 59：467-483.

⑦ CUNLIFFE D. Developing usable web sites：a review and model [J]. Internet research, 2000, 10 (4)：295-308.

⑧ CHENG T, WU H, HUANG L. The influence of place attachment on the relationship between destination attractiveness and environmentally responsible behavior for island tourism in Penghu, Taiwan of China [J]. Journal of sustainable tourism, 2013, 21 (8)：1166-1187.

⑨ FANG B, YE Q, LAW R. Effect of sharing economy on tourism industry employment [J]. Annals of tourism research, 2016, 57：264-267.

进作用：一是有利于经营者制定最佳定价策略。研究表明，互联网对旅游产品的分销产生了巨大的影响，再中介化已经发生，这导致所有分销商实施了更为动态的定价策略，互联网已经成为寻找最佳价格的重要工具①。二是有利于经营者降低成本、提高竞争优势。互联网的出现降低了旅游企业对旅游产品经销商或中介的依赖，减少了经营过程中各类服务费用的支出②。三是有利于经营者精准对外推介，扩大旅游产品差异化优势。互联网为个性化旅游推荐提供了可能③，实现了消费者与数据分析平台的实时互动，即在合适的时间提供适合用户偏好的合适服务④。例如，经营者可以通过互联网搜索引擎查询、网站流量、每周天气和酒店入住率等多种旅游大数据源来预测目的地旅游需求、游客特征及游客旅游行为偏好，以更好地完善旅游服务产品⑤。

但一些研究发现，互联网的应用也给休闲农业与乡村旅游带来了一定的挑战。具体有以下几个方面：一是感知信任的来源重点发生变化。由于越来越多的游客依赖于互联网获取产品和服务信息，如何通过建立较好的第一印象以获取消费者感知信任成为一大挑战⑥。二是虚拟社群影响力提升。Munar 和 Jacobsen 的研究表明游客更愿意相信自己同伴的亲身经历而不是对外推介信息⑦。包括微博、微信朋友圈等在内的照片及观点分享的社交平台和移动应用程序，

---

① BUHALIS D，LEUNG D，LAW R. eTourism：critical information and communication technologies for tourism destinations [J]．Destination marketing and management：theories and applications，2011（8）：205 - 224.

② BUHALIS D. eTourism：information technology for strategic tourism management [M]．Harlow：Financial times Prentice Hall，2003.

③ LIU H，LI J，PENG J. A novel recommendation system for the personalized smart tourism route：design and implementation [C]．2015 IEEE 14th international conference on cognitive informatics and cognitive computing（ICCI * CC），Beijing，China：September 2015.

④ BUHALIS D. Information technology as a strategic tool for economic，social，cultural and environmental benefits enhancement of tourism at destination regions [J]．Progress in tourism and hospitality research，2015，3（1）：71 - 93.

⑤ PAN B，YANG Y. Forecasting destination weekly hotel occupancy with big data [J]．Journal of travel research，2017，56（7）：957 - 970；任武军，李新. 基于互联网大数据的旅游需求分析：以北京怀柔为例 [J]．系统工程理论与实践，2018（2）：437 - 443.

⑥ AGAG G M，EL-MASRY A A. Why do consumers trust online travel websites? drivers and outcomes of consumer trust toward online travel websites [J]．Journal of travel research，2017，56（3）：347 - 369.

⑦ MUNAR A M，JACOBSEN J K S. Motivations for sharing tourism experiences through social media [J]．Tourism management，2014，43：46 - 54.

甚至是流量较高的网红、"大V"开展的软广、软文等广告服务①，越来越受到研究者的关注。三是负面评价的处理难度提高。互联网的出现使消费者有了更多表达不满的途径，这些负面评价的传播范围广、影响时间长，故如何正确处理负面评价成为决定经营主体网络影响和口碑的重要方面②。而对于以农民为主要群体的休闲农业与乡村旅游经营者而言，其常常缺乏利用互联网提升自身竞争力的必要专业知识，对信息与通信技术知识的缺乏使其对技术人员非常依赖③；如果不能很好地了解互联网发展进展并选择适合的经营管理方式，反而可能使自己陷入市场"隔绝"和竞争力弱化的境地④。

可见，互联网在供求两侧都会对休闲农业与乡村旅游发展产生正负两个方面的影响。但综合来看，互联网应用的扩张正在导致产业的资源配置机制发生深刻变化⑤，在市场信息的搜索与应用⑥、经营组织方式的转型⑦、物信关系与经济地理（或经济时空）的重塑⑧等方面，互联网正在形成新时代经济增长的潜在空间，它对于数字红利的产生和全要素生产率的提升作用已经为一些学者的研究所证实⑨。同时，从实践情况看，我国互联网使用率持续攀升，互联网

① BEN-SHAUL M, REICHEL A. Motives, modes of participation, and loyalty intentions of face-book tourism brand page consumers [J]. Journal of travel research, 2018, 57 (4): 453 - 471; CONFENTE I, VIGOLO V. Online travel behaviour across cohorts: the impact of social influences and attitude on hotel booking intention [J]. International journal of tourism research, 2018, 20 (5): 660 - 670.

② SCHUCKERT M, LIU X, LAW R. Hospitality and tourism online reviews: recent trends and future directions [J]. Journal of travel and tourism marketing, 2015, 32 (5): 608 - 621; KIM J, FESENMAIER D R. Sharing tourism experiences: the posttrip experience [J]. Journal of travel research, 2017, 56 (1): 28 - 40.

③ GETZ D, CARLSEN J. Characteristics and goals of family and owner-operated businesses in the rural tourism and hospitality sectors [J]. Tourism management, 2000, 21 (6): 547 - 560.

④ SHELDON P. eTourism: information technology for strategic tourism management [J]. Annals of tourism research, 2004, 31 (3): 740 - 741.

⑤ 张永林. 互联网、信息元与屏幕化市场：现代网络经济理论模型和应用 [J]. 经济研究, 2016 (9): 147 - 161; 何大安. 互联网应用扩张与微观经济学基础：基于未来"数据与数据对话"的理论解说 [J]. 经济研究, 2018 (8): 177 - 192.

⑥ 李俊生, 姚东旻. 互联网搜索服务的性质与其市场供给方式初探：基于新市场财政学的分析 [J]. 内部管理世界, 2016 (8): 1 - 15.

⑦ 邱泽奇, 张樹沁, 刘世定, 等. 从数字鸿沟到红利差异：互联网资本的视角 [J]. 中国社会科学, 2016 (6): 93 - 115; 谢康, 吴瑶, 肖静华, 等. 组织变革中的战略风险控制：基于企业互联网转型的多案例研究 [J]. 管理世界, 2016 (2): 133 - 148.

⑧ 安同良, 杨晨. 互联网重塑中国经济地理格局：微观机制与宏观效应 [J]. 经济研究, 2020 (2): 4 - 19; 荣朝和. 互联网共享出行的物信关系与时空经济分析 [J]. 管理世界, 2018 (4): 101 - 112.

⑨ 郭家堂, 骆品亮. 互联网对中国全要素生产率有促进作用吗 [J]. 管理世界, 2016 (10): 34 - 49.

经济总量不断扩大。根据中国互联网络信息中心（CNNCI）发布的第 52 次《中国互联网络发展状况统计报告》，截至 2023 年 6 月，我国网民规模达到 10.79 亿人，互联网普及率达 76.4%；农村网民规模为 3.01 亿人，占整体网民的 27.9%；其中，通过互联网进行旅行预定的用户超过 4.5 亿人，网民使用率达到 42.1%①。又据中国信息通信研究院发布的《中国数字经济发展研究报告（2023 年）》，2017—2022 年，我国数字经济规模从 27.2 万亿元扩张到了 50.2 万亿元，占 GDP 比重从 32.9% 增长至 41.5%②。农村的数字消费增速已经全面超越了一线、新一线和二线城市③。进一步的实证研究也发现，互联网对农村居民的增收作用明显④，且互联网的使用对农村居民的收入效应要大于城镇居民⑤。可见，互联网为经济增长提供强大动力的同时，也将为中国乡村产业发展转型注入新动能。为此，本章就互联网的影响效果提出假说 H1：互联网会对休闲农业与乡村旅游的经营效益产生显著的正向影响。

二、互联网影响休闲农业与乡村旅游经营效益的主要途径

经营者是互联网在休闲农业与乡村旅游业中产生增效作用的组织载体，因而有必要从休闲农业与乡村旅游经营者内部的运行机制来考察互联网带来的影响。Buhalis 的系列研究认为，旅游经营者通过互联网与众多利益相关主体的互动可以实现更有效的对外营销和对内管理，因而经营主体的"互联网＋营销"和"互联网＋管理"是互联网对旅游业产生影响的两个最主要途径，尽管生产、人事等部门也会受到相关信息与通信技术植入的影响，但是营销和管理环节的影响尤为突出。从概念上看，营销和管理存在一定程度的重叠或包含关系，但营销侧重企业对外的经营活动，管理侧重对内的经营活动。为了避免营销和管理之间的概念冲突，并强调对外和对内经营活动的差异，我们将使用对

---

① 中国互联网络信息中心. 第 52 次中国互联网络发展状况统计报告 ［EB/OL］. （2023 - 08 - 28）［2023 - 09 - 30］. https://www.cnnic.net.cn/n4/2023/0828/c88 - 10829. html. 该报告中统计的"在线旅行预订"包括网上预订过机票、酒店、火车票或旅游度假产品。

② 中国信息通信研究院. 中国数字经济发展研究报告（2023 年）［EB/OL］. （2023 - 04 - 27）［2023 - 08 - 10］. http://www.caict.ac.cn/kxyj/qwfb/bps/202304/P020240326636641423455.pdf.

③ 李嘉宝. "数字乡村"正在走来 ［N］. 人民日报（海外版），2019 - 04 - 17（8）.

④ 唐跃桓，杨其静，李秋芸，等. 电子商务发展与农民增收：基于电子商务进农村综合示范政策的考察 ［J］. 中国农村经济，2020（6）：75 - 94.

⑤ 程名望，张家平. 互联网普及与城乡收入差距：理论与实证 ［J］. 中国农村经济，2019（2）：19 - 41.

外推介和内部管理来表示互联网影响休闲农业与乡村旅游的两大主要途径。其中，前者主要指对外宣传介绍、信息推送、形象传播等经营活动，后者主要指客户接待前、接待中、接待后的与人财物相关的经营活动。

在对外推介上，互联网的影响主要体现在缓解供求双方的信息不对称和提高消费者需求满足的精准性两个方面。在"互联网＋旅游"出现之前，以旅行社为代表的旅游代理商或中介组织是旅游产品对外推介的主要途径。而互联网的兴起，特别是社交媒体和移动自媒体的普及，为旅游业创造了新的对外推介模式，旅游经营者可以通过微营销（micro marketing）、新营销（neo marketing）、数据库营销（database marketing）等方式更加充分地与消费者进行互动，帮助其分析消费者的个性化需求并作出及时反应①。这使得以处理信息为主要工作的传统中介组织渐渐丧失了竞争力②。同时，外围提供交通、餐饮、住宿服务的其他相关行业主体也可借由互联网平台加入旅游市场份额的竞争，使得旅游中介赚取旅游经营者与消费者之间差价的概率大为降低③，进而为旅游经营者的对外推介工作实现低投入和高回报创造了可能④。

在内部管理上，互联网的影响可以从以下三个方面来考察：一是有助于降低交易成本。一方面，互联网为旅游产品消费的无现金支付提供了便利，减少了售后出现退款情况的麻烦⑤；另一方面，互联网在信息反馈方面的优势可以减少因复杂维权途径导致的高昂的维权成本，为消费者如果遇到欺诈时能够有效保护自身权益提供了某种"担保"，从而使他们更愿意选择有保障的互联网平台购买旅游产品⑥。二是有助于提高消费者的感知安全。大多数消费者因不确定他们的消费信息是否会被收集、记录并用于其他目的，而越来越在意个人信息的安全性⑦。互联网在加密、保护、验证和认证等信息保密方面的技术发

① D' URSO P, DISENGNA M, MASSARI R, et al. Fuzzy segmentation of postmodern tourists [J]. Tourism management, 2016, 55: 297-308.

② TSAI H, HUANG L, LIN C. Emerging e-commerce development model for Taiwanese travel agencies [J]. Tourism management, 2005, 26 (5): 787-796.

③ CONNELL J, REYNOLDS P. The implications of technological developments on tourist information centres [J]. Tourism management, 1999, 20 (4): 501-509.

④ HAYS S, PAGE S J, BUHALIS D. Social media as a destination marketing tool: its use by national tourism organisations [J]. Current issues in tourism, 2013, 16 (3): 211-239.

⑤ BUNDUCHI R. Business relationships in internet-based electronic markets: the role of goodwill trust and transaction costs [J]. Information systems journal, 2005, 15 (4): 321-341.

⑥ MAHADEVAN B. Business models for internet-based e-commerce: an anatomy [J]. California management review, 2000, 42 (4): 55-69.

⑦ FLAVIÁN C, GUINALÍU M. Consumer trust, perceived security and privacy policy: three basic elements of loyalty to a web site [J]. Industrial management and data systems, 2006, 106 (5): 601-620.

展为消费者提供了感知安全①，加上互联网旅游服务平台若能承诺对消费者信息保密，将有效提高消费者感知安全，并促使交易的达成。三是有助于提高消费者的在线忠诚度（e-loyalty）。通过互联网，消费者可以更为便捷地访问经营者的网站，以考虑当下或以后的消费意愿，并最终提升消费满意度②；同时互联网能够使经营者的市场声誉在不同文化和偏好的消费者之间实现中立的、无差异的传播，进而收获更多消费者的信任③。而满意和信任是消费者忠诚的前提④，故互联网在内部管理中的应用可以更好地提升在线忠诚度来扩大交易规模。

基于此，本章就互联网的影响途径提出假说 H2：互联网在对外推介环节和内部管理环节的应用可以显著提升休闲农业与乡村旅游经营效益。

三、互联网在异质性经营者间的影响差异

经营者异质性对企业投资、贸易、生产率和绩效的显著影响已经为不少经济学研究所证实⑤，在旅游业中也存在类似现象⑥。在互联网经济起步初期，一些研究发现中小型旅游企业常常缺乏利用互联网来提高其竞争力所必需的专业知识和市场意识，因而互联网未必能促进旅游经营效益的增加⑦。但随着互联网在经济领域的深度拓展，特别是以阿里巴巴为代表的一大批互联网平台企业

---

① CHELLAPPA R，PAVLOU P. Perceived information security，financial liability and consumer trust in electronic commerce transactions [J]. Logistics information management，2002，15（5/6）：358-368.

② CYR D，KINDRA G，DASH S. Web site design，trust，satisfaction and e-loyalty：the Indian experience [J]. Online information review，2008，32（6）：773-790.

③ JIN B，PARK J，KIM J. Cross-cultural examination of the relationships among firm reputation，e-satisfaction，e-trust，and e-loyalty [J]. International marketing review，2008，25（3）：324-337.

④ ALI A，FREW A. Information and communication technologies for sustainable tourism [M]. London：Routledge，2012：256-265.

⑤ 李磊，蒋殿春，王小霞. 企业异质性与中国服务业对外直接投资 [J]. 世界经济，2017（11）：47-72；钱学锋，王备. 异质性企业与贸易政策：一个文献综述 [J]. 世界经济，2018（7）：169-192；王定星. 企业异质性、市场化与生产率分布 [J]. 统计研究，2016（8）：47-54；张志强. 聚集经济、企业异质性会提高企业的绩效吗?：基于 TFP 和价格加成的视角 [J]. 产业经济研究，2014（5）：33-43.

⑥ 杨云. 高层内部管理团队组成特征与饭店绩效关系的实证研究：以湖南、广东省中高档星级饭店为例 [J]. 旅游科学，2008（1）：49-56.

⑦ SEBUSANG S，MASUPE S. ICT development in Botswana：connectivity for rural communities [J]. South African journal of information and communication 2003，2003（4）：41-51；DUAN Y，MULLINS R，HAMBLIN D，et al. Addressing ICTs skill challenges in SMEs：insights from three country investigations [J]. Journal of European industrial training，2002，26（9）：430-441.

的崛起，互联网不再是大企业的专属，它对中小企业经营效益的作用日益显现①。互联网"让天下没有难做的生意"同样发生在旅游业。如携程、去哪儿、艺龙、飞猪等优秀互联网旅游平台企业的快速成长，为中小（微）休闲农业与乡村旅游经营者创造了巨大的盈利空间②。那么，互联网对异质性的旅游经营者是否存在不同的影响效果呢？通过梳理文献，我们发现，衡量旅游企业异质性的指标很多，但多数体现在经营规模的差异上，而经营规模的异质性表面上反映为经营组织类型的差异，本质上又体现为经营能力即经营者人力资本的差异③。故本章重点从组织类型与人力资本两个方面来考察经营者异质性的影响。

从组织类型的异质性看，休闲农业与乡村旅游业中小（微）企业常常存在因较差的规范化内部管理、较低的服务质量和较少的社会资源而难以获取规模效益的"通病"，但现实中休闲农业与乡村旅游业市场主体中个体经营户却占主导地位，规模化、标准化的企业相对偏少④。而互联网为个体经营户扭转这一"劣势"创造了核心优势。它不仅缓解了旅游个体经营户在工作场所、运营空间、组织创新等方面的刚性约束⑤，还给予了个体经营户与大企业同步的售前、售后服务和规范化内部管理的可能⑥，减少了他们因宣传和对外推介渠道

---

① 吴群．"互联网＋中小企业"的发展致思［J］．理论探索，2016（1）：103－107；DÍAZ-CHAO Á，SAINZ-GONZÁLEZ J，TORRENT-SELLENS J. ICT，innovation，and firm productivity：new evidence from small local firms［J］．Journal of business research，2015，68（7）：1439-1444；GALLO-WAY L，SANDERS J，BENSEMANN J. ICT as a strategic enhancer in small firms：a study of New Zealand and Scotland［J］．Strategic change，2016，25（6）：647－657.

② LITUCHY T，RAIL A. Bed and breakfasts，small inns，and the Internet：the impact of technology on the globalization of small businesses［J］．Journal of international marketing，2000，8（2）：86－97；BURKE K. The impact of internet and ICT use among SME agribusiness growers and producers［J］．Journal of small business and entrepreneurship，2010，23（2）：173－194.

③ PENA A，JAMILENA D，MOLINA M. Impact of market orientation and ICT on the performance of rural smaller service enterprises［J］．Journal of small business management，2011，49（3）：331－360.

④ RITCHIE J R B，CROUCH G I. The competitive destination：a sustainable tourism perspective［M］．New York：Oxford University Press，2003.

⑤ ARVANITIS S. Computerization，Workplace organization，skilled labour and firm productivity：evidence for the Swiss business sector［J］．Economics of innovation and new technology，2005，14（4）：225－249；GALLIANO D，ROUX P. Spatial externalities，organisation of the firm and ICT adoption：the specificities of french agri-food firms［J］．International journal of biotechnology，2003，5（3）：269－296；KOHAR U，SENIN A，ISMAIL K. The cultivation of organizational innovation amongst Malaysian bumiputera（indigenous）ICT-based small firms［J］．Procedia-social and behavioral sciences，2012，40：358－363.

⑥ CHUA A，DEANS K，PARKER C. Exploring the types of SMEs which could use blogs as a marketing tool：a proposed future research agenda［J］．Australasian journal of information systems，2009，16（1）：117-136.

的不完善而形成的与大企业之间市场影响力的差别①。更为重要的是，互联网在帮助个体经营户拉平与规模经营户上述差距的基础上，可以成功地将其个性化、特色化、组织成本低和调整弹性大等"小而美"的竞争优势充分发挥出来②。为此，我们推断，相比于规模更大的单位经营户而言，互联网对个体经营户经营效益的提升作用更大。

从人力资本的异质性来看，休闲农业与乡村旅游业中小（微）企业经营者的知识储备、企业家才能等人力资本水平总体偏低③。互联网的引入对提高企业人力资源的素质和专业化水平，进而提升劳动效率和整体产出水平，并最终推动企业组织、战略和内部管理模式创新的作用已经为不少研究所确认④。而互联网的上述"人力资本效应"对于中小企业发展来说作用尤为突出⑤，并且互联网对中小企业人力资本提升的作用是一个动态的持续过程⑥，因而中小企业对互联网也表现出不断增长的使用需求⑦。在 21 世纪以来的全球休闲农业与

① ZAIDAN E. Analysis of ICT usage patterns, benefits and barriers in tourism SMEs in the middle eastern countries: the case of Dubai in UAE [J]. Journal of vacation marketing, 2017, 23 (3): 248 - 263.

② EVANS G, BOHRER J, RICHARDS G. Small is beautiful? ICT and tourism SMEs: a comparative European survey [J]. Information technology and tourism, 2001, 3: 139 - 153.

③ SHAH S, EL-GOHARY H, HUSSAIN J. An investigation of market orientation (MO) and tourism small and medium-sized enterprises' (SMEs) performance in developing countries: a review of the literature [J]. Journal of travel and tourism marketing, 2015, 32 (8): 990 - 1022.

④ VIOLLAZ M. ICT adoption in micro and small firms: can internet access improve labour productivity [J]. Development policy review, 2019, 37: 692 - 715; BECCHETTI L, LONDONO-BEDOYA D, PAGANETTO L. ICT investment, productivity and efficiency: evidence at firm level using a stochastic frontier approach [J]. Journal of productivity analysis, 2003, 20 (2): 143 - 167; BARBA-SÁNCHEZ V, MARTÍNEZ-RUIZ M, JIMÉNEZ-ZARCO A. Drivers, benefits and challenges of ICT adoption by small and medium sized enterprises (SMEs): a literature review [J]. Problems and perspectives in management, 2007, 5 (1): 103 - 114.

⑤ GALLEGO J M, GUTIÉRREZ L H, LEE S H. A firm-level analysis of ICT adoption in an emerging economy: evidence from the Colombian manufacturing industries [J]. Industrial and corporate change, 2014, 24 (1): 191 - 221; DJATIKUSUMO D S. Determinants of SMEs' adoption of information communication technology (ICT) and their impact on organizational performance in Indonesia [D]. Canberra: University of Canberra, 2014; MARTIN F M, CIOVICA L, CRISTESCU M P. Implication of human capital in the development of SMEs through the ICT adoption [J]. Procedia economics and finance, 2013, 6: 748 - 753.

⑥ SUNDAY C E, VERA C. Examining information and communication technology (ICT) adoption in SMEs: a dynamic capabilities approach [J]. Journal of enterprise information management, 2018, 31 (2): 338 - 356.

⑦ GIOTOPOULOS I, KONTOLAIMOU A, KORRA E, et al. What drives ICT adoption by SMEs? evidence from a large-scale survey in Greece [J]. Journal of business research, 2017, 81: 60 - 69.

乡村旅游业中，中小（微）经营者使用互联网已经成为一种趋势①，无论在他们个体的人力资本水平，还是组织的经营能力上，互联网的"人力资本效应"对经营收益均表现出明显的增量作用②。尽管对于人力资本存量水平较高的大企业而言，互联网的引入也能通过优化企业经营内部管理来创造更大的经济效益，但人力资本效应的贡献可能是边际递减的③。因为互联网人力资本效应的发挥需要以"数字人力资本"（digital human capital）的形成为前提，即需要互联网与经营者原始人力资本充分结合，使互联网力量为转化为经营者内在的禀赋④。对于人力资本水平相对较低的休闲农业与乡村旅游经营户而言，"数字人力资本"形成的速度并不比高人力资本经营者慢，难度也并不高⑤；并且他们使用互联网的经营性目的往往是第一位的，而满足娱乐、休闲等非经营性目的的需求比人力资本较高的经营户则要低得多⑥，故互联网的引入对其经营效益的边际贡献可能更大。为此，我们推断，相比于更高人力资本水平的经营者而言，互联网对较低人力资本水平经营户的经营效益的提升作用更大。

基于上述两点推断，本章就互联网影响效果的差异提出假说 H3：互联网对休闲农业与乡村旅游经营户经营效益的影响具有小规模、低人力资本水平偏向。

① KAMEL S, SHERIF A EL. The role of small and medium-sized enterprises in developing Egypt's tourism industry using e-commerce. PICMET' 01. Portland International Conference on Management of Engineering and Technology. Proceedings Vol. 1: book of summaries（IEEE Cat. No. 01CH37199）［C］. IEEE, 2002; THOMAS R, SHAW G, PAGE S J. Understanding small firms in tourism: a perspective on research trends and challenges［J］. Tourism management, 2011, 32（5）: 963-976.

② BUHALIS D, KALDIS K. eEnabled internet distribution for small and medium sized hotels: the case of Athens［J］. Tourism recreation research, 2008, 33（1）: 67-81; MERILÄINEN K. From floating to leading: the transformation of digital marketing capabilities through ICT uptake in tourism SMEs［C］. Information and communication technologies in tourism 2017, 2017: 89-100.

③ THRANE C. Earnings differentiation in the tourism industry: gender, human capital and socio-demographic effects［J］. Tourism management, 2008, 29（3）: 514-524; SAFFU K, APORI S D, ELIJAH-MENSAH A, et al. The contribution of human capital and resource-based view to small and medi-um-sized tourism venture performance in Ghana［J］. International journal of emerging markets, 2008, 3（3）: 268-284.

④ LEWIS J, WRIGHT P, WRIGHT G D. Managing human capital［J］. Management decision, 2004, 42（2）: 205-228.

⑤ RATZINGER D, AMESS K, GREENMAN A, et al. The impact of digital start-up founders' higher education on reaching equity investment milestones［J］. Journal of technology transfer, 2018, 43（3）: 1-19.

⑥ ZORN S, LEE R, MURPHY J. Marketing implications of traditional and ICT-mediated leisure activities［J］. Behaviour and information technology, 2012, 31（4-6）: 329-341.

第二节　方法与数据

一、经验分析方法

从逻辑上看，要讨论互联网对休闲农业与乡村旅游经营户经营效益的影响，首先要讨论使用互联网的决策是不是外生的。已有研究表明，生产经营中的技术选择与应用常常是经营者自发的过程，由经营者经营能力、收益预期等多方面因素共同决定，而不是一个随机过程。为此，本章借鉴 Maddala 于 1983 年提出的处理效应模型，对休闲农业与乡村旅游经营户经营效益方程和互联网使用决策方程设定如下：

$$RT_i = X_i'\gamma + \beta ICT_i + e_i \tag{7.1}$$

$$ICT_i^* = Z_i\delta + \mu_i$$

$$ICT_i = \begin{cases} 1, ICT_i^* > 0 \\ 0, ICT_i^* \leqslant 0 \end{cases} \tag{7.2}$$

式中，RT_i 表示第 i 个休闲农业与乡村旅游经营户的经营效益，ICT_i 表示经营户是否使用互联网；β 表示解释变量的待估系数；X_i' 表示其他影响经营效益的控制变量向量；γ 表示控制变量系数向量；e_i 表示随机误差项。

由于互联网使用决策过程中存在着不可观测的因素（如个人能力、使用动机等），且没有理由认为这些因素与影响经营户经营效益的不可观测变量是无关的，即 μ_i 有可能与 e_i 线性相关（$\rho_{\mu e} \neq 0$）。此时继续使用普通最小二乘估计，结果将是有偏的。

对于此类情况，不少学者选择使用倾向得分匹配（propensity score matching，PSM）的方法来估计。该方法的思想是通过匹配估计量从控制组找到一个尽可能与实验组相似的个体，使样本尽可能地接近随机分组的数据。它的前提是基于可忽略性（ignorability）假定，即纳入足够多的协变量使得不可观测变量的影响可忽略。这意味着，该方法只能够控制可观测变量的影响，如果自我选择的过程也受到不可观测变量的影响，且协变量不够多，则很有可能导致隐性偏差（hidden bias）。可忽略性假定是一个很强的假定，因为在一般的估计过程中，很难做到纳入足够多的协变量以满足这个假定。

为了同时控制由可观测因素和不可观测因素导致的选择性偏差问题，本章采用能够克服选择性偏差的处理效应模型（treatment effect model，TEM）进行估计。借鉴已有文献的经验[①]，本章使用 TEM 的估计过程有如下两个方面：

一是设定互联网使用决策方程，通过建立该方程来估计使用的意愿大小。根据 Consoli 作出的较为全面的文献梳理结果[②]，影响互联网技术使用的因素主要可从个人（如决策者的人口学特征）、组织（如经营组织的要素投入特点）、环境（如经营主体所处的政治、社会、自然等特点）、经济（如经济发展水平、市场容量、供求双方特点）等四个层面来考察。这为本章变量选取提供了重要参考。

二是设定休闲农业与乡村旅游经营效益方程，用以考察互联网使用及其他因素对休闲农业与乡村旅游经营者经营效益的影响。为了避免模型不可识别的风险，决策方程中至少要使用一个有效的工具变量。已有文献的研究显示，由于同群效应的存在，同类型单位中互联网使用的广泛程度越高，该群体中成员使用互联网的倾向越明显，而这种扩散程度对个体经营效益并没有直接的影响[③]。借鉴这种思路，本章将样本经营者所在村的其他休闲农业与乡村旅游经营户使用互联网的比例纳入互联网使用决策方程，它反映了互联网在村庄内各经营户中的扩散程度，但逻辑上并不直接影响该样本经营户的休闲农业与乡村旅游经营效益。

如果两个方程的随机误差项之间的相关系数 $\rho_{\iota\varepsilon}>0$ 且显著，表明存在正向的选择性偏差，此时若采用 OLS 估计，结果将会高估互联网对休闲农业与乡村旅游经营效益的影响。如果 $\rho_{\iota\varepsilon}<0$ 且显著，表明存在负向的选择性偏差，此时 OLS 估计结果将会低估互联网对休闲农业与乡村旅游经营效益的影响。为了减少决策方程的估计误差进入效益方程带来的效率损失，本章使用极大似然估计（MLE）来同时估计包括 β 在内的所有模型参数。但 β 仅反映了边际效果，为了更加全面地考察互联网使用对经营效益的平均效应，本章还将进一步计算互联网使用的平均处理效应（ATE）。其简要计算方法如下：

$$ATE = E(RT_i \,|\, ICT_{1i} = 1, X_i, Z_i) - E(RT_i \,|\, ICT_{1i} = 0, X_i, Z_i) \quad (7.3)$$

① OGUNNIYI A, OMONONA B, ABIOYE O, et al. Impact of irrigation technology use on crop yield, crop income and household food security in Nigeria: a treatment effect approach [J]. AIMS agriculture and food, 2018, 3 (2): 154-171.

② CONSOLI D. Literature analysis on determinant factors and the impact of ICT in SMEs [J]. Procedia-social and behavioral sciences, 2012, 62: 93-97.

③ AGARWAL R, ANIMESH A, PRASAD K. Research note-social interactions and the "digital divide": explaining variations in internet use [J]. Information systems research, 2009, 20 (2): 277-294.

式中，$E(RT_i \mid ICT_{1i} = 1, X_i, Z_i)$ 表示使用了互联网的期望经营效益；$E(RT_i \mid ICT_{1i} = 0, X_i, Z_i)$ 表示没有使用互联网的期望经营效益。该平均处理效应控制了可观测和不可观测因素引起的估计偏误问题。ATE 表示对一个随机的休闲农业与乡村旅游经营者而言，使用互联网对其经营效益的平均影响。

二、数据来源与变量说明

本章所使用的数据仍主要来自北京市"三农普"数据中的村级数据。选择该数据进行实证分析的理由有二：一是已有研究对北京市（或以北京市为例的）休闲农业与乡村旅游发展内在机制的实证研究还较为薄弱，具有深入挖掘研究的空间；二是北京市乡村互联网基础设施建设水平走在全国前列，为考察互联网对休闲农业与乡村旅游发展的影响提供了有利的研究场景。经过样本清理（删除了在调查年度没有营业的样本和存在数据缺失的样本），最终获得有效的休闲农业与乡村旅游经营户样本共计 20 716 个。

（一）休闲农业与乡村旅游经营收益

为了考察首都休闲农业与乡村旅游的经营效益，本章选择了经营户的经营收入和经营利润作为因变量。其中，经营收入是指休闲农业与乡村旅游经营户 2016 年从事休闲农业与乡村旅游各项生产服务经营活动取得的收入，主要代表经营户经营效益的总体规模；经营利润是指经营收入扣除经营成本的部分，主要代表了经营户的盈利能力。数据显示，样本户均年经营收入为 47.10 万元，有 90.6% 的经营户经营收入小于或等于 60 万元（见图 7-2）；样本户均年经营利润为 16.27 万元，有 90.0% 的经营户经营利润在 20 万元及以下（见图 7-3）。

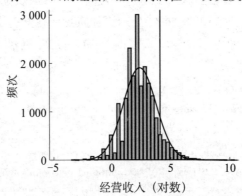

图 7-2 取对数后样本户休闲农业与乡村旅游经营收入的分布情况

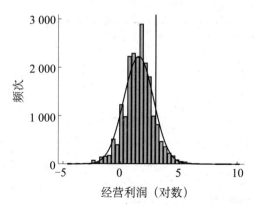

图 7 - 3 取对数后样本户休闲农业与乡村旅游经营利润的分布情况

(二) 互联网使用情况

从互联网影响北京市休闲农业与乡村旅游经营效益的主要途径看，互联网的使用情况可以从对外推介环节和内部管理环节两个方面来考察。结合北京市"三农普"数据的指标设置，对外推介环节使用互联网情况可以分为传统媒体、网络平台和移动通信三种类型，内部管理环节使用互联网情况的可以分为不使用电子商务网络平台、第三方平台和自主网站三种类型。数据显示，对外推介环节仅采用传统媒体（即未使用互联网）进行对外推介的经营户占总样本的45.7%，使用互联网对外推介的经营户占54.3%，其中仅使用移动通信的经营户占28.5%，仅使用网络平台的占10.9%，而使用两种及两种以上的经营户仅占到14.9%；内部管理环节不使用电子商务网络平台的经营户占大多数，达76.3%，使用互联网的经营户占23.7%，其中使用第三方网络平台的经营户占总体的19.8%，而使用自主网站的经营户仅为3.0%，兼用第三方网络平台和自主网站的不到1%（见表7-1）。

表 7 - 1 休闲农业与乡村旅游经营户使用互联网的情况

休闲农业与乡村旅游经营户互联网使用情况	占比
对外推介环节	
移动通信	28.5%
网络平台	10.9%
传统媒体＋网络平台	5.1%
传统媒体＋移动通信	2.0%

续表

休闲农业与乡村旅游经营户互联网使用情况	占比
网络平台＋移动通信	4.9%
三种都使用	2.8%
传统媒体	45.7%
内部管理环节	
第三方网络平台	19.8%
自主网站	3.0%
自主网站＋第三方网络平台	0.9%
不使用电子商务网络平台	76.3%
是否使用互联网	
对外推介或内部管理任何一个环节使用了互联网	57.3%
任何一个环节都未使用互联网	42.7%
是否全面使用互联网	
对外推介和内部管理两大环节均使用了互联网	20.7%
未做到两大环节同时使用互联网	79.3%

　　为了从总体上衡量互联网使用程度的差异，本章将对外推介或内部管理任何一个环节使用了互联网的情况定义为"使用互联网"，将两大环节均使用了互联网的情况定义为"全面使用互联网"。经过对这两个新定义指标的统计分布看，使用互联网的经营户达 57.3%，全面使用互联网的占比为 20.7%。这两个指标与经营效益的交互分析显示，使用互联网的经营户均年经营收入和利润分别约为 74.82 万元和 14.65 万元，而未使用互联网的经营户均年经营收入和利润仅约为 30.66 万元和 7.58 万元；全面使用互联网的经营户均年经营收入和利润分别约为 121.33 万元和 19.07 万元，而未全面使用互联网的经营户均年经营收入和利润分别仅约为 39.18 万元和 9.85 万元。可见，互联网使用与否以及使用程度高低带来的经营效益的差距明显，但更为准确的影响效果需要进一步的计量分析。

　　（三）其他变量

　　本章在参考了已有文献及北京市"三农普"数据指标情况的基础上，针对互联网使用方程和休闲农业与乡村旅游经营效益方程，尽可能全面地纳入了相关变量，主要包括以下四个方面[①]：一是个人层面，本章主要选取了负责人的户籍所在地与其学历；二是组织层面，本章主要从经营主体的类型（是否为个体经营户、法人单位、产业活动单位或未注册单位）、是否为民俗旅游挂牌户（政府颁牌认定的专业户）、农耕文化体验类型（是否提供农业生产体验、农村文化体验）、要素投入特征（占地面积、旺季从业人数、床位数、注册资本）等维度选取了若干指标；三是环境层面，本章主要基于村庄层面从政治（村党支部书记年龄）、经济（村集体收入、人均村集体分红）、基础设施建设（是否有专职环卫人员、是否有生活污水管网）、地形地貌（平原地区、丘陵地区（浅山区）、山区）等维度选取了若干指标；四是市场层面，本章从村庄休闲农业与乡村旅游市场容量（全村正规旅游接待户数、全村年接待旅游人数）、同行竞争程度（村中其他经营户的效益水平）等方面选取了若干指标。此外，体现"互联网＋"使用的同群效应的相关指标（村中其他经营户使用互联网的比例）也将成为本章重要的工具变量出现。

上述指标的具体描述性统计特征见表7-2。

表7-2 指标含义及描述性统计

变量		变量说明	平均值	标准差
休闲农业与乡村旅游经营效益	经营收入	休闲农业与乡村旅游经营户的年收入，单位为万元。	55.015	503.900
	经营利润	休闲农业与乡村旅游经营户的年经营利润，单位为万元。	11.429	250.737
互联网使用情况	ICT1：对外推介环节使用	利用不同媒介进行的推广宣传等业务活动，将使用网络平台或移动通信赋值为1，使用传统媒体赋值为0。	0.543	0.499
	ICT2：内部管理环节使用	指利用网络平台开展电子商务活动，将使用自主网站或第三方平台赋值为1，将不使用电子商务网络平台赋值为0。	0.237	0.426

① AMMIRATO S. An empirical study of agritourism evolution and e-commerce adoption challenges [J]. Information technology and tourism，2010，12（1）：89-104；BARBIERI C，MSHENGA P. The role of the firm and owner characteristics on the performance of agritourism farms [J]. Sociologia ruralis，2008，48（2）：166-183；EVANS N，ILBERY B. A conceptual framework for investigating farm-based accommodation and tourism in Britain [J]. Journal of rural studies，1989，5（3）：257-266.

续表

变量		变量说明	平均值	标准差
互联网使用情况	ICT3：是否使用	对外推介或内部管理任何一个环节使用 ICT 赋值为1，否则为0。	0.573	0.494
	ICT4：是否全面使用	对外推介和内部管理两大环节均使用 ICT 赋值为1，否则为0。	0.207	0.405
个人层面	负责人户籍	负责人户籍属于本乡（镇）内的赋值为0，乡（镇）外市内的赋值为1，京外国内的赋值为2，国外及港澳台的赋值为3。	0.582	0.874
	负责人学历	负责人学历为大专（大学）及以上的赋值为1，高中（中专）及以下的赋值为0。	0.098	0.298
组织层面	个体经营户	个体经营户赋值为1；法人单位、产业活动单位或未注册单位赋值为0。	0.879	0.326
	民俗旅游挂牌户	民俗旅游挂牌户赋值为1，否则为0。	0.240	0.427
	农耕文化体验	提供农业生产或农村文化体验类旅游产品赋值为1，否则为0。	0.147	0.354
	占地面积	经营用占地面积，单位为亩。	24.671	526.889
	旺季从业人数	接待游客人数最多的若干月份，平均在本单位取得劳动报酬的月末实有人员数，单位为人。	5.939	27.276
	床位数	为游客提供住宿服务的床位数量，单位为个。	27.354	779.809
	注册资本	依法登记的实缴或者认缴的出资额，以及个体经营户的实际投入资金，单位为万元。	77.212	1 933.760

续表

	变量	变量说明	平均值	标准差
环境层面	村党支部书记年龄	受访时村党支部书记的年龄，单位为岁。	51.186	6.918
	村集体收入	纳入村集体 2016 年收益分配的收入，单位为万元。	1 894.189	9 254.045
	人均村集体分红	村集体 2016 年度内将村集体收益（企业利润、租金、股息等）分给本村居民的人均现金额，单位为元。	3 273.040	7 956.068
	专职环卫人员	有专职环卫人员的赋值为 1，否则为 0。	0.953	0.211
	生活污水管网	生活污水由污水排放管道统一处理的赋值为 1，否则为 0。	0.680	0.466
	地形地貌平原地区	是＝1；否＝0	0.611	0.488
	地形地貌丘陵地区（浅山区）	是＝1；否＝0	0.074	0.262
	地形地貌山区	是＝1；否＝0	0.315	0.465
市场层面	全村正规旅游接待户数	有营业执照，在本辖区内从事旅游接待、餐饮和住宿等服务的居民户数量，单位为户。	16.889	35.336
	全村年接待旅游人数	2016 年全村接待的旅游人数。	235 049.800	643 696.500
	同行经营效益水平	本村其他休闲农业与乡村旅游经营户的户均经营利润，单位为万元。	11.221	127.533
工具变量	IV 1：本村同行对外推介环节使用互联网比例	本村其他休闲农业与乡村旅游经营户对外推介环节使用互联网的比例。	0.532	0.427
	IV 2：本村同行内部管理环节使用互联网比例	本村其他休闲农业与乡村旅游经营户内部管理环节使用互联网的比例。	0.232	0.330

续表

变量		变量说明	平均值	标准差
工具变量	Ⅳ3：本村同行使用互联网比例	本村其他休闲农业与乡村旅游经营户使用互联网的比例。	0.570	0.421
	Ⅳ4：本村同行全面使用互联网比例	本村其他休闲农业与乡村旅游经营户全面使用互联网的比例。	0.205	0.318

注：负责人学历原始问卷为三分变量，即"高中（中专）及以下""大专和大学""研究生及以上"。但由于样本中"研究生及以上"的仅为147个，为了便于后文计算和说明学历对经营效益的影响机制，我们将经营户学历进行了二分，即分成"高中（中专）及以下"和"大专（大学）及以上"两类。

第三节　互联网对休闲农业与乡村旅游经营效益的影响

一、影响的主要结果

从互联网对北京市休闲农业与乡村旅游经营收入、经营利润影响的估算结果看（见表7-3和表7-4），无论是对外推介环节或内部管理环节，还是使用或全面使用，TEM的Wald检验都通过了1%的显著性水平，而且方程残差相关系数ρ都在可接受的水平上显著，表明休闲农业与乡村旅游经营户的互联网采纳方程分别与经营收入方程、经营利润方程显著相关，同时估计互联网使用和经营收入方程或经营利润方程是合适的。

表7-3中TEM Ⅰ～TEM Ⅳ的估计结果表明，对外推介环节和内部管理环节使用互联网对休闲农业与乡村旅游经营收入均有显著的正向促进作用，比相应环节未使用互联网的经营户分别要高出2.8%和4.1%。但是，放宽对使用环节的限定，从任何一个环节使用互联网就认定为使用了互联网，即从是否使用互联网的情况看，使用互联网对经营收入的边际影响并不显著。相反，若从更高的互联网使用程度来考察便可以发现，相较于没有在对外推介和内部管理两大环节同时使用互联网的经营户而言，全面使用互联网的经营户的经营收入要高出8.2%。

由于经营成本的存在，经营收入并不能全面反映休闲农业与乡村旅游效益，为此本章进一步考察了互联网使用情况与经营利润的关系。表7-4中TEM Ⅴ～TEM Ⅷ的估计结果显示，对外推介环节使用互联网对经营户经营利润的影响依然显著，其边际促进作用约为 3.3%，与前述对经营收入的作用比较接近。但是，内部管理环节使用互联网对经营利润的作用变得不显著了，说明内部管理环节尚未成为互联网提升经营利润的重要方向，可能的原因主要在于休闲农业与乡村旅游经营户多为中小规模经营主体，内部管理水平和规范性总体不高，对降低成本和利润创造的贡献还不高。同时，从互联网使用程度看，使用互联网的边际作用依然不明显，而全面使用互联网对经营利润的作用依然显著，但其边际效应降到了 4.0%，说明全面使用互联网对经营收入的促进作用相较于对经营利润的影响可能更为明显。

在控制变量上需要说明的是：第一，在组织层面，农耕文化体验对经营效益总体呈现负向影响。原因可能是体验类旅游产品不仅需要一定的投入成本，还常常是作为吸引客源的辅助手段且多为免费提供，故对经营效益的作用反而是负向。第二，在环境层面，民俗旅游挂牌户、人均村集体分红、生活污水管网、地处山区对经营效益呈现负向影响。其中，民俗旅游挂牌户一般为正式在工商部门注册的，因而需接受的市场规范性约束较强，这不仅提高了必要的设施设备投资（如消防、食品安全以及某些专业类许可等），还在市场竞争中因面临非挂牌户虚假宣传、恶意揽客等挑战而处于相对劣势，故挂牌的效应反而是负向的。后三个指标的效应显著为负，可能主要同休闲农业与乡村旅游经营户所处的地理位置有关。一般而言，人均村集体分红多、生活污水管网等基础设施建设水平高的村庄大多处于城市近郊区域或因交通区位等原因而具有较高城市化水平，这些村庄的休闲农业与乡村旅游的资源恰恰相对偏少，因而休闲农业与乡村旅游经营效益自然就越低。山区的经营户虽然拥有较好的自然景观资源，但也会受到交通、用地等限制而影响经营效益。样本数据也显示，平原地区、丘陵地区（浅山区）和山区的经营户平均经营收入和利润是逐次降低的。第三，在市场层面，全村正规旅游接待户数、全村年接待人数对经营效益呈现负向影响，说明休闲农业与乡村旅游经营户之间存在着明显的市场竞争，但游客流量尚未转化为经营效益提升的源泉，原因可能在于北京市休闲农业与乡村旅游产业的价值创造能力还不高，经营户整体发展层次还较低。

由回归结果可知，假说 H1 和 H2 得到了部分确认，即从总体上看，当控制了个人、组织、环境和市场层面的因素之后，互联网使用对休闲农业与乡村旅游经营户的经营效益产生了积极的作用。但从表7-3的营收方程和表7-4的利润方程所表达的边际效应来看，使用互联网的作用并没有得到验证，说明并不是任意一个环节使用互联网就能促进经营效益；并且，内部管理环节使用互联网对经营利润的作用也没有得到验证，说明互联网在该环节的使用在增加

表 7 - 3 互联网对休闲农业与乡村旅游经营收入的影响：TEM 估计

变量	TEM I		TEM II		TEM III		TEM IV	
	RT	ICT1	RT	ICT2	RT	ICT3	RT	ICT4
ICT1: 对外推介环节使用	0.028* (0.015)							
ICT2: 内部管理环节使用		0.041* (0.024)						
ICT3: 是否使用					0.009 (0.016)			
ICT4: 是否全面使用							0.082*** (0.023)	
负责人户籍	0.109*** (0.007 4)	−0.005 05 (0.017 1)	0.115*** (0.007 8)	0.046 7** (0.022 0)	0.112*** (0.007 7)	0.003 24 (0.017 7)	0.110*** (0.007 5)	0.051 7*** (0.022 8)
负责人学历	0.024 9 (0.020 8)	0.205*** (0.044 3)	0.018 2 (0.021 8)	0.369*** (0.044 6)	0.021 6 (0.021 3)	0.219*** (0.047 1)	0.019 3 (0.021 2)	0.404*** (0.045 0)
个体经营户	−0.120*** (0.021 2)	−0.186*** (0.044 4)	−0.116*** (0.022 6)	−0.253*** (0.047 2)	−0.108*** (0.022 0)	−0.279*** (0.047 4)	−0.128*** (0.021 8)	−0.192*** (0.048 0)
民俗旅游挂牌户	−0.076 3*** (0.016 9)	0.259*** (0.039 2)	−0.109*** (0.017 9)	0.290*** (0.036 7)	−0.099 1*** (0.017 3)	0.304*** (0.042 1)	−0.087 4*** (0.017 4)	0.301*** (0.036 7)
农耕文化体验	−0.241*** (0.017 9)	0.254*** (0.042 4)	−0.249*** (0.018 8)	0.580*** (0.040 2)	−0.240*** (0.018 2)	0.365*** (0.046 2)	−0.252*** (0.018 4)	0.546*** (0.040 3)
占地面积（对数）	−0.044 6*** (0.007 0)	0.024 6 (0.015 3)	−0.056 0*** (0.007 4)	−0.013 0 (0.015 0)	−0.050 7*** (0.007 2)	0.022 5 (0.016 2)	−0.048 5*** (0.007 2)	−0.008 16 (0.015 1)
旺季从业人数（对数）	0.986*** (0.011 3)	0.143*** (0.024 8)	1.001*** (0.011 9)	0.316*** (0.025 2)	1.000*** (0.011 6)	0.192*** (0.026 7)	0.986*** (0.011 5)	0.291*** (0.025 0)

续表

变量	TEM I		TEM II		TEM III		TEM IV	
	RT	ICT1	RT	ICT2	RT	ICT3	RT	ICT4
床位数（对数）	−0.001 76 (0.005 2)	0.101*** (0.011 7)	0.005 81 (0.005 7)	0.193*** (0.011 1)	0.007 44 (0.005 4)	0.131*** (0.012 8)	−0.005 05 (0.005 5)	0.181*** (0.010 9)
注册资本（对数）	0.188*** (0.004 72)	0.045 2*** (0.010 8)	0.187*** (0.005 01)	0.098 1*** (0.010 9)	0.187*** (0.004 85)	0.050 5*** (0.011 6)	0.187*** (0.004 86)	0.095 3*** (0.011 0)
村党支部书记年龄	0.000 2 (0.000 8)	−0.001 1 (0.001 9)	−0.001 2 (0.000 8)	−0.000 7 (0.002 2)	−0.001 0 (0.000 8)	0.000 5 (0.002 0)	−0.000 029 6 (0.000 8)	−0.002 5 (0.002 2)
村集体收入（对数）	0.026 4*** (0.003 7)	0.002 4 (0.008 3)	0.023 9*** (0.003 87)	−0.009 0 (0.009 6)	0.025 2*** (0.003 8)	−0.007 8 (0.008 5)	0.025 4*** (0.003 8)	0.005 3 (0.009 8)
人均村集体分红（对数）	−0.005 3*** (0.001 6)	0.006 3* (0.003 7)	−0.005 1*** (0.001 7)	−0.000 3 (0.004 4)	−0.005 3*** (0.001 6)	0.010 1*** (0.003 9)	−0.004 9*** (0.001 6)	−0.006 6 (0.004 4)
专职环卫人员	0.028 2 (0.025 8)	0.187*** (0.059 1)	0.019 2 (0.027 9)	0.047 3 (0.070 2)	0.025 6 (0.027 1)	0.098 6 (0.065 9)	0.020 5 (0.026 4)	0.103 0 (0.068 3)
生活污水管网	−0.042 8*** (0.012 7)	0.013 5 (0.030 2)	−0.047 5*** (0.013 5)	0.120 0*** (0.036 6)	−0.034 4*** (0.013 0)	0.019 0 (0.031 5)	−0.057 5*** (0.013 0)	0.109 0*** (0.037 4)
丘陵地区（浅山区）（平原地区为参照）	0.053 1** (0.022 6)	−0.014 2 (0.055 1)	0.062 2*** (0.023 3)	−0.007 63 (0.057 4)	0.059 4*** (0.023 1)	−0.009 84 (0.056 8)	0.055 6*** (0.022 8)	0.023 5 (0.058 9)
山区（平原地区为参照）	−0.038 0** (0.017 0)	−0.041 6 (0.039 5)	−0.032 5* (0.017 8)	−0.058 4 (0.040 8)	−0.041 8** (0.017 4)	0.002 79 (0.040 8)	−0.029 2* (0.017 4)	−0.034 2 (0.041 7)
全村正规旅游接待户数（对数）	−0.060 5*** (0.004 6)	−0.048 3*** (0.011 5)	−0.056 5*** (0.004 9)	0.000 438 (0.011 4)	−0.056 8*** (0.004 7)	−0.051 3*** (0.011 9)	−0.061 5*** (0.004 7)	0.003 42 (0.011 5)
全村年接待旅游人数（对数）	−0.003 3*** (0.001 2)	0.001 55 (0.002 9)	−0.005 6*** (0.001 3)	0.007 7** (0.003 5)	−0.004 9*** (0.001 3)	−0.005 7* (0.003 0)	−0.004 1*** (0.001 2)	0.010 2*** (0.003 7)

续表

变量	TEM I		TEM II		TEM III		TEM IV	
	RT	ICT1	RT	ICT2	RT	ICT3	RT	ICT4
同行经营效益水平（对数）	0.239*** (0.006 1)	-0.112*** (0.014 3)	0.233*** (0.006 4)	-0.113*** (0.015 1)	0.235*** (0.006 2)	-0.128*** (0.014 8)	0.238*** (0.006 2)	-0.110*** (0.015 5)
IV1: 本村同行对外推介环节使用互联网比例		3.470*** (0.036)						
IV2: 本村同行内部管理环节使用互联网比例				3.062*** (0.051)				
IV3: 本村同行使用互联网比例						3.451*** (0.038)		
IV4: 本村同行全面使用互联网比例								3.146*** (0.051)
常数项	0.445*** (0.061)	-1.874*** (0.143)	0.554*** (0.063 3)	-2.467*** (0.160)	0.508*** (0.063)	-1.696*** (0.150)	0.502*** (0.062)	-2.645*** (0.164)
Wald检验值	31 996.71***		29 708.17***		30 555.73***		29 708.17***	
ρ	0.037** (0.015)		0.072*** (0.018)		0.059*** (0.016)		0.072*** (0.018)	
样本数	22 789		20 824		21 640		20 824	

注：括号内为稳健标准误；***，**，* 分别表示估计结果在1%、5%、10%水平上显著。

表7-4 互联网对休闲农业与乡村旅游经营利润的影响：TEM估计

变量	TEM V		TEM VI		TEM VII		TEM VIII	
	RT	ICT1	RT	ICT2	RT	ICT3	RT	ICT4
ICT1: 对外推介环节使用	0.033 0** (0.013 2)							
ICT2: 内部管理环节使用			0.014 7 (0.021 3)					
ICT3: 是否使用					0.022 9 (0.014 3)			
ICT4: 是否全面使用							0.039 6* (0.020 6)	
负责人户籍	0.083 0*** (0.006 9)	-0.007 27 (0.017 5)	0.085 7*** (0.007 3)	0.045 3** (0.022 7)	0.084 7*** (0.007 2)	0.006 32 (0.018 0)	0.083 6*** (0.007 1)	0.043 7* (0.023 5)
负责人学历	-0.042 5** (0.019 8)	0.179 9*** (0.046 3)	-0.054 4*** (0.020 8)	0.340 *** (0.046 6)	-0.048 7** (0.020 4)	0.186 *** (0.049 2)	-0.049 3** (0.020 2)	0.376 *** (0.047 1)
个体经营户	0.065 3*** (0.020 1)	-0.199 *** (0.046 0)	0.072 1*** (0.021 6)	-0.289 *** (0.048 9)	0.078 9*** (0.020 9)	-0.308 *** (0.049 2)	0.059 0*** (0.020 7)	-0.219 *** (0.049 8)
民俗旅游挂牌户	-0.046 3*** (0.015 7)	0.254 0*** (0.040 1)	-0.058 7*** (0.016 8)	0.278 *** (0.037 3)	-0.057 9*** (0.016 2)	0.280 0*** (0.042 8)	-0.048 4*** (0.016 3)	0.297 0*** (0.037 3)
农耕文化体验	-0.103 *** (0.016 8)	0.240 *** (0.043 8)	-0.107 *** (0.017 8)	0.589 *** (0.041 5)	-0.106 *** (0.017 2)	0.362 *** (0.047 7)	-0.105 *** (0.017 3)	0.547 *** (0.041 6)
占地面积（对数）	0.000 7 (0.006 8)	0.031 9** (0.016 2)	-0.004 59 (0.007 2)	-0.013 8 (0.015 9)	-0.003 74 (0.007 0)	0.032 2* (0.017 2)	0.000 8 (0.007 0)	-0.011 3 (0.016 1)
旺季从业人数（对数）	0.777 *** (0.010 7)	0.137 *** (0.025 9)	0.788 *** (0.011 4)	0.311 *** (0.026 2)	0.790 *** (0.011 1)	0.181 *** (0.027 7)	0.773 *** (0.011 0)	0.289 *** (0.026 2)

续表

变量	TEM V RT	TEM V ICT1	TEM VI RT	TEM VI ICT2	TEM VII RT	TEM VII ICT3	TEM VIII RT	TEM VIII ICT4
床位数（对数）	0.021 4*** (0.005 0)	0.107*** (0.012 1)	0.029 4*** (0.005 5)	0.196*** (0.011 5)	0.028 6*** (0.005 2)	0.137*** (0.013 3)	0.020 8*** (0.005 2)	0.185*** (0.011 3)
注册资本（对数）	0.120*** (0.004 5)	0.046 7*** (0.011 2)	0.118*** (0.004 8)	0.095 9*** (0.011 4)	0.118*** (0.004 6)	0.054 1*** (0.012 0)	0.120*** (0.004 62)	0.092 9*** (0.011 4)
村党支部书记年龄	−0.001 3* (0.000 7)	−0.000 4 (0.002 0)	−0.002 5*** (0.000 8)	−0.000 2 (0.002 2)	−0.002 1*** (0.000 8)	0.000 9 (0.002 0)	−0.001 7** (0.000 8)	−0.001 6 (0.002 3)
村集体收入（对数）	0.015 2*** (0.003 5)	0.000 160 (0.008 6)	0.016 0*** (0.003 7)	−0.016 2 (0.010 0)	0.016 6*** (0.003 6)	−0.012 5 (0.008 8)	0.014 8*** (0.003 6)	0.000 605 (0.010 2)
人均村集体分红（对数）	−0.008 7*** (0.001 5)	0.007 6** (0.003 8)	−0.007 9*** (0.001 6)	−0.000 65 (0.004 5)	−0.008 7*** (0.001 5)	0.010 8*** (0.004 0)	−0.007 9*** (0.001 5)	−0.006 3 (0.004 5)
专职环卫人员	0.030 8 (0.023 9)	0.023 7 (0.030 8)	0.016 3 (0.026 0)	0.037 5 (0.071 0)	0.021 7 (0.025 2)	0.088 1 (0.066 8)	0.025 6 (0.024 6)	0.099 9 (0.069 1)
生活污水管网	−0.008 8 (0.011 8)	0.189*** (0.059 8)	−0.016 9 (0.012 7)	0.136*** (0.037 6)	−0.003 7 (0.012 2)	0.030 4 (0.032 1)	−0.022 9* (0.012 2)	0.119*** (0.038 5)
丘陵地区（浅山区）（平原地区为参照）	−0.008 4 (0.021 1)	−0.044 3 (0.056 4)	0.011 7 (0.021 9)	−0.038 1 (0.058 9)	0.006 8 (0.021 6)	−0.039 5 (0.057 9)	−0.003 7 (0.021 4)	−0.004 9 (0.060 6)
山区（平原地区为参照）	0.042 4*** (0.015 9)	−0.053 3 (0.040 5)	0.055 5*** (0.016 8)	−0.085 4** (0.041 8)	0.043 0*** (0.016 4)	−0.004 02 (0.041 6)	0.055 0*** (0.016 3)	−0.061 8 (0.042 8)
全村正规旅游接待户数（对数）	−0.006 3 (0.004 3)	−0.049 3*** (0.011 7)	−0.003 2 (0.004 5)	−0.004 0 (0.011 6)	−0.004 0 (0.004 4)	−0.051 6*** (0.012 1)	−0.006 5 (0.004 4)	−0.000 9 (0.011 8)
全村年接待旅游人数（对数）	−0.009 98*** (0.001 2)	0.000 132 (0.003 0)	−0.012 1*** (0.001 2)	0.009 79** (0.003 7)	−0.011 4*** (0.001 2)	−0.006 85** (0.003 0)	−0.010 7*** (0.001 2)	0.011 8*** (0.003 9)

续表

变量	TEM V		TEM VI		TEM VII		TEM VIII	
	RT	ICT1	RT	ICT2	RT	ICT3	RT	ICT4
同行经营效益水平(对数)	0.271*** (0.005 7)	-0.110*** (0.014 7)	0.266*** (0.006 0)	-0.109*** (0.015 5)	0.269*** (0.005 9)	-0.125*** (0.015 2)	0.269*** (0.005 9)	-0.107*** (0.015 9)
IV1: 本村同行对外推介环节使用互联网比例		3.511*** (0.037 0)						
IV2: 本村同行内部管理环节使用互联网比例				3.095*** (0.051 8)				
IV3: 本村同行使用互联网比例						3.480*** (0.038 9)		
IV4: 本村同行全面使用互联网比例								3.186*** (0.052 1)
常数项	-0.067 9 (0.057 0)	-1.902*** (0.146)	0.017 6 (0.059 7)	-2.429*** (0.164)	-0.042 2 (0.059 0)	-1.665*** (0.153)	-0.005 69 (0.057 9)	-2.643*** (0.168)
Wald检验值	19 528.83***		17 674.59***		18 461.97***		18 743.63***	
ρ	0.041*** (0.014)		0.062*** (0.017)		0.060*** (0.015)		0.048*** (0.017)	
样本数	22 269		20 336		21 139		21 466	

注: 括号内为稳健标准误; ***、**、* 分别表示估计结果在1%、5%、10%水平上显著。

经营收入和经营利润上未必同样有效。为了全面检验假说 H1 和 H2 的推断，我们有必要进一步估算互联网使用的平均处理效应。

根据具体控制变量的估计结果，主要指标的系数估计值大都符合事实逻辑，并表现出较好的显著性水平。更为重要的是，在不改变估计方法的情况下，上述估计结果对各层面控制变量的调整并不敏感。因而，在此基础上进一步估算使用互联网对经营效益影响的平均处理效应是可靠的。估算结果显示，无论是对外推介环节或内部管理环节，还是使用或全面使用互联网，对休闲农业与乡村旅游经营户的经营效益均产生显著的正向影响。从使用环节看，对外推介环节使用互联网对经营收入（取对数后）和经营利润（取对数后）的平均处理效应分别为 0.091 和 0.098，相对于控制组（该环节没有使用互联网的经营户）的提升幅度分别为 3.68 个百分点和 5.55 个百分点；内部管理环节使用互联网的平均处理效应分别为 0.174 和 0.121，相应的提升幅度分别为 6.94 个百分点和 6.74 个百分点[1]。从使用程度看，情况类似，使用互联网对经营收入和经营利润的平均处理效应分别为 0.112 和 0.121，相比于控制组的提升幅度分别为 4.54 个百分点和 6.89 个百分点，而全面使用互联网的平均处理效应分别为 0.172 和 0.123，相比于控制组的提升幅度分别为 6.87 个百分点和 6.82 个百分点（见表 7-5）。可见，平均处理效应的结果稳健地验证了假说 H1 和 H2 的推断。

表 7-5　互联网使用对经营效益影响的平均处理效应

	ICT1：对外推介环节使用		ICT2：内部管理环节使用		ICT3：是否使用		ICT4：是否全面使用	
	ATE	变化	ATE	变化	ATE	变化	ATE	变化
经营收入（对数）	0.091*** (0.009)	3.68	0.174*** (0.025)	6.94	0.112*** (0.018)	4.54	0.172*** (0.018)	6.87
T检验	0.082*** (0.000)				0.060*** (0.000)			
经营利润（对数）	0.098*** (0.009)	5.55	0.121*** (0.020)	6.74	0.121*** (0.017)	6.89	0.123*** (0.016)	6.82
T检验	0.023*** (0.000)				0.002*** (0.000)			

注：变化＝ATE * 100% /控制组平均期望经营收入或经营利润的对数；T 检验分别以 ATE_{ICT2} −ATE_{ICT1} 和 ATE_{ICT4} −ATE_{ICT3} 的形式进行；***、**、* 分别表示估计结果在 1%、5%、10%水平上显著。

---

[1]　由于算术平均数和几何平均数的差异，将对数形式的经营收入和经营利润转换为原始值将带来偏差。故若无特殊说明，下文各处关于平均处理效应的估计结果均以经营收入或经营利润的对数形式来表达。

二、影响的机制分析

（一）接入效应：使用环节和程度的差异

前述理论分析表明，互联网主要是通过与对外推介环节、内部管理环节的结合对休闲农业与乡村旅游经营效益产生影响的。已有研究还显示，不同生产经营环节接入互联网的效果会产生差异①。如果我们将互联网的接入对休闲农业与乡村旅游经营效益所产生的作用称为接入效应，那么休闲农业与乡村旅游中的这种接入效应是否也会因不同接入环节而产生差异？进一步地，接入程度的不同是否也会带来接入效应的差异？对于这两点少有文献进行过具体的量化检验。为此，我们对互联网使用的平均处理效应在不同的互联网使用环节和使用程度之间进行了对比分析。

T检验的结果显示，内部管理环节（ICT2）比对外推介环节（ICT1）使用互联网对休闲农业与乡村旅游经营效益的提升作用明显更高，在取对数后的经营收入和经营利润上其平均处理效应分别要高出 0.082 和 0.023；全面使用（ICT4）比使用（ICT3）的平均处理效益在经营收入和经营利润上分别高出 0.06 和 0.002（见表 7-5）。图 7-4 和图 7-5 从中位数的角度更为直观地呈现了上述影响途径的差异。虽然经营利润上的差异要明显小于经营收入上的差异，但在统计上看，不同生产经营环节、不同使用程度的互联网接入效应确实存在显著的差异。可能的原因在于，对外推介环节常常需要借助传播媒体而更容易与互联网结合，但它对经营效益的影响只是部分的；而内部管理环节实现"互联网＋"的难度相对更高，如能在人、财、物等多方面管理中有效接入互联网，其对经营效益的边际提升作用将更大。因此，如果对外推介环节和内部管理环节均使用互联网（全面使用），自然会比两者任何一个环节使用互联网（使用）更加充分地挖掘出"互联网＋休闲农业与乡村旅游"的效益优势。

---

① GLENDENNING C, FICARELLI P. Content development and management processes of ICT initiatives in Indian agriculture [J]. Information development, 2011, 27 (4): 301-314; ZHANG F, LI D. Regional ICT access and entrepreneurship: evidence from China [J]. Information and management, 2018, 55 (2): 188-198.

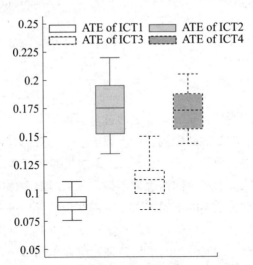

图 7 - 4　互联网使用对经营收入 ATE 的差异

注：本箱线图剔除了异常值。

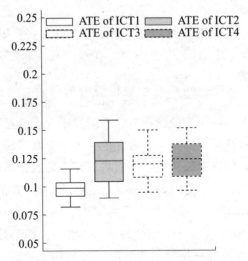

图 7 - 5　互联网使用对经营利润 ATE 的差异

注：本箱线图剔除了异常值。

（二）规模效应：经营组织类型的差异

规模效应是指互联网对休闲农业与乡村旅游经营效益的作用受到经营者生产经营规模的影响，这是经营者异质性的主要表现之一。Peña 等、Fan 等的研究已经发现，互联网有助于小规模经营者进入市场，缓解休闲农业与乡村旅游市场的"规模歧视"①。但他们的研究大多采用实际投资规模来衡量其经营规模。囿于本研究缺乏有效衡量经营规模的直接指标②，本章研究采用经营组织类型作为定性分类标准来衡量休闲农业与乡村旅游经营户的规模大小。根据《北京市第三次全国农业普查方案》的界定，本章将样本分为个体经营户和单位经营户两大类③。从注册资本、接待人数等指标来看，个体经营户的经营规模均远小于单位经营户，说明经营类型较好地表达了经营者规模差异。同时，采用经营主体类型来区分休闲农业与乡村旅游经营者异质性，相关结果的政策含义将更加突出，即为政府应该如何引导支持不同类型的休闲农业与乡村旅游经营主体提供依据。

通过分别计算个体经营户和单位经营户的平均处理效应发现：一方面，无论个体经营户还是单位经营户，不同环节、不同程度使用互联网均对其经营效益具有明显的促进作用，这继续支持了接入效应的显著性。另一方面，对个体经营户和单位经营户的比较显示，在对外推介（ICT1）、内部管理（ICT2）的具体使用环节以及全面使用（ICT4）的相对更高使用程度上，单位经营户经营收入和经营利润的平均处理效应均明显低于个体经营户。这说明接入互联网后的休闲农业与乡村旅游产业确实存在一定程度的逆规模效应，即"互联网＋"有助于缓解个体经营户在休闲农业与乡村旅游市场中因规模偏小带来的不利地位。由此可见，样本数据总体上支持了互联网具有小规模偏向的假说。但是，从使用互联网（ICT3）的结果看，单位经营户仍然具有一定的优势。这说明，并不是只要接入互联网个体经营户的规模劣势就可以得到扭转；如果仅是任何一个环节的接入，互联网的小规模偏向可能并不能有效显现，而需要多个环节（尤其是覆盖内部管

---

① PEÑA A，JAMILENA D. The relationship between business characteristics and ICT deployment in the rural tourism sector：the case of Spain［J］. International journal of tourism research，2010，12（1）：34－48；FAN Q，SALAS G，VANIA B. Information access and smallholder farmers' market participation in Peru［J］. Journal of agricultural economics，2018，69（2）：476－494.

② 《北京市第三次全国农业普查方案》的指标中仅有"注册资本"这一指标与投资规模较为接近，但由于大多数乡村旅游经营户为个体经营，工商部门对其监管较为宽松，其注册资本本来就较低或没有登记（含数据缺失），导致其注册资本与实际投资规模存在较大差异。此外，接待人数在一定程度上也能反映经营规模的大小，但也存在着很多投资规模较大的乡村旅游经营项目因"私密""清静"等市场定位而无法通过游客接待数量来直接衡量。即便如此，本章仍然基于注册资本和接待人数两个指标的四分位数对互联网使用的平均处理效应进行了分组比较，结果显示 ICT1、ICT2、ICT4 在经营收入和经营利润上的平均处理效应绝大多数都随着注册资本和接待人数的增加而减小，ICT3 则在各分位数组内的均值未现明显变化。这与按照经营组织类型分类的结果是相互印证的。相关结果可向作者索取。

③ 单位经营户包括法人单位、未注册单位、多产业法人的产业活动单位。法人单位、未注册单位、多产业法人的产业活动单位的概念界定可参见《北京市第三次全国农业普查方案》。

理环节）的全面接入方能奏效。可能的原因在于，单位经营户多为规模实力较强的经营者，接入互联网在快速提高市场影响力、扩大客源方面的能力一般会优于个体经营户。但是，要将互联网使用程度向包括内部管理环节在内的全面使用拓展，单位经营户则会面临更快的边际交易成本提升带来的压力；相反，个体经营户常因组织规模小、结构简单、商业决策灵活而在内部管理或全流程使用上具有更低的交易成本，因而互联网的小规模偏向反而更为明显。不同经营组织类型平均处理效应的差异如表 7-6 所示。

表 7-6 不同经营组织类型平均处理效应的差异

变量		ICT1：对外推介环节使用		ICT2：内部管理环节使用		ICT3：是否使用		ICT4：是否全面使用	
		ATE	T检验 (O-I)	ATE	T检验 (O-I)	ATE	T检验 (O-I)	ATE	T检验 (O-I)
经营收入（对数）	O：单位经营户	0.087 0	-0.004 1***	0.154 3	-0.021 5***	0.105 2	0.005 8***	0.158 8	-0.014 9***
	I：个体经营户	0.091 1		0.175 7		0.111 0		0.173 6	
经营利润（对数）	O：单位经营户	0.098 5	-0.000 4***	0.105 6	-0.017 8***	0.112 0	0.007 2***	0.110 4	-0.014 0***
	I：个体经营户	0.098 1		0.123 3		0.119 2		0.124 4	

注：T检验均为单位经营户的 ATE－个体户经营户的 ATE；由于差值较小，本表数值保留 4 位小数；本表结果剔除了异常值；***、**、*分别表示估计结果在 1%、5%、10% 水平上显著。

（三）人力资本效应：负责人学历的差异

人力资本效应主要指由休闲农业与乡村旅游经营者在互联网使用等方面的能力差异引起的互联网休闲农业与乡村旅游经营效益的差别，这是经营者异质性的又一主要表现。已有研究对人力资本的衡量主要有受教育、培训、健康、技能等多种指标，这些指标在互联网发挥经济社会效应中具有明显作用①。但

---

① ALDERETE M. Examining the ICT access effect on socioeconomic development: the moderating role of ICT use and skills [J]. Information technology for development, 2018, 23 (1): 42-58; SAMOILENKO S, NGWENYAMA O. Understanding the human capital dimension of ICT and economic growth in transition economies [J]. Journal of global information technology management, 2011, 14 (1): 59-79.

受限于数据指标，本章主要采用负责人受教育程度来衡量休闲农业与乡村旅游经营户的人力资本差异。通过对高中（中专）及以下、大专（大学）及以上两类受教育水平经营者使用互联网的平均处理效应发现，无论受教育水平高低，不同环节和不同程度使用互联网对休闲农业与乡村旅游经营户的经营效益均具有明显的促进作用，这依然支持了接入效应的稳健性。进一步比较发现，负责人学历较低的经营户比学历较高的经营户的经营效益在四种互联网接入形式下均具有更高的平均处理效应（见表 7－7）。换言之，假说 H3 提出的互联网对休闲农业与乡村旅游经营户经营效益的影响具有低人力资本水平偏向是显著存在的；并且估计结果显示，这种偏向在内部管理环节使用和全面使用互联网的情况下更为明显。

结合规模效应的分析可见，互联网对休闲农业与乡村旅游经营效益的影响不仅支持小规模偏向，而且在人力资本上还表现出明显的低学历偏向，即尽管大多数休闲农业与乡村旅游经营者的学历水平不高，但互联网对其经营效益的促进作用却相对于高学历者更为突出。这可能与一些学者提到的数字人力资本的特殊性有关，它可以弥补以学历等指标为代表的原始人力资本不足在数字经济中的劣势。尽管大量研究显示，在数字化时代的乡村，互联网的供给、需求和使用都存在不同形式的不平等性，进而对小农户采取"互联网＋"的经营方式形成"门槛效应"①。但是在当下的中国，尤其在北京市郊区，互联网基础设施已经几乎全覆盖（村庄接通互联网的比例超过 99％），因而休闲农业与乡村旅游经营户面临的可能已经不再是"数字接入鸿沟"，而是"数字人力资本鸿沟"。随着互联网基础设施和应用环境大众化、普惠化进一步推进，个体经营户的数字人力资本已经初步形成并处于不断增加的过程中，使得当前很多低学历的个体经营户也具备了初步的互联网使用能力而获得了较高的边际回报。因此，"互联网＋"将有助于缓解小规模、低学历的个体经营户在休闲农业与乡村旅游业发展中的不利地位，拉平异质性经营者之间的差异，为实现小农户与现代农业有机衔接创造了条件。

---

① SALEMINK K，STRIJKER D，BOSWORTH G. Rural development in the digital age：a systematic literature review on unequal ICT availability，adoption，and use in rural areas ［J］. Journal of rural studies，2015，54：360－371.

表 7 - 7　不同学历经营者平均处理效应的差异

变量		ICT1：对外推介环节使用		ICT2：内部管理环节使用		ICT3：是否使用		ICT4：是否全面使用	
		ATE	T 检验 (L-H)	ATE	T 检验 (L-H)	ATE	T 检验 (L-H)	ATE	T 检验 (L-H)
经营收入(对数)	L：低学历	0.091 0	0.003 6***	0.175 4	0.020 5***	0.110 8	0.004 5***	0.173 5	0.015 2***
	H：高学历	0.087 4		0.154 8		0.106 3		0.158 2	
经营利润(对数)	L：低学历	0.098 2	0.003 5***	0.122 9	0.016 4***	0.119 0	0.005 0***	0.124 2	0.013 9***
	H：高学历	0.094 7		0.106 5		0.113 9		0.110 3	

注：T 检验均为低学历经营户的 ATE－高学历经营户的 ATE。由于差值较小，本表保留小数点后 4 位数字；本表结果剔除了异常值；***、**、* 分别表示估计结果在 1%、5%、10% 水平上显著。

第四节　稳健性检验

前述分析中，我们已经在控制变量的选取方面作了稳健性考察，这里进一步从估计方法和解释变量形式的变化上来检验前述结果的稳健性。

如果不考虑互联网使用的内生性，我们直接将经营收入、经营利润分别与四种互联网接入方式进行稳健回归。结果显示，四种互联网接入方式对于休闲农业与乡村旅游经营者的经营收入、经营利润都有正向作用，且在 1% 的统计水平上显著，并且 F 值和调整的 R^2 都是可接受的。随后，我们整合 ICT3 和 ICT4 的信息构建了"互联网使用环节的数量"，来更好表达互联网使用程度。结果依然十分稳健地支持互联网对休闲农业与乡村旅游经营效益具有正向影响的推断。但相较于表 7 - 3 和表 7 - 4 中 TEM 的估计结果，不考虑内生性的情况下将高估互联网对休闲农业与乡村旅游经营效益的提升作用。

如果考虑到互联网使用的内生性，则有必要对处理内生性问题的不同方法的估计结果作相关比较。由于内生变量是二值非连续变量，若采用工具变量 2SLS 估计可能会让统计推断失效[①]。因此，我们继续在采用 TEM 方法的基础上剔除了占地面积为 0、床位为 0、年度经营收入小于 0.1 万元以及其他可能会明显干扰估计结果的样本，结果依然与现有估计结果基本一致。但是 TEM 模型假定协变量是独立于处理变量来影响解释变量的，其处理效应常常表现为截

---

① WOOLDRIDGE J M. Econometric analysis of cross section and panel data [M]. Cambridge, Mass.：MIT Press，2010.

距效应（intercept effect）；而也有研究者认为处理效应可能涉及其他解释变量传导引起的斜率效应（slope effect），故可以根据处理组和控制组设定两个结果方程，这就是内生转换模型（endogenous switching regression，ESR）的常见做法[1]。由于本章并不能完全排除斜率效应存在的可能性，因此采用 ESR 的方法来检验上述估计结果的稳健性是有必要的。针对控制组的平均处理效应的估计结果显示（见表 7-8），相对于一种反事实情境下（已经使用互联网的经营户如果不使用互联网），处理组（已经使用互联网的经营户）在内部管理环节（ICT2）和全面使用（ICT4）上均具有更高的互联网接入效应，并且在不同使用环节、不同使用程度，以及经营组织类型差异和人力资本差异方面的结果均与 TEM 估计结果一致。不考虑内生性的稳健 OLS 估计结果如表 7-9 所示。

尽管对外推介环节（ICT1）和使用互联网（ICT3）的互联网接入效应变得更低了，但也更凸显了内部管理环节使用互联网和全面使用互联网对提升经营效益的重要性。当然，我们认为出现这种情况的原因主要与两种方法的前提假定存在差异有关。总的来说，可以认为本章前述估计结果是较为可靠的，前文提出的三个研究假说得到了验证。

表 7-8 考虑内生性的 ESR 估计结果

变量		ICT1：对外推介环节使用	ICT2：内部管理环节使用	ICT3：是否使用	ICT4：是否全面使用
经营收入（对数）	ATT	-0.014^{***}	0.039^{***}	-0.036^{***}	0.079^{***}
		(0.002)	(0.004)	(0.002)	(0.004)
	组织类型差异 T 检验（O-I）	-0.100^{***}	-0.109^{***}	-0.082^{***}	-0.130^{***}
		(0.005)	(0.009)	(0.006)	(0.010)
	人力资本差异 T 检验（L-H）	0.066^{***}	0.066^{***}	0.066^{***}	0.125^{***}
		(0.005)	(0.005)	(0.006)	(0.010)
经营利润（对数）	ATT	-0.009^{***}	0.008^{**}	-0.019^{***}	0.027^{***}
		(0.002)	(0.004)	(0.002)	(0.003)
	组织类型差异 T 检验（O-I）	-0.126^{***}	-0.201^{***}	-0.123^{***}	-0.187^{***}
		(0.004)	(0.008)	(0.004)	(0.008)
	人力资本差异 T 检验（L-H）	0.063^{***}	0.178^{***}	0.093^{***}	0.145^{***}
		(0.004)	(0.009)	(0.004)	(0.008)

注：括号内为稳健标准误；***、**、*分别表示估计结果在 1%、5%、10%水平上显著。

---

[1] WOOLDRIDGE J. Control function methods in applied econometrics [J]. Journal of human resources，2015，50：420-445.

表 7-9 不考虑内生性的稳健 OLS 估计结果

变量	经营收入（取对数）					经营利润（取对数）				
	稳健 OLS	稳健 OLS	稳健 OLS	稳健 OLS	稳健 OLS	稳健 OLS	稳健 OLS	稳健 OLS	稳健 OLS	稳健 OLS
ICT1: 对外推介环节使用	0.062*** (0.012)					0.052*** (0.0102)				
ICT2: 内部管理环节使用		0.121*** (0.017)					0.092*** (0.014 5)			
ICT3: 是否使用			0.053*** (0.012)					0.046*** (0.010)		
ICT4: 是否全面使用				0.144*** (0.017)					0.113*** (0.015)	
ICTN: 互联网使用环节的数量					0.069*** (0.009)					0.055*** (0.007)
控制变量	控制	控制	控制	控制	控制	控制	控制	控制	控制	控制
F 统计值	1 704.32***	1 595.67***	1 634.01***	1 667.52***	1 711.68***	1 309.14***	1 214.66***	1 255.39***	1 271.25***	1 315.18***
Adj R²	0.600	0.605	0.602	0.603	0.601	0.541	0.545	0.543	0.542	0.542
样本数	22 789	20 824	21 640	21 973	22 789	22 269	20 336	21 139	21 466	22 269

注: 括号内为稳健标准误; ***、**、*分别表示估计结果在 1%、5%、10%水平上显著。

第五节　本章小结

　　旅游业被世界各国认为是地区经济增长和产业升级的"绿色驱动力"[①]，休闲农业与乡村旅游对乡村产业转型与农民收入增长的意义自然不言而喻，而互联网时代的来临为休闲农业与乡村旅游的高质量发展提供了重要的契机。本章基于北京市"三农普"数据，采用能够克服选择性偏差的处理效应模型，深入分析了互联网对休闲农业与乡村旅游经营效益的影响效果及其内在机制。计量结果稳健地表明，互联网显著提升了首都休闲农业与乡村旅游的经营效益。从全样本平均处理效应看，无论是对外推介环节或内部管理环节，还是使用或全面使用互联网对经营户的经营收入和经营利润都具有十分明显的促进作用。进一步的机制分析结果还表明，互联网的影响效果在休闲农业与乡村旅游经营的不同环节、不同主体类型上存在异质性。其中，对内部管理环节的作用比对对外推介环节的作用更加明显，对个体经营户的作用比对单位经营户的作用更大，对低学历经营户的作用比对高学历经营户的作用更大。换言之，更加深入全面使用互联网对于休闲农业与乡村旅游经营者具有正向的经济激励，同时它存在着明显的小规模、低人力资本偏向，有利于小农户在休闲农业与乡村旅游业开展创业创新。

　　这些结论丰富了已有文献关于互联网同休闲农业与乡村旅游内在关系的讨论，为推进新时代乡村产业振兴提供了决策参考。一方面，要充分认识到数字经济时代互联网对提高休闲农业与乡村旅游经营效益的巨大作用，借助国家加快推进"新基建"的契机继续完善乡村互联网基础设施建设，支持和鼓励首都休闲农业与乡村旅游经营主体全面开展"互联网＋"改造，深入挖掘休闲农业与乡村旅游产业的新潜能，为扩大乡村就业和促进农民增收提供有力支撑。另一方面，应深刻理解互联网影响休闲农业与乡村旅游发展的内在机制，科学引导首都休闲农业与乡村旅游经营主体对互联网的应用从对外推介为主向内部管理全面拓展，积极推进针对中小规模个体经营户规范化运营、互联网技能提升等方面的培训，加快实现休闲农业与乡村旅游业的适度规模经营和数字人力资本的积累，为乡村经济的绿色化转型和高质量发展开辟新空间。

---

　　① 刘瑞明，毛宇，亢延锟. 制度松绑、市场活力激发与旅游经济发展：来自中国文化体制改革的证据 [J]. 经济研究，2020（1）：115-131.

第八章 ►►►

研究结论与政策建议

第一节　研究结论

　　针对北京市休闲农业与乡村旅游"十三五"时期持续下滑后又于2021年呈现出触底反弹的发展态势，回答政府在其中所发挥的作用，了解低谷时期的转型路径，并结合理论与实践找到能够促使其高质量发展的策略，是本书致力追求的目标。为此，本书主要基于历年《北京统计年鉴》、《北京市国民经济和社会发展统计公报》、北京市"三农普"数据以及课题组实地调研的资料等，重点对休闲农业与乡村旅游发展的总体格局、现状特点、内在机制、现行模式和关键因素进行深入研究。在研究安排上，一是从城乡融合视角研究休闲农业与乡村旅游的发展逻辑，搭建起本书的理论分析框架；二是分析了北京市休闲农业与乡村旅游的基本格局，为本书研究提供总体的事实基础；三是以产业融合为导向研究其转型机制，从实践与理论上探讨该路径的可行性；四是总结其发展助推乡村振兴的模式，并对此进行影响因素探究；五是基于以上分析归纳总体研究结论。具体而言，本书的主要结论有以下三个方面：

　　第一，北京市休闲农业与乡村旅游正处于高质量转型阶段，政府在其触底反弹过程中作用明显。

　　不同于其他省市的休闲农业与乡村旅游，北京市传统观光采摘园和民俗接待户的发展势头在走弱，乡村产业综合体和民宿等新业态新模式正在兴起，新的消费需求对其高质量发展也有了新的要求，北京市休闲农业与乡村旅游服务供给与新消费需求不匹配的问题在短期内出现了下降趋势。在经历了低谷后，目前北京市休闲农业与乡村旅游总体格局已经呈现出触底反弹的态势，但在恢复的过程中，又遇到了各类市场、自然、政策等因素的叠加影响，因此回升态势有所减缓，但总体上仍然处于 U 形趋势的上升阶段。

在北京市委市政府的统筹指导下，各部门和各区对休闲农业与乡村旅游发展长期予以了较强的制度保障和相对优厚的政策支持，奠定了 21 世纪以来全市休闲农业与乡村旅游发展总体向好的现实基础。针对"十三五"时期北京市休闲农业与乡村旅游的下行压力，市委市政府出台了多个文件，就发展方向、工作内容、金融支持、人才培养、制度保障等维度对如何推动休闲农业与乡村旅游产业的提档升级作了较为全面的部署。特别是近三年来，北京市加强了休闲农业与乡村旅游助推乡村振兴的顶层设计，推动实施了休闲农业"十百千万"畅游行动；同时，创新了政策支持方式，启动了休闲农业专家辅导团制度，加强了休闲农业与乡村旅游项目督导检查和宣传培训力度。2021 年整体情况呈现触底反弹态势，北京市休闲农业园突破千个，实现了自 2016 年以来首次止跌回升，可见，这些政策措施都为全市休闲农业与乡村旅游在新的阶段实现优化突破和更好助推乡村振兴汇聚起了强大力量。

第二，以促进产业融合为发展导向，是推进北京市休闲农业与乡村旅游高质量转型的可行途径。

经过实践观察与理论研究，我们认为要成功实现北京市休闲农业与乡村旅游高质量转型，就要充分关注其多功能性，将融合性的产业特点发挥出来，将其作为实现三产融合的发力点和落脚点。近年来，北京城乡融合发展进程加快，休闲农业与乡村旅游作为都市型现代农业的核心内容已成为首都城乡融合发展的重要形式和有效载体，其作为农业、旅游业等产业融合的主要表现形式，是农村生产生活与城市消费需求相融合的产物，在推动农业供给侧结构性改革、建设美丽乡村、带动农民就业增收、传承农耕文明等方面发挥着不可替代的作用。

本书以农业社会化服务作为重要的中间变量，得出休闲农业与乡村旅游对产业融合的作用机制。首先，通过理论梳理与实证检验，分析得出农业社会化服务是从内部推动三产融合的重要抓手，是北京都市型现代农业转型升级的一个潜力点。其次，将休闲农业与乡村旅游作为外向型融合的代表性产业，将农业社会化服务作为内源型融合的代表性产业，对农村三产融合过程中外向型融合与内源型融合内在关联机制，特别是休闲农业与乡村旅游对农业社会化服务的影响及作用机制进行系统考察，实证研究结果发现休闲农业与乡村旅游的发展能够促进农业社会化服务。由此得出，基于休闲农业与乡村旅游的多功能性与融合性产业特点，通过农业社会化服务的中间带动作用，以促进三产融合为导向进行规划与发展，是一条北京市实现休闲农业与乡村旅游高质量转型的可行途径。

第三，以助推乡村振兴为最终目标，是实现北京市休闲农业与乡村旅游高质量发展的根本路径。

我们认为，实现北京市休闲农业与乡村旅游的高质量发展，需要明确其重要地位，将促进产业融合进一步上升到"都＋城＋乡"三位一体的大格局上，使其作为实现超大城市乡村振兴的抓手，以五大振兴作为重要目标进行资源联动，从而既实现休闲农业与乡村旅游高质量转型，又推动北京市乡村振兴的进程。休闲农业与乡村旅游是乡村产业的重要组成部分，是一种特殊且重要的农业发展模式。休闲农业与乡村旅游能够实现三产融合发展，将传统农业生产和现代农业服务有机结合，融通工农城乡关系，是集农业、文化、旅游、观光、休闲等功能为一体的综合型农业新业态。在实施乡村振兴战略的大背景下，大力发展休闲农业与乡村旅游有助于延长产业链、提升价值链、打造供应链、完善利益链，契合了乡村振兴战略 20 字方针的总要求，已成为助推乡村振兴的重要引擎。

本书通过理论分析，构建起休闲农业与乡村旅游同乡村振兴的逻辑关系，得出发展休闲农业与乡村旅游对于推动乡村振兴的重要性和必要性，深入分析其推动过程的内在机理与外部条件；基于调研资料重点归纳休闲农业与乡村旅游助推乡村振兴的主要模式与规律特征，并总结条件薄弱村通过休闲农业与乡村旅游助推乡村振兴的多种可行途径；在此基础上，提出在有效助推乡村振兴中存在内容创新不足、载体激励不足、专业人才不足等问题挑战，并指出现有配套政策、人才政策、用地政策在休闲农业与乡村旅游助推乡村振兴中的主要痛点；进一步地，分析外来投资对休闲农业与乡村旅游的影响，从而针对不同发展水平的村庄提出细化的资本引入建议。基于以上分析得出，以乡村振兴作为最终目标发展北京市休闲农业与乡村旅游，是实现其高质量转型的根本路径。

第二节　政策建议

北京市乡村振兴已经进入全面深化阶段，如何在休闲农业与乡村旅游发展触底反弹并进入优化突破阶段的背景下，应对各类市场、自然、政策等因素的叠加影响至关重要。为此，我们提出以下六个方面的建议：

一、提高战略认识，完善顶层设计

一是要从战略层面充分认识休闲农业与乡村旅游在"十四五"乃至更长一个时期对于北京乡村振兴和构建新型城乡关系中的战略定位。按照《北京市城市总体规划（2016年—2035年）》对休闲农业与乡村旅游的新定位，它不能仅停留在作为"北京都市型现代农业的组成部分"层面上，而应是"北京郊区的支柱性产业和惠及全市人民的现代服务业"，是"大城市带动大京郊、大京郊服务大城市"的关键抓手，是推动建立具有首都特色的新型城乡关系，率先实现农业农村现代化并走向共同富裕的有力手段。从这一高度上来认识休闲农业与乡村旅游对于乡村振兴的助推作用，有助于政府部门在推动休闲农业与乡村旅游转型升级过程中获得战略主动和战术密集优势，有助于坚定树立以发展休闲农业与乡村旅游推动首都乡村全面振兴的信心，同时也要有足够的历史耐心和科学的助推策略。

二是加强部门间工作协调推进机制，畅通休闲农业与乡村旅游多维助推路径。建议组建由市委主要领导任组长的休闲农业与乡村旅游推进工作专班，统一规划、统一布局，促进部门沟通，让休闲农业与乡村旅游工作与各部门工作相协调。建立统一互通的北京休闲农业与乡村旅游助推乡村振兴政策创设平台和动态调整机制，提高相关政策的精准性、有效性和执行力。在深化"十百千万"畅游行动的基础上，推动配套的土地政策、评价政策、金融政策、人才政策等相关政策协调一致，在保证休闲农业与乡村旅游产业发展的同时，更要确保其对乡村集体经济发展的带动作用。对于休闲农业与乡村旅游利用乡村的土地、资金和人才资源，需要政策规范并监督，在基于市场的条件下确保其合理使用，合理付费。

三是推动京津冀休闲农业与乡村旅游跨区域协调发展，扩大休闲农业与乡村旅游助推效应。鼓励各区充分利用长城文化、大运河文化和西山永定河文化等跨区域资源，发挥优势互补的集群效应，以十余条休闲农业与乡村旅游精品线路为纽带，以线带面，推进京津冀乡村振兴工作的协调联动。在统筹规划京津冀三地休闲农业与乡村旅游建设、统一京津冀休闲农业与乡村旅游标准体系、共同打造休闲农业与乡村旅游线路、建立休闲农业与乡村旅游公众服务平台、共同开展休闲农业与乡村旅游人才培养、共同策划休闲农业与乡村旅游重大活动等六方面发挥牵头和引领作用，打造"十百千万"畅游行动的"Plus版"。

二、拓展资金多元进路，汇聚活水之源

一方面，财政上要加强支持力度。建议市、区两级财政设立休闲农业与乡村旅游专项资金：市级资金主要用于支持休闲农业与乡村旅游在乡村振兴中的总体职能，包括规划制定、基础设施建设、宣传推介和产业促进、人员培训等工作；区级资金主要用于休闲农业与乡村旅游在乡村振兴中的具体功能，包括重大项目、基础设施建设、"互联网＋"项目等的贷款贴息，各种创建活动，以及被评为"全国休闲农业与乡村旅游示范县""中国最美休闲乡村"等称号的奖励。按照"存量优化、增量倾斜"的原则，探索整合归并性质相近、用途相同、使用分散的相关资金，以休闲农业与乡村旅游为着力点，提高资金使用效率，建立资金使用的长效和监督机制，保证用于休闲农业与乡村旅游发展的资金都切实服务于乡村振兴。

另一方面，投融资方式上要进一步创新。鼓励符合条件的休闲农业与乡村旅游企业上市融资，支持实力雄厚的企业按照国家有关规定发行债券融资，积极探索 PPP 模式、众筹模式、"互联网＋"模式等新型融资模式投资休闲农业与乡村旅游，以财政资本为基础，撬动社会资本回流振兴乡村。推动银行业金融机构拓宽抵押担保物范围，扩大信贷额度，在符合条件的地区稳妥开展承包土地经营权、集体林权、"四荒资源"、水面使用权等农村产权抵押贷款业务，加大对乡村振兴的信贷支持。对经过评定认可的休闲农业与乡村旅游接待户可以视为市级农业产业化龙头企业来对待，列入信贷扶持范围优先支持。鼓励专门的休闲农业与乡村旅游融资性担保机构的发展和进入，加强中小经营者信用担保体系建设，搭建银企对接平台，帮助乡村振兴解决融资难题。健全休闲农业与乡村旅游保险体系，化解乡村振兴面临的各项风险。创新项目融资保险，探索设立休闲农业与乡村旅游再保险基金。进一步加强经营户财务规范化建设，提升经营风险管理和防范能力。

三、加强人才队伍建设，激活内生动力

通过休闲农业与乡村旅游的发展，为北京市乡村振兴做好人才的引进、培育和选优工作。优化市级休闲农业与乡村旅游专家库，深化休闲农业与乡村旅游专家辅导团制度，增加对专家支持力度，用好专家资源。积极推动在京高校

和市内农业职业教育院校开设休闲农业与乡村旅游相关专业，培养一批服务休
闲农业与乡村旅游与乡村振兴的复合型、创新型高级人才。加强高素质农民培
训和休闲农业与乡村旅游专项培训，培养一批有技能、懂礼仪、能敬业的保
洁、管家、配送、餐饮、文创等休闲农业与乡村旅游的配套服务人员。结合乡
村"双创"政策，推动落实《关于支持返乡下乡人员创业就业的实施意见》，
支持返乡农民工、大学毕业生、专业技术人员等通过经营休闲农业与乡村旅游
实现自主创业，构建休闲农业与乡村旅游发展与人才回流乡村之间的良性循
环，充分发挥北京市人才聚集对京郊乡村振兴的知识溢出作用。对于需求较强
的高层次人才，可以考虑在贷款、补贴、保险、生产指导等方面给予实质性的
政策支持，并提供相应的社会保障。逐步建立行政管理人才、行业专门人才、
专业技术人才、乡土人才"四才共力"助推乡村振兴的良好局面。

四、推进经营组织培育，打造核心载体

发挥新型农村集体经济组织在发展休闲农业与乡村旅游中的功能，完善集
体经济组织的运行管理制度，指导其依法经营集体资产。积极推行村党支部书
记通过民主程序担任集体经济组织负责人，全力支持其参与休闲农业与乡村旅
游产业，领办、创办休闲农业与乡村旅游类合作经济组织。培育一批管理民
主、运行规范、产业带动力强的休闲农业与乡村旅游合作社示范社。充分挖掘
行业协会、产业联盟等行业服务组织的作用，扶持一批公信力强、功能完备、
运作规范、作用显著的休闲农业与乡村旅游协会，尝试将市场治理与监管、经
济管理与调节、行业统计与分析、行业公共服务和社会事务管理等领域的部分
权力移交下放，并采取划拨工作经费、设立奖励资金、政府采购服务等方式支
付协会承接政府转移职能的相关工作经费。有步骤地打造出一批有首都特色的
休闲农业与乡村旅游助推乡村振兴的重要平台和核心载体。

五、加快用地政策创新，缓解空间约束

联合多部门开展现行休闲农业与乡村旅游相关土地政策的解读和宣讲，选
择民宿发展程度较高的区或镇开展宅基地三权分置试点。鼓励休闲农业与乡村
旅游经营主体以出租、合作、设施再利用等多种形式盘活乡村建设用地，重点
解决休闲农业与乡村旅游项目中涉及餐厅、厕所、停车场等瓶颈性用地问题。

支持有条件的区尝试开展区域内耕地占补自行平衡试点，对投资大、发展前景好、带动农民就业多、经营模式可复制性强的休闲农业与乡村旅游项目给予重点支持。

六、优化综合治理结构，保障效益释放

一是做好"放管服"，减少政府对休闲农业与乡村旅游市场的直接干预，为北京市休闲农业与乡村旅游发展创造良好的市场环境。积极搭建面向休闲农业与乡村旅游产业的公共服务平台和技术服务平台。积极引导社会力量参与休闲农业与乡村旅游的规划、设计、创意、研发等工作，搭建产学研政各方资源交流合作的有效平台，为休闲农业与乡村旅游发展创造良好的外部环境。

二是加强"新基建"，加快休闲农业与乡村旅游数字化转型，推动首都数字乡村战略全面落地，培育一批以互联网、大数据、云计算、区块链、人工智能、算力算法、场景应用等为特色的新基建项目，全面提高休闲农业与乡村旅游数字化程度，全方位构建高水平新型基础设施体系，为休闲农业与乡村旅游发展提供新动力。以发展数字休闲农业与乡村旅游为抓手，加快数字农业农村与数字城市对接，形成有首都特色的数字城乡治理体系，提升城乡融合的智慧治理能力，联合金融机构，挖掘数据的金融属性，帮助休闲农业与乡村旅游经营者建立数字资产，并通过交易数据的动态滚动提高企业、农户的数字征信能力。

三是建设"共同体"，完善休闲农业与乡村旅游助推乡村振兴过程中的利益联结机制。引导休闲农业与乡村旅游经营项目建立契约型、分红型、股权型等合作方式，探索就业带动、保底收益、按股分红等多种形式的紧密型利益联结模式，把利益分配重点向产业链上游倾斜，让农民合理、稳定地分享休闲农业与乡村旅游发展带来的红利，推动村集体、村民和休闲农业与乡村旅游投资主体等利益相关者打造收益共享、风险共担的命运共同体，形成城乡居民共同参与建设、消费和分享，红利溢出辐射京津冀的休闲农业与乡村旅游发展新格局，为休闲农业与乡村旅游助推乡村振兴提供"全域全民，共享共富"的北京方案。

◀◀ 附　件 ▶▶
调研案例

案例 1　立足特色历史资源，发展素食文化产业
——北京市昌平区十三陵镇仙人洞村

一、休闲农业与乡村旅游发展概况

仙人洞村位于十三陵镇东南城乡接合部，坐落于十三陵镇盆地十大隘口之一的中山口北侧，地理位置三面环山，东倚十三陵水库，西邻十三陵神路旅游景区，北靠十三陵水库路，南与昌平区政府遥相呼应，因村北蒋山天然溶洞——"神仙洞"而得名，燕平八景之一——"石洞仙踪"即为此处，村域形似莲花宝座。明代时期为永陵园，由皇室派遣专人在此种植祭祀果品专供祭祀永陵所用。清代时期蓝旗王（后封郑亲王）视此地为"吉壤"，为荫其子孙后代在仙人洞下构筑王陵，村内以李姓家族为看护陵寝而居住于此，此后渐成村落。全村户籍户数 206 户，常住总人口近千人，党员 46 人，村民代表 32 人。村"两委"成员 4 人，均为党员，其中两人为交叉任职。村域面积 2 250 亩。20 世纪 90 年代初，村内环境脏乱、建筑破败，经济发展长期停滞不前。党的十九大以来，仙人洞村深入挖掘本村文化内涵，开发素食产品，打造以素食产品、素食餐厅及素食文化活动等为主要内容的素食文化产业链，助推乡村产业振兴，提升村民收入。同时，村集体以改善村庄环境为切入点，持续做好村庄环境整治、提升、巩固，实现了农村人居环境大提升。

二、休闲农业与乡村旅游助推乡村振兴的三大前提

（一）丰富的自然及人文资源

仙人洞村拥有丰富的自然及人文资源，发展潜力巨大。仙人洞村三面环山，紧邻十三陵水库，风景秀丽。同时，仙人洞村的历史最早可追溯至明代，于清代建村，悠久的历史使得乡村保留了许多历史文物，包括石洞、古桥和古井等，村庄按照"修旧如旧、落架重修"的原则对村中的历史文物进行了修缮；村中还保留了许多民俗文化，素食文化便是其中之一。这些历史文物和民俗文化等构成了村庄的人文资源，使得村庄在发展休闲农业与乡村旅游中更具优势。

（二）村集体引领，多种经营主体参与

休闲农业与乡村旅游的发展需要多种经营主体的共同参与，共同贡献力量，这一点在仙人洞村得到了很好的体现。仙人洞村的村"两委"班子领导力量强大。为了统筹村庄的休闲农业与乡村旅游发展，村集体成立了旅游专业合作社，与村"两委"分立，由村"两委"班子外的人担任理事长，管理村中的特色素食餐厅及民宿。在村中开办素食餐厅及民宿的农户和企业均需要接受旅游合作社的统一管理，包括从卫生、菜品到客源分配的要求。民宿产业方面，村集体聘请了有丰富经验的经理人，为村中的民宿产业制定发展规划，提供咨询服务。旅游合作社统一租用百姓的闲置房屋，进行统一设计改造后投入营业，同时也鼓励村民以房屋或资金等方式入股，共同经营民宿产业。

（三）清晰的发展思路和前瞻性的发展理念

仙人洞村过去一直面临着农业结构单一，村内经济发展落后的现实问题。由于村庄长期缺乏有效的管理，许多村民违规建房，挤占村庄道路，自然资源和人文资源无法被有效地利用。随着休闲农业与乡村旅游的逐渐兴起，仙人洞村的村委书记带领村"两委"班子，果断抓住休闲农业与乡村旅游的发展机遇，结合村庄丰富的自然资源，开发素食产品，打造村庄素食文化品牌。同时，仙人洞村的村"两委"班子也认识到如果只是建设素食餐厅，利润很快就会因为模仿者的出现变得越来越少，因此仙人洞村开始改善村庄环境，包括拆

除违章建筑、修缮历史文物、增加村庄绿化面积等，并深化素食产品产业链、打造特色素食文化氛围，提供多样化服务，以"服务体验＋文化传播"为核心竞争力，构筑村庄比较优势。

三、休闲农业与乡村旅游助推乡村振兴驱动路径

依托村庄资源优势，打造素食产业链。仙人洞村通过挖掘本地文化内涵，引进休闲农业与乡村旅游，推出独具特色的民俗素食文化品牌。为了提升餐厅水平，村集体聘请了北京市烹调大师王云及其团队，在村内开展了两个多月的素食文化培训，培训内容涵盖国学文化、菜谱构成、烹饪方法等众多方面。又经过三个月精心研制，仙人洞村自创"福禄寿喜·金锅养生汤"，将多种食材用慢火精心煨制 6 小时而成，为素食餐桌奠定了菜品基础，最终发展成了北京市周边有名的素食文化旅游村。在优质的素食产品基础上，村庄着力将素食文化融入村庄旅游业发展之中，通过深化素食产业链实现三产融合。

村集体引导各方，规范休闲农业与乡村旅游发展。仙人洞村的村"两委"具有强大的领导能力及整合资源能力，其村书记曾提道："村民富不富，关键看支部。"仙人洞村村"两委"实行"周碰头、月例会、季度通报、半年小结、年度评议"。以"两学一做"学习教育为契机，在支部党员中开展亮身份、亮承诺、亮形象"三亮"活动，利用各种媒介广泛宣传美丽乡村建设的重大意义和政策措施，带动广大村民群众更直接、更主动地投入到美丽乡村建设中去，形成了党群同心、干群同力的强大合力。村庄通过成立旅游专业合作社，对村中的素食餐厅及民宿进行统一的管理，例如，规定开设餐厅的村民不能上街拉客，不能在价格上搞恶性竞争，由合作社统一安排客户分流，设立价格标准，同时餐厅的卫生状况要每天拍照上传。所有餐厅的收入一律归入合作社的账，由合作社在每周二清点账目，收取 2％的管理费后将剩余收入返还各家。村中的所有民宿共用一个品牌，且由管理公司统一管理，从而将村集体的力量发挥到最大，推动村民宿产业的规范发展。

四、推进乡村振兴的效果

（一）产业振兴

通过合作社的统筹管理，仙人洞村目前已有 4 家特色素食餐厅、11 家乡村

民宿，并凭借优质的服务及长期的宣传，成功塑造了"中国仙人洞·素食第一村"的品牌。以素食文化为代表，仙人洞村实现了文旅经济深度融合发展，从而实现了村集体经济蓬勃发展及居民收入的快速增长。2019 年，仙人洞村休闲农业与乡村旅游产业总收入超过 630 万元，村集体实现经济收入 1 120 万元，村民人均可支配收入达到 3.5 万元。

（二）文化振兴

仙人洞村将文化作为休闲农业与乡村旅游产业的核心竞争力，实行文化发展与产业发展并举、文明教育与技能教育并行，培育文明村风。村集体组织了一支约 20 人的演出队，队员均为本村村民。演出队会在村中的广场为大家表演小品等，每年演出约 20 场，演出内容涉及本村实事、村规民约等，从而达到寓教于乐的目的。仙人洞村既注重优秀传统文化的传承和发扬，也注重新时代先进文化的引领和示范。在每年春节前夕，村集体会组织村中擅长书法的村民为十三陵镇写春联，因此也被称为"首都楹联文化第一村"。

（三）生态振兴

仙人洞村将改善村庄生态环境作为村庄发展的一项重要任务，将垃圾处理、生活污水处理、绿化美化环境作为村集体工作的重要环节，先后开展了垃圾分类处理、清洁村庄工程、生活污水处理工程等一系列工作。村集体还对村庄原有的公园进行景观提升，配套建造了鲜花、绿植等一系列生态景观。同时，村集体发动村民充分利用房前屋后、小街小巷、庭院内外栽植绿植和花卉，达到出门看到花、进巷看见绿、抬头望见林的效果。

（四）组织振兴

仙人洞村十分重视基层党组织对村庄发展的引领作用，村"两委"班子 4 名成员均为党员。村党支部书记、村委会主任实行"一肩挑"，村党支部配备 1 名专职副书记，村委会配备 1 名专职副主任、1 名兼职"两委"委员，并建立严密的沟通协调制度，保证了村"两委"班子能够及时掌握村中出现的变化，处理村中存在的问题。同时，村集体通过优化党小组设置，推动楼院（小区）党小组成为联结党群、干群关系的桥梁和纽带。通过深入开展"支部结对"活动，实现了党内资源共享，有力推动了组织共建、党员共管、活动共办、人才共育、治理共抓。

五、案例点评

北京市昌平区仙人洞村通过打造素食文化产业链，推动了以产业振兴为主导，文化振兴、生态振兴和组织振兴并行的发展格局。结合调研实际，其发展的现存问题主要有：一是合作社管理制度有待完善。虽然村集体通过建立旅游专业合作社及管理公司统一管理村中的餐厅及民宿，有效防止了村民间的恶性竞争，并充分发挥了品牌效应，但现行管理制度仍无法对餐厅及民宿实行有效的监督，且成本较高，同时收入的分配制度存在较大的漏洞。一旦村中民宿和餐厅规模进一步扩大，管理制度的问题将会逐渐暴露出来，阻碍村集体经济发展。二是乡村市场化机制建设有待加强。仙人洞村在取得一定名气后，吸引了全国各地来参观学习的团队，村集体可以将其发展为一项业务，进行"明码标价"，并培训专业的讲解员带领团队参观学习，既能解决一部分村民的就业问题，又能为村集体创收。另外，村集体目前的产业除餐厅及民宿外，更多的是观光产业，下一步应该开发一些特色产品等，进一步激发消费者的消费潜力。

案例 2　以旅游产业促创收，反哺有机生态农业
——北京市朝阳区蟹岛度假村

一、休闲农业与乡村旅游发展概况

北京市朝阳区蟹岛度假村位于朝阳近郊的金盏乡，目前拥有农业用地 700 亩，其他用地 2 000 多亩。蟹岛度假村分四大块：种植园区、养殖园区、科技园区和旅游度假园区。其中，种植园区与养殖园区以有机农业为主，种植小麦、水稻、玉米和蔬菜等，同时养殖螃蟹（稻田养蟹），并开发钓螃蟹业务，以旅游带动农业发展：农业部分在亏损，但是旅游部分创收。

创建人在早年承包了 180 亩地从事种植业，获利后开始进入建筑行业，有了 1 000 万元积蓄后，由于抱有强烈的农业情怀返回农业行业，继续承包土地，并于 1998 年正式创立了蟹岛度假村。当时，他以 300 元/亩的价格承包了 3 300 亩土地，租期 50 年。这些土地起初全是基本农田，还有温室大棚。蟹岛通过坚持有机农业，较早地取得了有机认证，获取了有机农产品高附加值的红利。但是随着成本上升，农业开始出现亏损；同时乡村旅游兴起，蟹岛就拿出 70 亩土地建了一个休闲度假村庄，打造"种养游"一体的度假项目，旅游收入迅速增加，雇工数量也迅速增加。

然而，目前蟹岛的休闲农业与乡村旅游面临巨大的困难。由于原建设用地审批手续不完整，2019 年政府规划将建设用地规划为耕地，蟹岛需要将处于亏损状态的种植业继续扩大。但是恢复耕地成本高昂，拆除房屋后仍需要 3～5 年才能恢复耕种能力，且种植成本也在不断上升。目前金盏乡土地租金 3 000 元/亩，种地需要的水费 9 元/吨，种植蔬菜用水 200 吨/亩，小麦 150～200 吨/亩，电费每度价格分别为 0.65 元（有农业变压器）和 1.45 元（没有农业变压器）。此外农业种植还缺乏劳动力：工资 4 500 元/月、管吃管住，50 岁以下的劳动力依然缺乏。

二、休闲农业与乡村旅游助推乡村振兴驱动路径

坚持有机农业，增加产品价值。蟹岛抓住的第一个发展机遇是有机农业。

1997 年蟹岛成立之初，就开始引入黄瓜和西红柿两个品种进行有机种植，同时进行了有机农业的第三方认证。蟹岛坚持不使用化肥和农药，粮食方面在地边种植辣椒，将辣椒熬成水喷洒，消除害虫；蔬菜方面使用"焖棚"，通过高温杀虫。随着经济发展和人民健康观念转变，有机农业慢慢开始盈利，1999 年西红柿卖到 20 元/斤，草莓卖到 80 元/斤，蟹岛在有机农业发展初期盈利颇多。但是随着竞争对手增多，朝阳区农业成本的上升，蟹岛的种植业慢慢回到了亏损状态，蔬菜大棚每个投入成本要 5 万~6 万元，最后收入却只有 4 万~5 万元。

打造休闲旅游，反哺种养农业。种植业亏损，蟹岛就开始寻找第二盈利点。休闲农业与乡村旅游的发展则刚好成为蟹岛的机遇。蟹岛抓住北京人喜欢吃螃蟹、钓螃蟹的市场需求，在种植水稻的稻田里发展螃蟹养殖，开发钓螃蟹等游玩项目，配套餐厅、住宿。后来，蟹岛又发展了更多的垂钓项目，将自身打造成为北京城郊著名的垂钓游玩景点。休闲农业与乡村旅游发展后，蟹岛收入持续上升，规模也不断扩大，2019 年员工达到了 1 700 名。而旅游收益又可以反过来促进种植业投入，增加种植业的设施设备，弥补种植业的亏损。然而，随着土地政策收紧，蟹岛的旅游业受到了较大的冲击，也开始进入亏损状态。

建设生态循环，促进美丽乡村。蟹岛 2017 年开始建设生态循环系统，至 2019 年建有污水处理厂、沼气池、垃圾焚烧炉，此外还使用雨水养鱼，不使用地下水，整个园区产生的废物都能实现合理回收利用。蟹岛生态循环系统的建立，又反过来成为休闲旅游的特色，成为吸引游客的招牌。不过，由于这些是建设用地，2019 年也因为北京市规划被拆除。

三、推进乡村振兴的效果

（一）产业振兴

蟹岛的休闲农业促进了当地休闲农业与乡村旅游产业的兴起。原来的金盏乡属于郊区，而随着朝阳区的发展，当地农业环境也越来越差，农民非农收入不断提高，因此农业成为被抛弃的产业。蟹岛的发展将新型的都市型农业带回了金盏乡，将大量的农村劳动力吸引进来，提供了大量的就业，实现了休闲农业与乡村旅游的发展。人口回流一方面实现了当地经济的发展，给朝阳区都市型农业发展提供了模范案例；另一方面也为解决乡村振兴问题贡献了智慧。

（二）生态振兴

蟹岛的休闲农业通过构建自我循环生态系统促进了当地生态环境的保护。朝阳区的发展带来了巨大的经济收益，但是环境问题也日益突出，在农业领域表现为：农业废弃物大量产生，农业面源污染逐渐严重，农业资源如水资源缺乏。蟹岛通过建设废弃物处理设施，发展有机农业，利用雨水，给生态农业的发展提供了良好的示范。虽然蟹岛的这些设施设备如今已经拆除，但是其在农业生态循环方面构建的经验依然值得推广。尤其是对于都市型农业的发展而言，各种环境政策都比较严格。蟹岛构建的自我循环生态系统，一方面成本低廉，具有极大的竞争力；另一方面符合环境政策，收益比较好。

四、案例点评

北京市朝阳区蟹岛度假村带动了本地的旅游产业，并通过反哺农业的方式推动了有机农业与生态农业的发展。综合而言，其发展存在两个问题：一是政策把握能力不足。作为北京市城郊的都市型农业，蟹岛度假村的用地受到北京市土地政策的严格制约。在过去 20 余年的发展中，北京市的土地政策和朝阳区的土地政策都变动了多次，总的趋势是对于农业用地和非农用地的性质审批和用途监管更加严格。蟹岛建设的大量设施设备由于未符合土地政策要求被拆除，给蟹岛带来了巨大的损失。作为工商企业，蟹岛从事农业却对农业政策并不了解，尤其是忽视了土地政策的重要性，这是很多工商企业存在的缺陷。二是风险防控机制不完善。蟹岛在经营上虽然实现了三产融合，但还是局限于螃蟹领域，整个蟹岛收入依赖于螃蟹相关产业。一旦螃蟹产业不景气，或者设施设备被拆除，蟹岛立即进入亏损。这说明蟹岛的收入结构过于单一，风险防控机制较为薄弱。蟹岛作为私人创立的企业，规模上属于小微企业，缺乏相关风险防控制度，容易受到市场和政策波动的影响。

案例3　发展精品休闲农业，打造乡村亲子游典范
——北京市大兴区长子营镇东北台村

一、休闲农业与乡村旅游发展概况

2012年，北京市大兴区长子营镇东北台村为了发展村庄经济，引入大连樱桃优质品种，建起了樱桃园。为了进一步引入资源，发展农业，2017年村党支部又一次盘活了这片果树资源，与北京奥肯尼克农场合作，建成了奥肯尼克休闲农场和樱嗨乐园联合的休闲农业综合体，利用樱桃、桃、杏果园和中高档设施农业，主要开展农业旅游、休闲采摘、高端农产品供给、绿色订单农业等高端农业产业。同时，东北台村大力发展一二三产融合，联合村内大户投资建设精品民宿并大力完善餐饮服务，以农业采摘和乡村生态游为亮点吸引游客，开发农业旅游生态圈。

东北台村家庭农场前期樱树投入约100万元，农业旅游生态圈整条观光产业链投入，包括土地规划、果树栽培、基础设施等建设投入，共4 680万元左右，项目投资仍在追加中。东北台村建设的精品民宿所占土地由村委会出面，以村委会名义从农民手中流转土地，再流转到开发企业手中，流转期限为20年。土地流转期限到期时所有房屋建设及装修归农户。观光产业园从农户手中流转土地，签订三年一调的土地合同，每三年土地亩租金调增400元。最初土地亩租金为2 400元/亩，到2021年土地亩租金为3 200元/亩。政府颁布的"以奖代补"政策每亩可补贴农场500元。

二、休闲农业与乡村旅游助推乡村振兴驱动路径

打造亲子乐园，吸引家庭游客。东北台村的休闲农业主打亲子游活动，主要面向散客开展，每年可接待游客约12 000人次。东北台村樱嗨乐园以樱桃采摘为特色吸引游客，乐园经营存在强周期性的特点。每年5月下旬至6月下旬是樱桃成熟采摘季，乐园主要开展樱桃采摘业务。樱桃季套票包括一名成人和一名儿童，售价456元，特惠价158元，含2斤樱桃采摘量；儿童票售价276元，特惠价98元，含1斤樱桃采摘量；成人票售价240元，特惠价128元，含

2 斤樱桃采摘量。其余月份属于非樱桃季，乐园主要以休闲农场和观光农业为亮点开展业务。非樱桃季套票包括一名成人和一名儿童，售价 216 元，特惠价 108 元；儿童票售价 156 元，特惠价 78 元；成人票售价 60 元，特惠价 50 元。樱嗨乐园人均消费约在 50～120 元之间，年产值约在 70 万～95 万元之间。

创立会员制农场，发展高端客户。东北台村奥肯尼克农场是北京市农业标准化示范基地，由北京华莹农业有限公司经营，占地 360 亩，建立了内部会员制度，主要面向高端客户。奥肯尼克农场全部采取有机种植方式进行蔬果耕种，一斤蔬果的种植成本约在 15～16 元之间。奥肯尼克农场采取会员承包制度，会员每年承包成本约为一分地 8 000 元。会员指定作物种植，农场提供种植土地、劳动力、农资等必要生产要素。到了作物收获季节，会员可自行前往农场进行采摘，或者委托农场将指定的作物采摘好邮寄至家中。奥肯尼克农场主要特色为"有机＋高端"路线，进行樱桃采摘和高端有机蔬果供应，目前还处于投资建设阶段。疫情期间，农场承包率不足 40%，投资收入未能覆盖全部成本。但随着疫情结束以及农场建设的逐步完善，估计农场的承包率可以达到 60%，这足以帮助农场实现收支平衡。

布局精品民俗，拓宽产业链。东北台村联合村内大户投资建设精品民宿。自 2019 年建成以来，精品民宿项目前期总投入约 1 000 万元，但由于公安和消防两方面的制约尚未通过审批。精品民宿核心区共 8 个小院，每院包括三间卧室、一间起居室、一间休闲室及洗浴空间，预估正式运营租价约为 2 000 元/晚。

三、推进乡村振兴的效果

（一）产业振兴

东北台村兴修基建，盘活村内果树资源，大力促进农业观光业发展，并于 2017 年与北京奥肯尼克农场合作，建成了奥肯尼克休闲农场和樱嗨乐园联合的休闲农业综合体。农场通过创建适合家庭的游乐园和在收获季节提供樱桃采摘活动提高了游客数量、知名度和旅游收入；针对高端客户实行会员制，通过会员承包的形式为该类客户群体提供园区种植的有机果蔬，以"有机＋高端"的路线获得高端客户的青睐，稳定了客户群体、提升了农业收入；此外，东北台村通过建造精品民俗来实现业务多元化。总体而言，这些措施帮助东北台村扩大了产业链，吸引了更多游客，增加了收入。

（二）生态振兴

2017 年，东北台村入选北京市第一批美丽乡村建设项目，组织制定了立足本村实际的美丽乡村发展规划。在村党支部的带领下，全村上下凝心聚力，通过召开村民代表大会、党员大会、入户调查问卷等方式，对村庄基本情况、生产生活状况、人文和环境各方面进行系统的调研和评估，结合村内优势资源和不足，以农耕旅游、凤河文化为依托，将京南文化与村落特点有机结合，制定了村庄发展规划和美丽乡村实施方案。村庄投入 2 900 余万元，改善村庄道路、排水，优化进村路、街坊路环境治理，通过三年的建设，建成了生态环境优美、村庄活力迸发、"造血"功能强大的美丽乡村。此外，奥肯尼克农场开展有机农业，农业生产中的投入均为有机肥料。农场占地约 360 亩，大大减少了化肥的使用，保护了当地土壤、水分和生态环境，促进了环境保护和增产增收的协同发展。

（三）文化振兴

东北台村积极弘扬本地特色文化，培育传承优秀村风民风。东北台村乡情村史陈列室位于东北台村委会大院内，展区面积 100 平方米。陈列室内共分为东北台历史文化、东北台铁台文化、农耕文化、经济产业、东北台记忆、东北台人物、东北台荣誉等七大部分。陈列室内最具特色的是东北台铁台文化，陈列部分还原了古代炼铁流程场景，充分展现了古代炼铁工艺流程的复杂程度。这是东北台村独有的铁台文化，古朴深厚的工匠精神传承至今。

（四）人才振兴

奥肯尼克农场在运营过程中，积极带动本村村民就业，吸纳本村农民就业人数超 50 人，培养农民进入第三产业，给予农民产业分红。

四、案例点评

结合调研实际，在发展休闲农业与乡村旅游过程中，北京市大兴区长子营镇东北台村所需的劳动力和资金充裕，制约其发展的最大因素是建设用地指标。由于农业用地性质限制，建设用地审批困难，村庄在开发休闲农业时工程设施建造受到严重阻碍。基础设施如厕所、停车场、办公室、餐厅等建设场地严重稀缺。基础设施建设远跟不上园区的发展规划，大大损害了村庄的发展潜力，由此村庄无法发展餐饮旅游一条龙业务，游客留置时间被大大压缩，园区利润空间大幅缩减。

案例 4 推动民宿集群发展，促进产业链整体壮大
——北京市门头沟区清水镇洪水口村

一、休闲农业与乡村旅游发展概况

北京市门头沟区清水镇洪水口村地处"首都屋脊"灵山脚下、百花山国家级自然保护区内，村域面积 22.3 平方公里，耕地面积 176 亩。近年来，洪水口村先后获得"中国最美休闲乡村""国家乡村治理示范村"等荣誉称号，村党支部连续多年被评为"北京市先进基层党组织"，村内各项事业取得可喜成绩。洪水口村深度挖掘发展资源，旅游观光和民宿接待产业稳步发展，农户持续增收，年轻人发现其中商机，纷纷返回家乡就业。2014 年洪水口村常住人口仅 135 人，2019 年底常住人口达到 294 人。其中，从镇外返乡就业的 20～45周岁的青壮年达 15 人，以前外出就业年收入约 3.6 万元，目前年收入 10 万元以上。2021 年，洪水口村户籍人口为 350 人，常住人口已达 398 人。通过发展休闲农业与乡村旅游，洪水口村成为清水镇唯一没有低收入户的村，实现了产业振兴与人才振兴。

二、休闲农业与乡村旅游助推乡村振兴的三大前提

（一）背靠优质灵山自然资源

洪水口村休闲农业与乡村旅游的蓬勃发展的前提条件之一是灵山风景区优质的自然资源，由于背靠景区，该村的民宿发展远远领先于同区其他村。依托优美的自然环境，洪水口村通过发展旅游业拓宽了村民增收渠道，提升了全村整体收入水平，为各家各户发展乡村民宿奠定了经济基础。2020 年，洪水口村被选为北京市农业农村局重点打造京西古道乡村线路、提升 3 个美丽休闲乡村的其中一村，村中心湖公园步道及绿化景观有了进一步的提升。依托北京第一高峰——灵山这一自然优势，洪水口村将险村搬迁改造与发展休闲农业与乡村旅游相结合，已完成 135 栋精品别墅及旅游配套设施建设，2019 年底参与民俗旅游产业的农户的数量与改造之前相比增加了 5 倍。

（二）政府积极领导，"村、企、民"三方通力合作

洪水口村的迅速成长离不开政府的领导，以及"村、企、民"三方合作平台的搭建。政府为灵山风景区的发展提供了方向指导和经济支持。一方面，政府通过政策引导和制度规范为村旅游产业发展指明了方向和道路；另一方面，政府通过基建补贴和集体出资为灵山风景区建设提供了资金支持。灵山风景区为洪水口村吸引了大量游客，通过旅游产业振兴在村内发展了若干民营企业。村集体自建企业支持旅游产业成长，并引入外来企业共促民宿产业发展。当前，村内已有 5 家企业，分别是二帝山森林公园、聚灵峡景区、北京洪水口民俗旅游专业合作社、北宫临泉矿泉水厂、洪水口农机修配厂。其中，带有资源性质收入的公园景区、矿泉水厂等在 2020 年共实现盈利 176 万元。

（三）打造旅游文化活动品牌

洪水口村善于利用灵山风景区自然资源，根据景区特色，打造"景观游""休闲游""冰雪特色游"等多种旅游路线。洪水口村将险村搬迁改造与发展休闲农业与乡村旅游相结合，除了完成精品别墅及旅游配套设施建设，使全村村民捧起了"绿饭碗"、吃上了"旅游饭"之外，洪水口村还打造了"灵山冰雪节""聚灵峡穿越之旅"等多个旅游文化活动品牌，推动"绿水青山""冰天雪地"转化为"金山银山"。

洪水口村积极发展以乡村民宿为重点的休闲农业与乡村旅游经济。村庄依托灵山自然资源，以村企合作模式和"四四二"分成形式，实现了集体收益与村民个人收入的增加，为打造乡村民宿奠定了创业基础——各家各户纷纷自主经营乡村民宿，开拓了收入来源。

三、休闲农业与乡村旅游助推乡村振兴驱动路径

洪水口村通过组织驱动、资源整合、村庄共治的路径实现乡村振兴。在组织驱动上，村集体组织在休闲农业与乡村旅游的发展中起了不可替代的作用，洪水口村村集体自办企业，支持旅游产业发展。按照村企协定的收入分配比例，40%归集体所有，40%归企业所有，20%由村民参与分成，壮大了集体经济，拓宽了村民增收渠道。在资源整合上，洪水口村搭建"村、企、民"三方合作平台以发展民宿产业。三方合作平台的建立使得农户得以盘活手中闲置房

屋资源，集中整合了房屋、人力、资金等各种资源，村企合作共同促进民宿产业的兴旺。在村庄共治上，村民可以共享集体配套服务，各户独立经营。洪水口村通过股份分成制壮大集体经济后，投入部分资金为村民办民宿提供环保、卫生等方面的配套服务。一方面，集体提供配套服务设施，方便本村民宿的发展。村内旅游专业合作社提供硬件支持，供给垃圾回收服务，给社员发床单、被单、厨房净化器等硬件设施购置的补贴；垃圾回收由村大队负责管理，在村民中聘用专门的工作人员，进行垃圾回收与分类，并由国家与村集体共同补贴5万元，使村民安心在村中就业、真正实现脱产。另一方面，村民自行投资搭建民宿，各户独立经营。从经营规范角度来看，洪水口村的民宿中有58家办理了营业执照，注册性质为个体工商户；从卫生标准来看，各民宿均有自己的标准，有保洁员换洗床单被单、打扫卫生，清洁一个民宿院子的价格为200元。

四、推进乡村振兴的效果

（一）产业振兴

景区旅游带动民宿发展，乡村民宿特色鲜明，休闲农业与乡村旅游促进了乡村产业振兴。洪水口村由于背靠景区，民宿发展得较早，民宿建设运营经验丰富，在国家基础设施建设的支持下，民宿发展有着良好基础。通过村企合作按比例分红，集体经济得以壮大、村民收入得以提高，完善了配套设施并实现了各家各户的独立自主经营。据了解，当前洪水口村民宿的客户大多数是回头客，真正实现了从"吸引来客户"到"留得住客户"。各具特色的经营方式、源源不断的民宿订单，洪水口村的乡村民宿休闲农业与乡村旅游正成为京郊山区村落的产业支柱，给乡村带来产业的振兴。

（二）人才振兴

休闲农业与乡村旅游发展快，旅游产业使乡村人气旺，同时促进了乡村人才振兴，许多年轻人纷纷返乡经营民宿。2021年，洪水口村户籍人口为350人，在村的常住人口达398人。看着村中如此多的年轻人，村党支部书记说："1998年，村里户口本上仅65户、135人，现在大家都把户口往回迁。到了冬天，大家都待在村里，十分热闹；而周边规模七八百人的大村落，到了冬天过年的时候，还没有我们村人多。看着这些年轻人，我感觉我们村很有未来！"

此外，从提供就业以防止人口外流来看，洪水口村的民宿旅游还辐射带动了周边地区的经济，给周边村落人口提供了一定的就业机会，一定程度上防止了人口的流失。就业机会的增加使更多人感到留在家乡有盼头！

五、案例点评

综上所述，门头沟区清水镇洪水口村通过打造精品民宿集群来促进产业链发展，并产生了人才回流效应。就目前来看，在休闲农业与乡村旅游高质量发展方面，洪水口村发展中的主要问题是缺少特色产品。当前，该村发展模式主要依靠灵山等景区资源优势带来的客流优势和休闲农业与乡村旅游带来的人才回流优势，也通过打造水库和人工湖开发了划船钓鱼等多元化活动，接下来应该尽可能利用以上主客观条件，开发具有当地特色的文创产品，充分实现文旅结合。

案例 5　种植与观光功能并重，产业与生态发展并行
——北京市海淀区苏家坨镇柳林村弗莱农庄

一、休闲农业与乡村旅游发展概况

弗莱农庄位于北京市海淀区苏家坨镇柳林村，占地面积近 500 亩，西临大西山旅游带，凤凰岭、阳台山、鹫峰重峦叠嶂、绵延不断，大觉寺、龙泉寺佛教圣地近在咫尺；东有稻香湖景区、翠湖湿地公园，万亩生态林环绕农庄周围。弗莱农庄设施完备，现有京西稻保留陆地种植区 80 亩，标准日光温室 50座，春秋棚 6 座，连栋温室 16 800 平方米，果树种植区 120 亩。农庄主要发展循环、有机、生态农业，经营模式以市民农园、企业菜园认养、果蔬配送、观光采摘、农事科普教育等为主。弗莱农庄一期建设开发市民农园 88 块，规格为 30 平方米；企业农园 12 块，规格为 240 平方米，认养率达 95％；市民休闲绿地、拓展区域、餐饮服务、会议茶歇等农庄配套服务建设 1 082 平方米，基本满足了企业与个人会员以及游客的服务需求。农庄二期建设于 2020年 12 月竣工交付使用，开发市民农园 115 块，规格为 30 平方米，认养率预期达 85％。

二、休闲农业与乡村旅游助推乡村振兴的三大前提

（一）以优越地理位置和便捷的物流条件为资源

柳林村弗莱农庄以"新鲜果蔬配送＋休闲观光农业"为主要业务，属于典型的园区带动型产业振兴助推模式。柳林村新鲜果蔬配送业务主攻高端市场，其市场定位必然对蔬果的品质、新鲜度有着极高要求，因此园区区位优势和发达的物流网络是发展新鲜果蔬配送业务基础条件之一。柳林村地处北京市近郊，离目标市场距离较近，加之依托发达的邮政配送网络，使其发展新鲜果蔬配送业务区位条件较为优越。此外，园区带动型产业振兴助推模式的休闲观光业务一般定位针对家庭、学校、企业和事业单位等开展一日以内的休闲采摘项目，这意味着弗莱农庄在这一项目上具有更大的优势和市场竞争力。

（二）村企通力协作推进产业发展

柳林村和外来资本弗莱农庄通过资源互通、利益共享、风险共担机制共同推进园区的建设和发展。自 2016 年始，弗莱农庄和海淀区苏家坨镇柳林村村委开展紧密的村企合作，柳林村村委以优惠价格为弗莱农庄提供设施用地，双方签订合同共同享有农庄经营所得利润。弗莱农庄和柳林村签订为期 15 年的设施用地合同，合同期限为 2016—2030 年，弗莱农庄以 20 000 元/亩的优惠价格自柳林村村委获得设施用地，每年上交柳林村设施用地固定费用 100 万元。弗莱农庄目前仍在持续建设中，自 2020 年起逐渐实现收支平衡，年收入约为400 万～500 万元，其中 35％源自农产品收益，35％源自土地出租差价，30％源自政府财政补助。

（三）以传承农耕文化为发展理念

柳林村弗莱农庄是具有"果蔬配送＋园区观光"双重功能的产业园区，其果蔬种植基地为传承农耕文化提供了良好的载体。弗莱农庄以传承农耕文化为亮点，开展农事科普教育、观光研学、团建活动等多项体验服务，并积极拓展其他服务项目。2020 年弗莱农庄参与了海淀区农业农村局"十百千万"畅游项目，改善了原有设施，开始和主题机构建立紧密合作，积极开发农业生态旅游，并挖掘文化节、音乐节等多种业务。弗莱农庄通过对传统、现代、未来农业的场景进行呈现，配合农业教育读本，以农业实践为主，打造"自然农学院"，讲解农业知识；引入水培一体化种植技术，在展览展示农业科技的同时，满足设施农业种植的需要。

三、休闲农业与乡村旅游助推乡村振兴驱动路径

柳林村弗莱农庄结合了"果蔬配送＋园区观光"双重功能，以有形的果蔬产品和无形的体验服务相结合开展业务。柳林村村集体和弗莱农庄通过整合资源、利益驱动、共同治理等方式成功建立并发展了园区带动型产业振兴助推模式。柳林村和弗莱农庄建立紧密的村企合作关系。在资源整合上，柳林村集体提供了优惠的土地资源，弗莱农庄提供了资本、人才、基础设施等资源，双方优势互补，整合资源集中发展。在利益驱动上，柳林村和弗莱农庄建立紧密的利益联结机制，前者为后者提供优惠用地的支持，后者每年给

前者固定分红；此外，当弗莱农庄有剩余利润时，柳林村也享有一定比例的分配权。在共同治理上，柳林村和弗莱农庄共同规划用地、建设及方向发展问题。农庄的日常运营通常由企业负责，村庄只负责部分辅助性工作。

四、推进乡村振兴的效果

（一）产业振兴

弗莱农庄以生态农场为核心，发展观光旅游产业，打造了一三产融合的综合性园区。在农业生产上，弗莱农庄利用地理位置优势与优美的自然环境相结合，打造了以草莓为发展主题的生态观光农业，产业布局还涵盖其他各类果蔬，依照各自不同的生长成熟时间分布种植和采摘，形成了内容丰富多彩的全天候近郊休闲旅游项目。弗莱农庄的生态旅游、休闲团建、农园菜园认养、农事研学活动等功能吸引了众多客户，向中小学生宣扬了农耕文化，为亲子休闲游、机关团体及企事业单位中小型会议和集体活动提供了理想场所。通过各类蔬果采摘、农事体验、参观展示，青少年增加了对农业活动的参与并从中收获了乐趣，满足了其渴望自然、融于自然、享受自然的天性。

（二）人才振兴

弗莱农庄和柳林村委达成密切合作协议，协议包括了帮助村民解决就业问题、带动周围农户共同发展的附加条件。弗莱农庄最初吸纳村里 20 多人就业，很大程度上帮助村里解决了老年人口就业的问题。以弗莱农庄牵头组织的行业协会连续三年举办了农民丰收节、樱桃节，促进了当地农产品销售和村民就业，提高了当地产业化程度。同时，协会还举办科普研学活动，带动农户选育优种，提供农户实地学习和相互交流的机会，对周围农户起着较大的带动作用。

（三）生态振兴

弗莱农庄运用新型农业产业化模式，利用餐厨垃圾、园林绿化垃圾、农庄废弃物的无害化处理，与有机农作物生产、有机肥料回收加工利用有效整合，打造农村生态新模式，实现了经济效益、农民增收和环境保护的有机统一。利用苏家坨镇浅山区生态林木植被茂盛的特点，弗莱农庄大力发展农林有机废弃物资源化利用，采用连续池式好氧发酵技术，使影响环境的农林有机废弃物快速腐熟，变成能被充分利用的高活性肥源，促进其无害化、资源化，从而达到生态环境的良性循环和可持续发展的目的。弗莱农庄对 230 亩种植园土壤进行深度有机质改良优化，提高土壤活性，使土壤的通透性、对水分的吸收及含氧作用增强，从而节约水源、减少化肥农药的使用，使食品安全得以保障。同时，弗莱农庄彻底解决了秸秆、落叶焚烧造成的环境污染问题。此外，弗莱农庄还跟各院校开展紧密合作，在新产品研发、苗木种植选种、土壤培养、土壤有机质改良等方面均有涉及，对有机果蔬口味的调整和质量提升有显著的促进作用。

五、案例点评

北京市海淀区苏家坨镇柳林村弗莱农庄通过村企合作，实现了以休闲农业与乡村旅游促进乡村产业振兴，并带动了人才振兴和生态振兴。根据调研资料，弗莱农庄发展的主要限制来自民宿牌照的办理困难。柳林村具备大量闲置农宅和其他相关条件，民宿产业一般基于当地村民宅基地改造。但是柳林村的宅基地并不符合开发政策亦不具备相应经营资质，弗莱农庄尚不能依托当地闲置农宅开发民宿旅游产业。这意味着弗莱农庄休闲农业与乡村旅游长期性产品的开发受限，农庄只能推出一日以内的文旅项目，限制了村庄的产业规划和利润扩张。

案例 6　集体组织牵线搭台，力推产业市场化发展
——北京市丰台区王佐镇魏各庄村

一、休闲农业与乡村旅游发展概况

魏各庄中心村地处丰台区最西部，与房山区交界，位于西六环外，由南洛平、北洛平、魏各庄、瓦窑、大富庄及栗园等 6 个自然村组成，村域面积 9.542 平方公里。全村总人口 6 017 人，其中农民 3 491 人，居民 2 526 人，共 2 492 户，村民代表 75 人，村党总支下属 8 个党支部，共有党员 227 人。

近年来，魏各庄村坚持"绿水青山就是金山银山"的发展理念，紧紧围绕王佐镇建设"国际化、花园式旅游小镇"的发展目标，积极推进平原造林工程，构建大范围绿色生态空间，目前拥有林地 4 500 余亩。同时，魏各庄村结合村域实际情况大力发展休闲农业与乡村旅游、绿色产业、低碳产业并清退污染产业，被评为 2015—2016 年度"北京最美的乡村"。村集体出资建设了洛平精品采摘园，园区占地 800 余亩，员工 200 多人。园内拥有两栋连栋温室近 15 亩，77 座日光温室，培育了樱桃、草莓、蓝莓、番石榴、火龙果、葡萄等 10 余种优质果品。园内果品多年获得 CQC 有机认证，园区是丰台林业局乡村水果生产基地，也是北京市果树产业协会评选的北京市百万市民观光果园。园区 2009 年被北京市农业局、北京市财政局设为北运河流域耕地质量监测点，2021 年被评定为四星级园区。采摘园的建设，一方面为村民创造了就业岗位，提高了村民收入；另一方面也保障了村庄蔬菜及水果的供应。此外，园区还开展了"乡村采摘园科普长廊、教育基地"科普益民项目，对游客进行有机水果、无公害蔬菜等相关知识的科普教育，正向着集采摘、观光、科普、休闲、娱乐为一体的综合性休闲农业与乡村旅游园区发展。

二、休闲农业与乡村旅游助推乡村振兴的三大前提

（一）区位优势及资源禀赋

魏各庄村位于西六环外，属于北京近郊区，村域市政设施建设完备，多条公路纵贯村域，交通便利，位于市区的游客能够实现当天往返。近年来，魏各庄村围绕王佐镇建设"国际化、花园式旅游小镇"的发展目标和环境发展战

略，结合村域实际情况对传统产业进行了改造，清退污染产业，并发展了绿色产业、低碳产业等，空气清新，环境优美。此外，魏各庄村拥有丰富的历史底蕴，其中三清关帝庙和密檐塔是魏各庄村原有历史文化遗迹。三清关帝庙始建于清代，2015年完成了修复工作，现已对外开放。密檐塔建于明嘉靖年间，塔的所在地，原有大庆寿寺并有密檐式塔10多座，俗名"乱塔寺"，抗战时期塔群遭日军拆毁，唯有此塔保存至今。同时，魏各庄村还有传统表演艺术霸王鞭，其始于解放初期，是解放区活跃文化生活的民间风俗表演。区位优势和丰富的自然及人文资源构成了魏各庄村休闲农业与乡村旅游发展壮大的前提之一。

(二) 村集体发挥能动作用

魏各庄村集体有着丰富的工作经验及较为雄厚的资金实力，在推动村庄休闲农业与乡村旅游发展过程中起着关键性作用。村集体出资建设了洛平乡村有机采摘园，通过招商引资，吸引了丰台区旅游联盟、东方美高美国际酒店等市场组织，使城市的资本、管理技术和市场营销等资源注入乡村，为乡村进一步的市场化发展搭建了优质的平台。发展平台的建立提高了多元经营主体参与魏各庄村休闲农业与乡村旅游发展的积极性，市场组织、村集体及合作社等多元经营主体的共同参与，有助于构筑村庄休闲农业与乡村旅游发展的多元化优势，有效助推乡村振兴。

(三) "文旅融合＋需求导向"的发展理念

魏各庄村借助本村特色的文化资源，重点打造了传统文化与民族特色文化品牌，将文化资源优势变为文化产业优势，将休闲农业与乡村旅游观光游变为文化游。村集体以城市居民对于近郊农村的需求为导向，出资建设了洛平乡村有机采摘园，为城市居民提供新鲜蔬菜采摘、亲子科普教育及风景观光等服务。并通过举办一系列采摘节活动，如樱桃节、丰收节等，将风景观光、农耕体验、科普教育与农产品销售相结合，丰富了活动内容，增加了活动趣味性，大大提升了游客在园区的体验感，从而带动了采摘园客流增加，提高了园区知名度。

三、休闲农业与乡村旅游助推乡村振兴驱动路径

村集体整合内外部资源，搭建区域性发展平台。魏各庄村集体秉持"文旅

融合＋需求导向"的发展理念，对村内村外资源进行了整合，对于村庄的存量资产和土地资源，村集体进行科学的利用，采取合资、合作、租赁、控股等多种形式，广泛开展对外合作，吸引多种经济成分，引进符合区域功能定位的战略性优势产业。例如：魏各庄村计划与中国航天合作，将本地传统文化与航天文化结合；同时对村庄的文化资源进行充分挖掘，打造村庄特色文化品牌。村庄通过对资源进行整合，搭建起了区域性的发展平台，进一步推动了市场组织参与村庄休闲农业与乡村旅游发展。

市场组织助力实现城乡资源充分融合。村集体通过将村域内外资源充分整合，搭建区域性发展平台，吸引了大量具有战略眼光、运营经验和技术资源的企业、创业团体或协会等市场组织。2019 年，魏各庄村依托采摘园区举办了第一届樱桃采摘节，并在采摘节仪式上与丰台区旅游联盟、北京农商银行王佐支行、东方美高美国际酒店签订了战略合作协议，为魏各庄村进一步市场化奠定了基础。市场组织的助力促进了城乡间的资源流动和资源融合，将城市的资本、管理技术和市场营销手段等稀缺资源带到了村庄，同时将乡村的产品销往城市、将乡村的信息向城市传播——市场组织的助力推进了魏各庄村的市场化进程并拓展了村庄休闲农业与乡村旅游的发展空间。

四、推进乡村振兴的效果

（一）产业振兴

魏各庄村利用村域土地、林地等生态资源优势，大力发展休闲农业与乡村旅游产业，建设了洛平乡村采摘园、仙龙园等项目，其中洛平精品采摘园是丰台林业局乡村水果生产基地，占地 800 余亩，拥有 15 亩连栋温室、77 座日光温室，培育了樱桃、草莓、蓝莓、番石榴、火龙果、葡萄等 10 余种优质果品，其中蓝莓、樱桃还获得 CQC 有机认证。采摘园的发展为村庄解决了 200 多人的就业问题，并且带动了村庄中餐饮、娱乐产业的发展。

（二）文化振兴

魏各庄村对村庄的传统文化进行了充分挖掘，对三清关帝庙、密檐塔等村庄原有的历史文化遗迹进行了修缮及保护；同时组建了霸王鞭表演队，将这一重要的民间艺术传承下去。魏各庄村的霸王鞭表演队曾参加过北京青龙湖申奥杯邀请赛、2007 年丰台区民间花会大赛及 2012 年北京国际铁人三项赛等活动，同时霸王鞭也入选丰台区非物质文化遗产名录。村庄优美的生态环境及浓厚的文化底蕴，先后吸引了中央民族大学丰台校区、人大附中丰台学校落户村庄。凭借校地共建的优势，许多村民取得了中央民族大学成人高等教育毕业证，同时人大附中丰台学校每年也从村庄招收 40 名学生，魏各庄村的 6 000 多人均能享受到这些教育福利。

（三）生态振兴

近年来，魏各庄村紧紧围绕王佐镇建设"国际化、花园式旅游小镇"的发展目标和环境发展战略，结合村域实际情况大力发展绿色产业、低碳产业，清退污染产业，使魏各庄村的整体环境得到了质的飞跃。村集体建设隔离片林 2 200 余亩，平原造林 1 800 余亩，村庄总林地面积约 4 500 亩，林木覆盖率超过 40%。在全村村民的共同努力下，魏各庄村实现了开窗可见绿、出门可踏青，林木成片、绿树成荫的美好景象。魏各庄村 2001 及 2002 年被评为"丰台区环境优美村"，2007—2010 年连续四年被评为"绿化美化先进单位"，2008年被评为"北京郊区文明生态村"。

五、案例点评

北京市丰台区王佐镇魏各庄村通过村集体整合内外部资源和统筹牵线，联结了多方市场力量发展休闲农业与乡村旅游，推动了本村的产业、文化和生态振兴。其在发展中有两个困难：一是缺乏主导产业。魏各庄村的村民福利待遇虽然得到很大改善，但自身造血能力有限，洛平乡村采摘园仅能保持收支持平，对集体产业的带动作用还有待提高，亟待引入符合首都功能定位的新型产业，为村庄产业发展注入新的活力。二是园区的经济效益难以提高。由于园区土地性质问题，园区规划受限，园内活动仅限于农耕体验。游园体验时间较短、产品单一等问题尤为突出，无法满足园区留客和再消费问题。同时由于厕所等基本设施建设受阻，游客的游园体验会受到较大的影响。

案例 7　丰富果林立体农业，对接输出文化资源
——北京市延庆区刘斌堡乡山南沟村青山园
民俗旅游专业合作社

一、休闲农业与乡村旅游发展概况

山南沟村位于北京市延庆区刘斌堡乡，村民赵俊龙、赵青山等 6 人于 2018 年 3 月 29 日成立青山园民俗旅游专业合作社，成员共出资 300 万元开始发展休闲农业。合作社在原有赵青山所有农家院餐厅的基础上进行休闲农业旅游拓展，利用村集体具有的河滩荒地建设旅游区。合作社自 2016 年正式由农家院转型为休闲农业园区后，年收入增长率一直保持在 20% 以上。2020 年尽管受到疫情冲击，青山园民俗旅游专业合作社年接待人数仍然创下新高。

山南沟村借助青山园民俗旅游专业合作社，建设了青山依旧、碧游青山、世外青山等三个主体建筑与青山牧场、远眺草坪、青山营地、林下拓展、娱野田间、农林盛茂、秋色时代等七个景点区域。青山园民俗旅游专业合作社以农业体验为基础，特色婚庆、特色节日、体育活动、亲子教育等项目为特色，拥有住宿、餐饮、娱乐、露营等盈利点，打造了一二三产融合的立体农业园区。青山园农业种植包括果林、蔬菜和粮食种植，果林有桃、杏、李子、枣等各式果树 100 余亩，蔬菜种植品类主要有土豆、蘑菇等。在农业种植的基础上，合作社进行了初级加工，包括水果蘑菇晾晒加工等。第三产业包括：特色民宿、配套餐饮、果茶制作、果酒酿造加工，以及磨豆腐、葫芦条加工等本地民俗特色体验活动。三大产业相互融合，吸引了不同种类的游客，包括参与课外体验的中小学生、公司团建活动的都市白领、家庭亲子休闲的家庭游客。

二、休闲农业与乡村旅游助推乡村振兴驱动路径

发展果林立体种植，增加果园经济效益。山南沟村位于山区，多果林经济，农户也大多数为果农。青山园原为延庆区刘斌堡乡农户赵青山所经营果园，后经过青山园民俗旅游专业合作社进一步开发发展，形成了以果林为主体，树下经济为辅助，加之粮、菜、牧的立体化农业经济体系。立体农业的模

式显著增加了果林种植的经济效益，在支付土地租金的基础上（500元/（亩·年）），还能够有不少盈余。同时，立体农业的发展也为全村休闲农业与乡村旅游的打造提供了基础，随着产业规模不断扩大，产业范围不断增加，对周围村镇发展与农民经济增收也都起到了一定的影响。

打造园区三产融合，丰富休闲农业内涵。在果林立体农业的基础上，山南沟村在青山园开发了休闲农业与乡村旅游。从2016年起，青山园不断增加投资，经过5年基础设施建设和对外宣传，青山园开始小有名气，进入稳定发展阶段。青山园综合利用园区农业空间与农业产品，延伸特色农业产品，包括：杏、桃、李子等制成的冰激凌等再加工产品；南瓜、玉米饼等烘焙产品；鹿茸、孔雀蛋、羊驼毛等牧业加工产品。此外，园区还提供树下餐饮、树间休闲等服务，实现了三产融合。三大产业的融合发展使得青山园的休闲农业更加立体，乡村旅游更有特色，为乡村振兴提供了扎实的基础。

发展青山特色文化，推动文化活动开展。青山园七景点区域均有特色旅游项目，而这些项目共同构成了山南沟村特色的青山文化。首先是大力推广农耕文化。青山园作为北京市中小学"社会大课堂"资源单位、北京市中小学生劳动教育基地、青少年营地技能等级考点单位，通过丰收节、汉服文化节等将农耕文化推广到青少年当中，不仅起到了良好的教育作用，而且激发了青少年对于休闲农业与乡村旅游的兴趣，实现了文化振兴。其次是推广民俗文化，包括缸文化、方言文化等传统民俗文化。青山园通过博物展览、文化园区建设等将民俗文化融入园区项目，将传统文化传承下去。

三、推进乡村振兴的效果

（一）产业振兴

山南沟村青山园通过增加果林经济效益、发展乡村旅游收入实现了乡村产业振兴。青山园在一产畅销的基础上，同时进行二产加工与三产服务的产业升级链条，一二三产融合实现了良好的经济效益，促进当地农民增收，年收入超过500万元。第一产业为二三产业提供了生存和发展的基础，因为没有具有开发价值的特色农业，休闲农业与乡村旅游就不可能发展，同时农产品的深加工也缺乏原材料。

（二）人才振兴

山南沟村青山园合作社是由本地农民投资、本地农民建设、本地农民经营与发展的休闲农业园区。园区几乎所有员工与股东均为所在地农民与经济合作社成员，直接创造就业岗位 42 个，提供平台间接创造农村商业岗位 15 个。青山园合作社成立以后，良好的经济效益也吸引了大批年轻人返乡就业和创业，村里的人口老龄化问题也得到了一定程度的改善，使得产业振兴与人才振兴能够协调发展。

（三）文化振兴

山南沟村青山园促进了乡村文化振兴。青山园的农耕文化、民俗文化在园区中实现了良好的保存，并且通过与趣味活动、设施设备结合，在青少年游客、家庭游客中实现了良好的宣传。

四、案例点评

通过发展立体农业、创立产业园区和对接学校资源等方式，北京市延庆区刘斌堡乡山南沟村青山园民俗旅游专业合作社以休闲农业与乡村旅游推进了乡村产业、人才和文化振兴。在实际发展过程中，其存在两个方面的问题：一是政策把握不够清晰。山南沟村的河滩原来并不是建设用地，在青山园建立起来后，大量的房屋、设施建设起来成了建设用地。但是在北京市土地政策收紧、延庆区生态环境监管严格的背景下，青山园的建设用地有不少都不符合政策，需要拆除违建设施房屋。这给青山园和山南沟村带来了巨大的直接经济损失，间接的游客流失也很多。北京市休闲农业发展如今成为热点，大多数的村庄在发展过程中都存在由于对上级政策缺乏把握而盲目投资的问题，政策风险成为休闲农业眼下的巨大隐患。二是旅游内容有待丰富。山南沟村与大多数的北京城郊乡村类似，先天的自然景观或者人文资源并不充足，要想发展休闲农业与乡村旅游必须要依靠后期的投资和建设。而且，山南沟村单纯地打造旅游园区而忽视了内容上的建设，从长期发展的角度看，后期可能会出现收入增长乏力的情况。

案例 8　发展林下产业经济，加强实用人才培育
——北京市房山区石楼镇大次洛村草根堂种养殖专业合作社

一、休闲农业与乡村旅游发展概况

北京市房山区石楼镇大次洛村草根堂种养殖专业合作社成立于 2011 年 3 月 1 日，经营土地面积 2 300 亩，2015 年被国家林业局评为"全国林下经济示范基地"。草根堂距京昆高速襄驸马庄村出口 1 公里，交通便利。草根堂充分利用独特的森林资源，打造森林生态休闲旅游，以"生态，环保，可持续发展"为经营理念，资源有效利用为载体，开展中草药种植、无公害蔬菜种植、青少年科普、户外拓展、餐饮娱乐、农耕体验等活动，年接待游客超过 10 万人——着力打造集休闲观光、药食同源、中医药养生于一体的现代都市生态农业园。

草根堂充分考虑原有农业生产的资源基础，因地制宜，搞好基础设施建设，如交通、水电、食宿及娱乐场和度假村的进一步建设等。结合生态园所处地区的文化与人文景观，草根堂开发出了具有当地农业和文化特色的产品和旅游精品，服务社会。

二、休闲农业与乡村旅游助推乡村振兴驱动路径

利用森林资源优势，发展中草药产业。自 2011 年成立开始，草根堂通过不断的学习和实践，熟练掌握了中草药的种植技术。2013 年初，国家开始实施平原造林，草根堂抓住机会，承包了石楼镇 2 000 余亩林地，试种林下中草药，开发林药混种的立体种植模式。种植的品种以丹参、百合、白术、天南星、防风等为主，种植面积 1 200 亩，种植当年取得了意想不到的成果，每亩地纯收入达到了 3 000 余元，比种植大田高出 2~3 倍。在草根堂的带动下，房山区石楼镇、大石窝镇、琉璃河镇等有十几个村也开始尝试种植中草药，带动房山区林下中草药种植达 8 000 余亩；通过建设现代农业示范基地，草根堂带动农户 500 多户，安排就业 600 多人（其中妇女 480 人），户均年收入达到 20 880 元，取得了很好的社会效益及经济效益。

依托中草药产业，发展林下经济多业态。在中草药产业发展起来后，草根堂开始进一步开发林业资源，加快林业与旅游业深度融合发展。其利用林地以特色农业旅游观光为主导，以中医药健康旅游发展为方向，大力发展休闲农业产业，打造了集观光、餐饮、住宿、中草药销售、中医馆以及青少年研学等业态为一体的林下经济产业链条。2018 年，草根堂在林下经济示范区域内修建了木栈道，建设了防腐木屋，可供游客休息，同时增加了民宿。

发挥技术优势，进行农村人才帮带培养。由石楼镇党委牵头，镇农发办及成人学校与草根堂合作，以"产业＋合作组织＋人才"的"三点循环互动模式"开发培养农村实用人才，从而实现当地人才、合作组织及产业的融合发展。培训形式包括：由草根堂的中草药种植专家传授经验、开办专题讲座以及现场进行研讨交流等。草根堂致力于通过帮带培养，打造"一专多能"实用型人才。"一专"指林下种植花卉及中草药的技术；"多能"指通过规模经营、内部管理、市场营销和林下休闲等拓展课程，使当地人才具备"产、营、销、带"四大能力。

三、推进乡村振兴的效果

（一）产业振兴

草根堂在熟练掌握中草药种植技术后，并未对周围村民构建起技术壁垒，而是为他们供应优质的中草药种子，提供免费的种植技术指导，并帮助他们销售，从而拉动了周边农户的就业和增收。同时，草根堂林下休闲观光的快速发展，年带动游客约 10 万人次，从而拉动了周边民宿产业的发展。周边拥有闲置房屋的农户，对房屋进行合理的改造后如果获得了草根堂的认可，就能与草根堂分享客源。

（二）人才振兴

草根堂通过与镇政府合作，大力推动农村人才帮带培养，成功提高了当地农民的技术水平，为本地中草药产业培养了大批的人才。同时，草根堂的发展也吸引了 4 名年轻人回乡创业，从事中草药种植及民宿管理工作。

（三）文化振兴

草根堂基于有机中草药种植产业，拓展了一系列包括中医药保健、中草药知识教育、药膳、药浴等在内的中草药文化产业，既增强了草根堂休闲农业产业的竞争力，提高了经济效益，也发扬了中草药文化。

（四）组织振兴

草根堂坚持"党委主导，村企协作"的联建模式，由镇党委主导建设，通过相关企业党支部进行帮扶、村党支部与其紧密合作，共同促进草根堂的快速发展。同时，草根堂在发展过程中秉持"实行风险共担，利益共享，带动农户共同致富，走共同致富之路"的经营理念。成立至今，草根堂创造了巨大的经济效益及社会效益，扩大了绿化苗木、杂粮、金银花及无公害蔬菜的种植面积，多种经营项目为草根堂的发展增添了新的经济增长点，也为草根堂的发展壮大打好了基础。

四、案例点评

北京市房山区石楼镇大次洛村草根堂种养殖专业合作社通过多业态发展林下经济和开发培育实用型人才等方式，助推了本村的产业、人才、文化、组织振兴。目前，政策不明朗是草根堂种养殖专业合作社发展中最大的阻碍。草根堂以中草药种植为基础，一步步发展为融中草药种植、无公害蔬菜种植、青少年科普、户外拓展、餐饮娱乐、农耕体验等为一体的现代种植园区，其发展基本完全依赖于林地。然而农业用地相关政策尚存在不确定性，一旦将林地调整为耕地，草根堂就将面临较大损失，因此其在现阶段建设中不敢投入太多资金，发展随之受到了一定阻碍。

案例 9　发挥本土资源优势，挖掘人才内在价值
——北京市密云区溪翁庄镇尖岩村

一、休闲农业与乡村旅游发展概况

北京市密云区溪翁庄镇尖岩村位于密云水库主坝西侧1公里处，因山得名。村庄整体面积2 280.3亩，其中耕地面积780.3亩，山场面积1 500亩。村内现有457户、991口人，其中党员80人，村民代表40人。村庄现有"两委"班子成员8人，其中党支部成员5人，交叉兼职1人，村委会成员3人。1958年为修建密云水库，尖岩村整建制搬迁至现址建立新村。在区、镇两级政府的大力支持下，在全村党员干部群众的共同努力下，尖岩村的社会事业得到发展，村庄基础设施完善，并于2018年底真正做到了脱贫致富、全面奔小康，成功摘掉"低收入村"的帽子。

自2020年开始，溪翁庄镇镇政府拨款近8亿元助力尖岩村打造乡村民宿产业，以每户约50万元为标准提供第三方民宿公司无息贷款，限期10年还款。在此基础上，尖岩村向着打造餐饮住宿休闲旅游一条龙服务的模式发展。尖岩村紧邻密云水库，被大云峰寺、桃源仙谷、清凉谷、黑龙潭、云蒙山等诸多旅游景点环绕，旨在打造休闲旅游产村结合新模式。

二、休闲农业与乡村旅游助推乡村振兴的三大前提

（一）以特色油栗资源为优势

尖岩镇的休闲农业与乡村旅游起步于其特色的油栗资源。尖岩村紧邻密云水库，附近资源环境得天独厚，土层深厚、空气湿润、排水良好、土壤肥沃，非常适合种植油栗。这里的油栗是纯天然野生生长，果实色泽鲜艳、甘甜芳香，年产量可达35万斤，自古就有"客商买不断尖岩的栗子"的说法。从2012年开始，密云区溪翁庄镇尖岩村依托山区特有的油栗资源，以栗子宴为亮点，带动当地农户学习栗子食品制作手艺，大力鼓励当地居民从事餐饮、旅游产业，大幅带动了农户增收。

（二）强有力的村集体领导

尖岩村发展以栗子为核心的休闲农业与乡村旅游产业离不开村集体和党支部的有力领导。由于移民村的性质和保水的刚性需求，尖岩村一开始并无特色产业，村民就业困难，一度 467 户村民中有 284 户为低收入家庭。自 2014 年开始，以村支书王淑平为代表的尖岩村党组织带领村民开始依托当地特色的油栗资源，挖掘以栗子为核心的旅游产业。自此，尖岩村才一步步走上了发展休闲农业与乡村旅游的道路，并于 2018 年实现全面脱贫致富。村集体在整治乡风民俗、规范产业秩序、优化产业环境方面功不可没。2014 年以前，尖岩村仍是远近有名的低收入村，低收入家庭和人数占了一半以上，村民和村"两委"存在激烈矛盾，群众上访现象频现。而随着党组织发力，村集体带动全村党员为村民办实事，号召全村群众打造尖岩村栗子盛宴，彻底解决了群众上访问题，实现了全村脱贫创收，大大提高了村民的收益和居住环境质量。

（三）"食、宿、游、娱"一体化的发展思想

尖岩村在通过栗子宴发展乡村民俗游之后，没有故步自封，而是逐步尝试扩展经营范围，修建民宿集群，着力打造"食、宿、游、娱"一体化的综合休闲旅游基地。尖岩村乡村民宿依托当地特色自然资源禀赋，以栗子宴和周围景点为亮点。尖岩村党组织组建尖岩村民俗旅游专业合作社，以合作社名义和村民签订闲置民宅租赁合同，再将盘活的闲置农宅转交给第三方印象云溪民宿公司统一开发建设，建设后合作社和公司以固定比例分配利润，合作社收取年利润的 30%，印象云溪公司收取年利润的 70%。尖岩村民宿旅游专业合作社和村民统一签订租赁合同，租赁期限为 15 年，自 2020 年 8 月 1 日起至 2035 年 7 月 31 日止。合作社按年向农户支付固定租金，合同第 1 年年租金为 2.5 万元，每年按原租金 7%递增。合作社共向村民租赁 10 余栋房屋，房屋大小有两间房、三间房、五间房、六间房至十六间房（村委会集团原小学旧址）不等。尖岩村一栋三间房的乡村民宿价格约 3 000 元一晚，乡村民宿区尚在开发中。

三、休闲农业与乡村旅游助推乡村振兴驱动路径

尖岩村在促进乡村振兴的过程中，最显著的方面之一是促进了当地人才振兴，其通过产业发展带动基础劳动需求增加、产业相关专业人才培育、共治人

才培养等多种路径大力挖掘了在乡人才的价值。首先，特色栗子宴的发展增加了对基础劳动力的需求，带动了村内老、弱、病、残劳动力再就业。2014年之前，尖岩村低收入家庭占一半以上，其中很大一部分是因病致贫、因病返贫的。尖岩村特色休闲农业与乡村旅游的发展拉动了在乡弱势劳动力就业，使其通过经营特色栗子小吃增收脱贫。其次，休闲农业与乡村旅游的发展和市场竞争环境反向推动了当地栗子宴和民宿产业质量的提升，加快了专业人才的培训和成长。尖岩村注重栗子小吃、菜品研究开发，组织民俗户到怀柔区喇叭沟门满族乡等地参观学习。再次，休闲农业与乡村旅游的发展推动了共治人才的培养。尖岩村积极开展乡风重塑，2015年起，村里的一些党员和村民代表自发组建起朝阳、夕阳志愿者服务队，在防火防汛、峰会安保等方面为尖岩村作出了很大贡献。2016年，尖岩村创新实行党员街长制，10名街长每人管理一条街，负责维护环境、治安巡逻、排查矛盾、调解纠纷。

四、推进乡村振兴的效果

（一）产业振兴

尖岩村坚持以发展特色栗子产业为中心，加强培训、加强宣传，每年都搞栗子小吃、菜品、接待礼仪培训，还组织民俗户到怀柔区参观学习，开阔眼界。为了宣传好栗子宴，尖岩村连续3年开展移民风情文化节活动，市里、区里的媒体都给予宣传，起到了很好的效果。尖岩村栗子宴已初具规模，民俗户年接待游客近万人次，大大加快了村民增收步伐。截至2017年，注册的民俗户就已经达到184户，实际经营的也有70多户，还有村民自己做起了乡村民宿，民俗户的户年均收入能达到10万元以上。

（二）人才振兴

尖岩村利用当地栗子宴产业，积极带动当地村民发展旅游业的热情，培养了村民基础技能，大幅提升了人均收入并帮助全村所有贫困户摘掉了帽子。为提升栗子宴民俗户的整体水平，村里组织了10多次相关技能培训，如组织面点师和厨师给民俗户上课，传授给村民栗子发糕、栗子炸糕、栗子窝头、栗子泥捏的小动物等30余种栗子宴相关菜品的制作技能。村民不再以从事单一的粮食作物种植为生，转而成长为富有技能的特色旅游产业的建设者。尖岩村栗子宴美食文化节广受欢迎，菜品供不应求，栗子宴民俗旅游组织了低收入家庭参与休闲旅游产业打造，借休闲旅游产业兴起之势，全部低收入家庭实现了脱贫。

（三）文化振兴

尖岩村有着光荣传统和悠久历史，在抗战时有抗日堡垒"小延安"之称。近年来，尖岩村建设打造了乡情村史馆，以六个篇章重新讲述并宣扬了尖岩村的发展史。尖岩村乡情村史馆重述了尖岩村光荣的红色抗战史、举村移民助力水库修建史以及艰苦创业奋斗史，发扬了尖岩村的革命精神，激发了尖岩村村民的不屈斗志。同时，尖岩村发展休闲旅游业振兴了传统文化，尖岩村传统民间花会已经有 300 多年的历史，2006 年尖岩村民间花会被评定为北京市市级非物质文化遗产。村组织为宣传栗子宴，连续 3 年开展移民风情文化节活动，较好地带领村民重温传统文化之魅力。

（四）组织振兴

2014 年，新上任的村支书王淑平决定从抓党建入手唤醒党员，她通过请党校老师给党员上课，每周组织村党支部集中学习，实行"四议两公开"制度（保证村里的财务每季度向村民公开、大事向村民公开），增强了党组织凝聚力和群众的信任度。2014 年村党支部在镇里"一村一品一魂"发展思路的指导下，打造以栗子宴为核心的特色旅游产业，大大增加了农户收入。2019 年，尖岩村以村党支部领办的北京尖岩村民俗旅游专业合作社作为桥梁，搭建起农户和第三方印象云溪民俗公司的合作平台，将村内闲置农房统一租赁用于开发乡村民宿产业。自 2020 年开始，溪翁庄镇镇政府拨款近 8 亿元助力尖岩村打造乡村民宿产业，以每户约 50 万元为标准提供第三方民宿公司无息贷款，限期 10 年，从而盘活了村内闲置资源，推进了村民和村组织创收。

五、案例点评

北京市密云区溪翁庄镇尖岩村通过把握本村自然环境和人才资源优势，积极发展具有本土特色的休闲农业与乡村旅游，推动了乡村的人才、产业、文化和组织等多方面的振兴。结合 2021 年调研的实际情况，其在休闲农业与乡村旅游产业发展中存在的最大阻碍来自新冠疫情，疫情对尖岩村文旅产业及已开放民宿的客流量和收益情况均产生了一定程度的影响。

案例 10 人才返乡盘活资源，村企合作助推振兴
——北京市门头沟区清水镇梁家庄村

一、休闲农业与乡村旅游发展概况

清水镇梁家庄村所在的门头沟区位于北京城区正西偏南，总面积
1 447.85 平方公里，其中 98.5％为山地，平原面积仅占 1.5％。由于山地切
割严重，门头沟区形成大小沟谷 300 余条。作为北京市的生态涵养区，门头
沟区内原有的煤矿等均已关闭，并禁止新建和扩建农副产品加工业、食品制
作业；养殖业和设施性农业也不允许发展。而梁家庄村作为清水镇最穷的自
然村之一，地处偏远且又受到环保硬性要求制约，因此寻找一条特色的发展
之路十分重要。

梁家庄村位于清水镇中部，紧邻龙门涧景区，风景秀丽，民风淳朴。村域
面积 11.3 平方公里，截至 2021 年，该村共有人口 165 户 483 人，党员 59 人，
2019 年家庭年人均可支配收入 20 595 元，2020 年被评为"中国美丽休闲乡
村"。曾几何时，梁家庄村是镇里有名的低收入村，村里人大都干着和煤矿有
关的工作，后来采煤业停了，家禽也不能养了，年轻人就跑到村外打工，村里
留下的都是老人。过去在村里能找到的最好的工作就是生态护林员，每个月可
以领 735 元的补助，如何脱贫始终是摆在梁家庄村面前的一个难题。直到"一
企一村"结对帮扶项目给梁家庄村送来了北京国资公司和北科建集团脱低帮扶
团队，打造了创艺乡居精品民宿，并吸引了大批人才返乡创业，盘活了闲置农
宅，整合了农林资源，这个百年村落才开始迎来发展的转机。

梁家庄村坚持以"红色门头沟"党建为引领，落实门头沟区委区政府打造
"绿水青山门头沟"的部署要求，紧扣全区美丽乡村建设"十个好"机制，主
动探索"门头沟小院＋"田园综合体发展思路，深入推进精品民宿和乡村特色
种植产业发展，实现了"绿水青山"向"金山银山"的转化。梁家庄村充分把
握自身优势，通过村企合作的模式，带动自身地区产业发展，在村庄具备一定
的产业基础和创业条件后，大批人才开始返乡创业，帮助失业村民实现了再就
业，并提高了村民的整体收入水平。

二、休闲农业与乡村旅游助推乡村振兴的三大前提

（一）特色资源禀赋

梁家庄村处于清水镇中部，群山环抱，空气清新，风景秀丽，拥有较丰富的自然资源禀赋。同时梁家庄村还紧邻龙门涧、灵山、清水花谷、百花山等北京市著名景区，拥有大量的游客资源。

在这里发展民宿产业，既能为游客提供舒适惬意的居住体验，又能提供丰富多彩的观光体验。北京国资公司和北科建集团脱低帮扶团队来到梁家庄村后，对村庄原本破败的房屋和坑洼的道路进行了修缮，并种植了一系列景观作物，进一步提高了村庄的绿化面积。

（二）"村集体＋企业＋村民"模式

2018年，北京国资公司和北科建集团脱低帮扶团队来到了梁家庄村，与梁家庄村村集体合作，共同发展休闲农业与乡村旅游，形成了"村集体＋企业＋村民"模式。企业引进先进的发展和管理理念，并提供资金支持。村民家庭充分发挥自身服务优势，直接参与特色餐厅和民宿的经营。村集体则在构筑村外企业与村内村民有机联结方面发挥作用：一方面整合村内村外资源，为企业和村民服务；另一方面，引导企业与村民间开展有序合作，规范双方行为。多元经营为主体的参与使得村庄休闲农业与乡村旅游发展更具创新意识和活力。

（三）科学的规划及先进的管理理念

梁家庄村过去对采煤业的依赖导致乡村经济结构单一，采煤业停办后迫切需要找到一条转型之路。村集体通过与北科建团队进行合作，制定了建设精品民宿，盘活闲置农宅和整合农林资源，发展休闲农业与乡村旅游，从而助推梁家庄村实现振兴的规划，明确且科学的发展规划奠定了梁家庄村发展的基础。北科建团队拥有丰富的休闲农业与乡村旅游发展经验及先进的运营管理理念，针对民宿运营过程中存在的问题能够精准识别、快速处理，确保了梁家庄村休闲农业与乡村旅游的可持续发展。

三、休闲农业与乡村旅游助推乡村振兴驱动路径

村企合作，推动人才返乡。梁家庄村拥有良好的自然条件及区位因素，但

由于缺少科学的发展规划、资金及技术人才等，一直没有得到良好的发展。直到北科建集团来到梁家庄村，制定了发展精品民宿产业的方案，与梁家庄村村集体签订了全面开发运营该村精品民宿项目的合作协议，并注资成立了平台公司。公司通过门头沟区农村产权交易中心取得村中一部分民宅的经营权，将村民手中闲置的房屋设计改建成了乡村民宿，并帮助村集体改善了村庄环境，建设了基础设施。在村集体和公司的大力支持之下，村庄民宿产业初具规模，配套设施较为完备，越来越多的人才开始返乡创业。

盘活闲置资源，提高村民收入。在返乡人才、村集体以及公司的共同努力下，村庄原有的闲置房屋、土地等资源被盘活，一间间原本破败的房屋被改造成了乡村民宿，同时大量返乡人才的加入解决了村庄发展缺少人才的难题，人才的引入带来了更多科学的管理方法和先进的管理理念，提升了乡村民宿产业的效益。同时"村集体＋企业＋村民"的模式能够充分发挥村集体的统一管理、企业的资本支持及家庭经营的服务优势，促进返乡人才快速融入乡村休闲农业与乡村旅游产业链，推动休闲农业与乡村旅游发展和村民增收。

四、推进乡村振兴的效果

（一）产业振兴

梁家庄村村集体通过与北科建集团合作，建设了乡村民宿，不仅带动了周边餐饮、娱乐等民宿产业的发展，还带动了村集体乡村特色种植产业的发展，从而使村民收入得到提高。创艺乡居精品民宿一期17套已于2019年开始试营业，当年收入35万元，2021年5月至7月接待游客2 200余人，实现运营收入100余万元。民宿以村企合作形式运营，村集体占股51％，企业占股49％，年底根据收益进行分红。同时，租出房屋的村民能够获得稳定的租金，通过测量、公示、产权交易等程序，每套住宅的年租赁价格在1万～3万元之间，一期17套民宿年租金22.66万元，且租金以每五年10％的幅度增长。

（二）人才振兴

村庄民宿及相关产业的发展，一方面解决了村民的就业问题，使村庄原本的低收入户凭借自身的劳动能力，能够获得一份稳定的收入；另一方面，村庄民宿产业的快速发展，也吸引了一批从村庄走出去的大学生青年回乡创业。例如大学毕业后一直在城里酒店工作的陈诚，作为一名土生土长的梁家庄村人，他一直希望能为家乡的发展作一份贡献。梁家庄村与北科建集团合作开发民宿项目后，陈诚的母亲也开始自己办民宿，因此主动提出让有酒店相关工作经验的儿子来民宿工作。于是，陈诚毅然放弃城市的工作，选择回乡创业。像陈诚这样被村庄发展吸引，选择回乡创业的青年不在少数。

（三）生态振兴

两年多的改造建设和运营，使梁家庄村发生了翻天覆地的变化，破败老旧的闲置危房被改造成了整洁别致的乡村民宿，古朴幽静，一院一景，成为"网红"打卡地。村里的道路铺上崭新的石板，路边砌起了花坛，挂上了红灯笼，原本下雨天就会变得泥泞不堪的土路如今变成了整洁干净的街道。同时，为了配合民宿产业的发展，村庄还种植了一系列景观作物，进一步扩大了绿化面积，村民的居住环境得到巨大提升的同时，也推进了村庄的生态振兴。

五、案例点评

梁家庄村与北科建集团合作，通过开发村集体闲置资源，成功从贫困村发展为全镇高收入村之一。但值得注意的是，在村企合作模式下，由于梁家庄村集体的力量较弱，一直都是北科建集团占据主导地位，从而导致了村集体对企业力量的过分依赖。在后续的发展中，梁家庄村村集体需要加强自身团队的建设，在已经打好基础的情况下实现各项产业的可持续发展。

案例 11　发挥景点区位优势，吸引新农人返乡创业
——北京市通州区西集镇沙古堆村

一、休闲农业与乡村旅游发展概况

沙古堆村位于北京市通州区西集镇，距离北京环球度假区 15 公里，距离京杭大运河仅 5 公里。从 2006 年起，沙古堆村就积极响应西集镇"打造滨河旅游观光带"项目，作为产业带的起点，加强基础设施和环境建设，在村庄优势樱桃产业的基础上，开发了大量的樱桃采摘园，开始向休闲农业转型。村庄建立了北京西集沙古堆大樱桃专业合作社，成员 33 人，注册资金 3 万元，拥有独立的办公场所，成为农业产业化的有效载体。后来，随着以曹艳红为代表的一批新农人返乡创业，沙古堆村的民宿等相关配套产业发展起来，休闲农业从当日来回的采摘转向以农业为基础结合周边产业的融合产业，实现了全村村民收入的提高。

二、休闲农业与乡村旅游助推乡村振兴驱动路径

转型起步较早，领先发展休闲农业。沙古堆村从 2006 年就开始发展樱桃采摘，加强基础设施和环境建设，所有采摘园均可方便地开车到达。2007 年"北京市百万市民采摘节暨第一届通州区樱桃节"沙古堆村就接待游客万余人，28 万斤樱桃以平均每斤 25 元的价格销售一空，每亩樱桃收入达到 1.2 万～1.5 万元，总收入 700 余万元。沙古堆村也借助此次盛会，取得了广泛的影响力，被誉为"项链上的一颗红樱桃，绿谷中的幽静村庄"。2019 年，曹女阳光农场建立后，沙古堆村的休闲农业则从产品驱动过渡到内容驱动，打造情景IP，又走在了乡村振兴的前列。

吸引人才返乡，实现创业带动。沙古堆村吸引了一批以曹艳红为代表的新农人返乡。一方面，通过新农人的社会形象，打造沙古堆村自己的休闲农业品牌。另一方面，通过新农人的社会资源，吸引更多的新中产家庭客户（31～55岁，接受过高等教育，主要在一线城市工作，年收入 30 万～80 万元）。此外，新农人同时掌握农业技术和经营技能，真正实现沙古堆村产业融合，休闲农业内生发展。

依托区位优势，实现流量变现。沙古堆村距离北京环球度假区 15 公里、距离京杭大运河仅 5 公里，巨大的区位优势是沙古堆村发展休闲农业的核心竞争力。一方面，环球和运河两大景区的游客不仅带来了大量的住宿需求，在曹艳红等新农人的开发下，联合套票等新的盈利点也被开发出来。另一方面，三个景区形成了优势互补，游客既可以去环球度假区体验现代文明的成果，也可以来沙古堆村体验小而美的家庭农场，还可以感受富有历史底蕴的运河文化。

三、推进乡村振兴的效果

（一）产业振兴

沙古堆村原来是"京郊樱桃第一村"，入选农业部"全国'一村一品'示范村镇"名单。然而，自 2006 年开始转型以来，沙古堆村一直以樱桃的销售和采摘为主要产业，其他产业的发展相对滞后。随着休闲农业兴起，客户不再局限于传统的农产品消费者，而是吸引了许多寻求体验休闲农业和美丽乡村的人群；客户的需求也不再局限于单一的樱桃产品或采摘体验，而是从单一物质享受转变为对精神价值的追求。基于此，沙古堆村以休闲农业为契机促进三产融合发展，具体而言，其在第一产业的樱桃种植和第二产业产品加工配套的基础上，进一步通过民宿、餐饮等第三产业带动整体发展，从而实现盈利。

（二）人才振兴

曹艳红是较早返乡创业的新农人，在她的带领下，村里不少年轻人也开始返乡创业，这也是村庄产业振兴和组织振兴的基础。此外，曹艳红等人的家庭农场雇用当地村民妇女负责农场的种植采摘、挑选果品、民宿保洁、民宿餐饮等工作，引入五星级酒店经理、传统餐饮传承人等人才实现了村庄的人才振兴。

（三）组织振兴

在基层党组织的主导之下，各类新型农业经营主体不断成长壮大。沙古堆村借助休闲农业发展了一大批家庭农场、合作社，其中以曹女阳光农场为代表。这些经营主体面积都不大——30 亩上下的面积，均以家庭经营为主。起初，返乡创业的新农人是家庭农场经营的主力，后来通过农村社会网络的传播和带动示范作用，越来越多的农户以家庭为单位加入进来，村里的家庭农场迅速涌现，相互之间也形成了集聚效应。这些新型经营主体的加入为农村组织振兴增添了新的力量。

四、案例点评

综上，北京市通州区西集镇沙古堆村通过发展休闲农业与乡村旅游，以吸引新农人返乡带动创业和多主体参与整体经营等方式，助推本村在人才、产业和组织方面的振兴。目前，其面临的最大问题是政策目标与政策措施不配套，这在用地政策方面尤其显著。首先，承包地承包期限临近。虽然中央已经明确了再延长 30 年承包期，但是落实到地方时是否延期合同、怎么延期都没有具体的标准。休闲农业与乡村旅游前期的投入大，投资回收期长，大多数的外来投资者在这样的情况下都不敢进行较大的投资，以避免较大的政策风险。其次，用地政策过于严苛。休闲农业对于基础设施要求严格，而北京市则不允许农业用地进行硬化建设。沙古堆村大部分家庭农场连厕所都无法建设，配套设施严重不足。休闲农业与乡村旅游的评估标准包含大量基础设施条目，休闲农业与乡村旅游的实际发展也需要基础设施的支持，但是用地政策却完全相反，极大限制了休闲农业与乡村旅游对于乡村振兴的进一步作用。

案例 12　外来人才助力建设，村企携手共促振兴
——北京市顺义区分享收获农场

一、休闲农业与乡村旅游发展概况

分享收获农场目前在顺义区龙湾屯镇有两个基地：一个基地位于柳庄户村，占地面积约为 50 亩，其中有大棚 26 栋。该基地为分享收获农场的租赁基地，以种植蔬菜为主，养殖为辅。另一个基地位于龙湾屯村，占地面积约为 230 亩，以种植各种果树为主，也是分享收获农场"大地之子"食育教育项目的主要活动场所。

分享收获农场的主要模式是社区支持农业。社区支持农业是一种构建生产者与消费者之间直销、友好关系的模式，它推动城市消费者加入到农场的生产中。消费者通过每年支付人民币 3 000 元或 8 000 元的会员费成为农场的会员，同时农场通过自己的物流、订购平台将农产品直接销售、配送给消费者。但是分享收获农场并不完全以营利为目的，培养返乡青年、推广生态农业、实现产消互信也是它重要的目标和使命。

二、休闲农业与乡村旅游助推乡村振兴驱动路径

立足当地农户，实现产销结合。以往的休闲农业与乡村旅游的消费形式是消费者只扮演消费者的角色，消费者来农场消费服务、农产品等，而生产者只扮演生产者的角色，只在消费者来时提供服务和产品，两者甚至可以说互不干涉。分享收获农场创新休闲农业与乡村旅游的业态，通过社区支持农业项目，将生产者和消费者直接对接。消费者不仅要消费农场的产品和服务，更要参与到农场的生产中来。生产者和消费者之间建立一种共担风险、共享收益的关系，消费者会预付生产费用与生产者共同承担在来年农业种植过程中可能会出现的风险并支持使用生态可持续的种植方式。与以往的收益方式不同，生产者在种植初期就获得了这一年种植的收益，并且这部分收益对生产者付出的劳动来说是公平的，而与此同时，消费者也获得了生态有机种植的健康农产品。

建立人才计划，培养职业农民。分享收获农场创始人石嫣博士本身就是全

国农业职业教育教学指导委员会委员，还曾经前往美国进修社区支持农业。因此，分享收获农场利用自身丰富的教育资源和生产经营的成功经验，建立了自己的新农人职业农贸培训计划。该计划每年招募5～10名实习生，通过培训他们分享收获的理念、农场耕作技术和运营管理，培养下一代的职业农民。此外农场也与好农场App合作，组织开展全国性的培训，每期招收20～30人，在全国范围内培养了农场经理人等新型职业农民。

打造有机农业，建立质量信任。分享收获农场自成立起，就严格按照国际有机生产标准进行生产，不使用任何化学肥料和农药。此外，分享收获农场还建立了极其严格的有机监督制度，每年进行两次现场土壤测验，对土壤、水质和最终产品进行化验，并将蔬菜样品送到第三方公司进行化验。这些结果都在网站上公开。虽然分享收获农场并不进行有机认证，但是在当地建立了生产者和消费者共同信任的质量监管模式。消费者参与到种植中来，透明化的种植过程打消了他们的疑虑，也监督了生产者进行可持续的有机种植。

三、推进乡村振兴的效果

（一）产业振兴

社区支持农业促进当地农户参与到高附加值的有机农业生产中来，在保障当地居民收入与外出务工所得相当的同时，促进他们参与乡村产业、增强自身福利。员工们有基于盈利的固定工资收入，作为员工工作的农户也根据其生产量获得一定收入，在自己土地上耕种的农户们则通过售卖产品获得收入，村集体通过销售产品所获得的年净收入也派发给有关的农户。分享收获农场员工平均工资为每月2 000～2 500元，相当于每年20 000～30 000元，农场里技术能力最强的农户合作社每年可以挣得高达120 000元的收入（相当于每月10 000元）。村民收入得到保障的同时，也不必一定要外出务工，集体收入得到了提高，当地产业得到了振兴。

（二）人才振兴

社区支持农业作为一种理念创新的休闲农业与乡村旅游产业，在招收大量实习生、培养职业农民的过程中实现了当地的人才振兴。一方面，不少的人才加入到农村地区、农业产业中来。20名分享收获农场的员工大多数是年轻的大学毕业生，一部分员工来自农村，他们希望在自己的家乡也能开展社区支持农业项目。另一方面，还有不少当地的农户加入到农场的有机种植中来，在自己的土地上耕种。农场全职聘用 5 名村民，负责配送和销售。当地农民通过与农场员工接触、参加休闲农业与乡村旅游生产培训，不断提高种植技术、更新农业理念，实现了自身素质的提高。

（三）生态振兴

休闲农业与乡村旅游促进生态振兴主要分为三方面作用：首先，通过休闲农业与乡村旅游，城市消费者学习到了生态环保的理念。其次，在有机农业的种植过程中，生产者学习到了生态农业的技术，城市消费者将生态环保的理念落实到日常的生活方式和消费行为中。最后，生产者通过绿色生产的管理、技术实现了当季蔬菜符合有机标准的生产，所有的农产品均能够通过第三方检测机构的检测。根据农场的测算，每一位消费者成员加入项目意味着生产减少使用 50 千克化肥、0.3 升杀虫剂，并减少产生 0.6 立方米的垃圾污染；每 10 位消费者加入项目，就会有近 6 亩的土地加入可持续生产。最重要的是，从城市消费者到农村生产者，对于绿色产品和当地环境建立起一种信心和信念，共同实现了当地的生态振兴。

四、案例点评

总的来看，北京市顺义区分享收获农场属于社区支持型休闲农业与乡村旅游发展模式，其面临的最大问题是经济可持续性。尽管农场并不完全以营利为目的，但是大部分员工和农民参与休闲农业与乡村旅游的主要目的是追求利润最大化。虽然他们从可持续农业中获得了一定的收入，但是这种收入水平难以吸引到更多高端人才。目前虽然有一些有情怀的人才愿意加入，但是随着这种模式的推广和扩大，农场是否能够依靠足够的经济利润来维持大规模运转是其面临的重大挑战。

案例 13　以经济价值为驱动，发扬特色农耕文化
——北京市海淀区上庄镇西马坊村

一、休闲农业与乡村旅游发展概况

京西稻是北京市海淀区具有标杆性、代表性的高端农业品牌。清代康雍乾三朝重视优良稻种选育，曾御制《耕织图》描绘水稻生产过程，将京西稻与"三山五园"景观有机融合，形成海淀独有的皇家农耕文化。目前海淀区京西稻种植总面积 1 800 余亩，年产量 110 万斤左右，其中位于上庄镇 1692 御稻园区的生产基地占地面积 1 400 余亩。上庄镇京西稻种植区横跨两镇四村，主要分散为四片种植区域。其中面积最大的一片位于长乐村，占地约 600 亩，剩余两片 300 亩稻田分别位于西马坊村和永丰屯村，还有一块种植面积约为 100 亩的稻田位于东马坊村。

西马坊村村集体直接控制大道农业公司，公司主要经营业务包含休闲农业与乡村旅游和稻米相关农产品的生产销售两大块。在休闲农业与乡村旅游方面，西马坊村大道农业公司围绕京西稻农耕文化，有效配置村内资源，推出一系列具有竞争力的特色产品与服务，为游客打造兼具文化与自然的双重体验。在农产品生产销售方面，西马坊村京西稻种植基地共 300 亩，亩产 800～900 斤，出米率为 60%～70%，水稻生产销售业务的年收入约为 1 600 万元。

二、休闲农业与乡村旅游助推乡村振兴的三大前提

（一）以京西稻遗产为资源

西马坊村大道农业公司主要产业振兴模式为产品驱动型，以打包出售"水稻产品＋农耕体验服务"为基本经营形式。京西稻遗产是西马坊村休闲农业与乡村旅游产业振兴的基石。目前，京西稻基地为稻米及其深加工产品探索多渠道销售，包括游客及企业伴手礼、米酒出售等多种销售渠道。2020 年，大道农业公司将米酒加工环节外包给浙江绍兴和河北邢台两家酿酒厂，消耗大米约 30 万斤，酿酒约 10 万斤，再将米酒对外出售。

（二）村集体自办企业兴乡

西马坊村村集体经济实力雄厚，村集体自办股份合作社，并经营企业管理京西稻种植基地和其他村集体资产。大道农业公司成立于 2009 年，原为私企性质，主要经营地为北京市海淀区西马坊村，主要经营业务为休闲农业与乡村旅游园区接待，其他业务经营模式为组织村民种植水稻并统一销售。西马坊村在 2011 年进行了整村拆迁和企业清退，由此大道农业公司的企业性质发生了变化，转而成为村集体经济组织下全资子公司。西马坊村成立了股份经济合作社，合作社全资投资大道农业公司等多家子公司，涵盖业务包括文旅、餐饮、物业、超市等。

（三）以农耕文化传承为亮点

京西稻文化是西马坊村休闲农业与乡村旅游的特色和亮点。大道农业公司基于京西稻资源，将农耕文化具象化、产品化、经济化，使其和其他同业竞争者相比有明显的异质性。大道农业公司休闲农业与乡村旅游业务自 2019 年起开始兴办，精心打磨农教特色，开展的水稻收割、稻田摸蟹等家庭体验活动在收获期每周可接待 5～7 个机构，服务家庭 100 余户。此外，大道农业公司还扩展了其他以传承农耕文化为特征的园区活动。2019 年，公司举办了首届稻香花海"京西稻·冰雪情"迎新春灯会暨冰雪嘉年华大型活动，接待人数达到 20 万人次，拟持续举办后受疫情影响被迫中止。2020 年京西稻基地累计举办活动 31 场，接待人数近 1 万人次。2019 年和 2020 年京西稻基地分别承办中国农民丰收节海淀区分会和主会。

三、休闲农业与乡村旅游助推乡村振兴驱动路径

西马坊村基于产品和服务两个切入点，以农耕体验为主要产品，开发"产、学、研、旅、食、宿"综合产业链。西马坊村充分挖掘农耕文化的经济价值，在发展休闲农业与乡村旅游的同时传承了农耕文化。西马坊村大道农业公司的发展振兴了京西稻品牌产业，形成了水稻生产种植和文旅休闲农业与乡村旅游一二三产融合的创新产业发展模式。大道农业公司生产销售稻米，同时把稻米外包加工制成米酒，将稻米相关农产品包装为伴手礼与旅游体验服务一并打包对外销售。西马坊村以挖掘农耕文化的经济价值为出发点，以经济利益

驱动了文化振兴。大道农业公司与散客家庭、学校、企业、事业单位等对接，发展研学观光产业。目前大道农业公司的休闲农业与乡村旅游服务产品均委托机构进行对外销售，已与28家专业机构建立了长期合作关系。例如，周末组织学生开展研学活动。每月研学活动开展频率为3～4次，每次规模在100～1 500人不等。研学活动的主要内容为组织学生进行割稻，体验农忙的辛劳，旨在培养学生吃苦耐劳、艰苦奋斗的良好品格。

四、推进乡村振兴的效果

（一）产业振兴

西马坊村将农耕文化具象为体验服务，促进了休闲农业与乡村旅游产业振兴。大道农业公司自主研发的秋收农事体验课程服务产品自2020年10月开始试水，试运营三个周末创收约15万元，利润率达到40%～50%。2021年5月公司一改策划外包旧模式，组建自主运营小组，构建起产品设计、上游供应、下游直销的闭合链条，并投放踏青插秧体验、虾稻共作放养、端午亲子粽情、红色插秧党建等"'御稻原乡'京西稻农时体验季"系列课程，运营六周创收约24万元。运营团队已打顺打通销售渠道，对生产部门形成稳健的反哺能力，构建起经济"造血"、文化传承相辅相成的产业融合新格局。2021年"十一"期间，京西稻种植基地共开展活动55场，每场活动包含12组家庭（1个成年人＋1个未成年人为1组），每组家庭收费约260元，每组家庭承包约100元，总收入约17万元，净利润约10万元。

（二）文化振兴

西马坊村京西稻种植基地为京西稻文化的传承和发扬作出了重大贡献，同时在一定程度上满足了周边及更广泛区域内群众的精神需求。京西稻田基地成为不少影视活动的"取景圣地"；图书、纪录片等形式的宣传作品纷纷问世；以京西稻冠名的征文大奖赛获得国内外广泛关注。主要分布于北京城第一道、第二道绿化带的京西稻稻田与城市园林绿化紧密贴合，形成和谐宜居首都规划的"海淀表达"。同时，大道农业公司高举农教特色旗帜，依托海淀区优质教育资源，引导中小学生了解农耕文化，宣教人与自然和谐共处等价值理念。公司研发9节京西稻主题课程，与多家中小学校及亲子机构合作，开展京西稻农事体验活动。目前公司正在开发京西稻种植手工绘制的动画，动画以京西稻种植基地的 App 为载体，对前来体验农耕文化的学生、家长及游客传播水稻种植丰富的历史渊源和文化背景。

（三）组织振兴

大道农业公司是西马坊村村集体成立的股份经济合作社的全资子公司，公司的运营发展由村镇两级组织领导。大道农业公司为西马坊村的经济发展提供了良好的载体，对村内资源有效配置利用作出了重要贡献。村党支部书记是村属股份经济合作社理事长兼大道农业公司董事长。村党支部共 3 人，分别为村党支部书记、村会计和村党支部委员。大道农业公司经费支出具有严格的规章制度，超过限定金额的支出需要拟合同上报村镇两级政府机关，得到批准后方能支出。大道农业公司每年上交村集体固定金额盈利，将剩余利润留存在公司账户为后续发展提供资金。

五、案例点评

西马坊村股份经济合作社通过成立大道农业公司，发掘本村农耕品牌的经济价值，以发展特色农耕文化体验等形式促进了乡村的产业、文化和组织振兴。目前，大道农业公司存在的最大困难是建设用地的稀缺。由于粮食安全保障政策和建筑设施合规性相关政策的加严，建设用地难以获得审批，用地性质问题突出，休闲农业与乡村旅游后续发展相关设施修建存在困难。停车场、厕所、仓库等基础设施的缺乏大大限制了基地的发展空间。此外，公司休闲农业与乡村旅游有关产品的销售呈现明显的淡旺季，销售的旺季集中于每年水稻插秧和丰收这两个时段。以 2021 年为例，公司 4—5 月水稻插秧季流水营收约为 20 万元，9—10 月水稻成熟季流水营收约为 30 万元。公司尚未实现休闲农业与乡村旅游的持续经营，每年休闲农业与乡村旅游业务持续时间短、业务规模小是亟须解决的问题。

案例 14 打造都市农业体验，传承村域乡土文化
——北京市丰台区王佐镇怪村

一、休闲农业与乡村旅游发展概况

怪村位于北京市丰台区王佐镇的西南部，辖区由怪村、黄瓜园、刘太庄、张各庄、罗家坟等 5 个自然村组成，总面积为 5.5 平方公里。现有居住人口 1 330 户、3 858 人。其中农户 1 036 户，农业人口 2 789 人，流动人口占比约为 31%。

怪村都市农业体验园的重点项目包括农耕文化体验园、怪村亲子动物园以及美丽田园，共占地 450 亩。其中，位于怪村村北的农耕文化体验园占地 55 亩，土地性质属于高标基本农田。以自然共生、绿色生态为特色的怪村亲子动物园占地约 84 亩，项目现状为平原造林。怪村美丽田园景观自 2018 年起开始种植油葵、越冬油菜等，占地面积约 311 亩。

怪村的农耕文化体验园项目在空气质量与社会效益方面均取得了一定成就。项目周边林地围绕，空气清新，适合旅游观光的持续发展。而符合丰台区河西地区发展定位的文化园建设在为村集体带来收益的同时，通过与王佐镇旅游文化相结合，将会在未来进一步推进新型城镇化与新农村建设。

二、休闲农业与乡村旅游助推乡村振兴驱动路径

建设农耕文化体验园，促进休闲农业发展。基于丰台区河西地区发展定位，为更好地经营现有耕地，怪村秉承发展休闲农业的思路，启动了怪村农业农耕文化体验园项目，即在合理利用现有基本农田的土地资源的基础上，大力发展休闲农业。2015 年下半年，在不改变土地性质的前提下，村集体开始对农耕文化园地块进行平整，铺设地下管线，修建步道、排水沟，安装 LED 路灯；并将园区规划为 20～50 平方米不等的 500 个地块，针对各地块情况与需求进行整治。园区自 2016 年起对外开放，主要经营业务为一分地招租，形式为实名制认领，并设置自主菜园与托管菜园两种套餐类型。

开展农事活动，传承村域乡土文化。开展综合环境整治活动是美丽乡村建

设的重要前提。在丰台区农业农村局和王佐镇党委、镇政府的大力支持下，怪村自 2017 年开始在园区举办开耕节、花海节、丰收节、田园文化体验季等八场农事节庆活动，如：2017 年 3 月的第一届开耕节、2018 年 9 月的"太平丰年"怪村首届中国农民丰收节、2020 年 4 月的"万物生长·万科"开心农场春耕节、2020 年 9 月的第三届中国农民丰收节暨第三十一届北京农民艺术节（丰台分会场）庆祝活动。

夯实基础设施建设，营造舒服游园环境。为进一步提升休闲农业与乡村旅游的舒适度，怪村自 2021 年起通过与北京万筑国青房地产有限公司展开积极的合作，对园区的基础设施建设与信息化系统方面均进行了改造提升。一方面，园区在入口处搭建了毛石墙，路两侧安装了座椅、景观灯；亲子动物园修建了门头、足球场、小广场、凉亭、儿童器械（滑梯、攀爬网）、休息座椅等，并更新了部分树种。另一方面，园区实现监控和扩音设备的全面升级，提升了游览的安全性。同时，园区内实现 Wi-Fi 全覆盖，为游客提供了更便捷快速的网络环境。

三、推进乡村振兴的效果

（一）产业振兴

休闲农业与乡村旅游促进了乡村产业振兴。针对消费者的不同需求特征，怪村农耕文化体验园提供"市民租赁＋自主种植""市民租赁＋土地托管"两种服务模式。消费者可自选认领地块，期限一年。在租赁期间，园区实行"三免费、一赠送"优惠政策，即免费提供灌溉用水，免费提供基本农具，免费进行农业技术指导，每 10 平方米赠送一袋农家肥。市民租赁在 2016 年租种 32 块，发展到 2021 年，已出租地块 202 块，与万科合作 200 个地块。土地经过转型发展，取得了一定的成效，市民租种地块租金由 2016 年前的每亩地 1 000 元提升到了 26 000 元。

（二）文化振兴

休闲农业与乡村旅游促进了乡村文化振兴。通过举办各种活动，怪村农耕文化体验园得到了新华社、《光明日报》、《经济日报》、《北京日报》、《北京青年报》、《新京报》、《劳动午报》、北京广播电视台、人民网、《北京晚报》、北京市丰台区融媒体中心、《北京晨报》等多家媒体的宣传报道。这一方面宣传、传承了农耕文化，另一方面有效地提升了怪村的知名度，前来租种土地、观光游览的市民数量逐年增加。

四、案例点评

从北京市丰台区王佐镇怪村都市农业体验园的发展历程来看，其在发展中主要面临三大问题：一是用地政策不明晰，林下经济发展受限。2021年国家发布了《第三次全国国土调查主要数据公报》，而在土地备案手续办理的具体过程中，依旧使用二调数据指导相关工作，由于二调数据与现实情况之间存在巨大差异，对待悬空房、帐篷等设施的态度不明确，造成了林下经济发展的严重限制。二是运营成本过高，缺乏资金投入。由于日常运营成本过高，而村集体的力量较为有限，亟须社会资本力量予以支持。据负责人介绍，怪村的总投入高达上千万元，仅是铺设地下电网、疏通水管就需要较高的资金投入。村集体的力量较为薄弱，如单纯依靠丰台区每年20万元的补贴显然不够，而园区本身虽有一定盈利能力，但在发展可持续性上还有待提高，亟须外界资本介入——合适的出路是向外界寻求合作商机。三是老龄化严重，人力资源不足。村里的年轻人外出务工，剩余的村民老龄化程度高，教育文化水平低下，缺乏发展休闲农业所需的科学技术、专业知识与敏锐思维。据负责人介绍，村里1 036户农户中老年人口占比接近三分之一，而受教育程度大多停留在小学、初中毕业的水平。如何吸引胆大心细、视野开阔的年轻人返乡发展，是怪村休闲农业与乡村旅游发展道路上的巨大障碍。

案例 15　依托特色历史文化，村企共建助推振兴
——北京市延庆区石峡村石光长城乡村民宿

一、休闲农业与乡村旅游发展概况

石光长城乡村民宿位于北京市延庆区八达岭镇西南部的石峡村，该村处于延庆区最南端，东南与昌平区接壤，西南与河北省怀来县相邻，东北即八达岭长城风景区，村域森林覆盖率 90% 以上。石峡村村域面积 5.6 平方公里，耕地面积 322.67 亩，山场面积 19 327 亩，果园面积 200 亩。全村 102 户，户籍人口 200 人，常住人口仅一百零几人。面对村内人口老龄化、空心化问题，村集体作为中间联系人，引进妫水人家集团驻村投资，盘活无人居住的住宅资源，打造乡村民宿，发展休闲旅游，带动本村经济发展。

石峡村通过利用当地自然和历史人文资源，打造高品质旅游线路和设置相应配套设施，20 座石光长城乡村民宿院落实现年收入约 300 万元，利润约 180 万元。在石光长城乡村民宿的带动下，石峡村实现了从低收入村到美丽乡村试点村的转变，先后获得"全国文明村镇""全国乡村旅游重点村"等荣誉称号，同时实现了乡村产业振兴、文化振兴、人才振兴，正开始筹办合作社，形成"村集体＋企业＋村民"的利益联合体，乡村组织振兴指日可待。

二、休闲农业与乡村旅游助推乡村振兴的三大前提

（一）以长城景观和历史资源为优势

长城景观资源是石峡村得以吸引外来资本入驻，并且大力发展当地特色休闲农业与乡村旅游产业的基础。由于依托着森林生态资源和石峡关长城、石峡峪堡等遗址等长城文化资源，石峡村吸引了外来资本妫水人家。后者在村内租下 20 个院子，租期为 20 年，以"石"为主题进行翻新装修，以石光长城乡村民宿为主要着力点，在石峡村大力发展生态旅游、高端民宿及配套产业，发展具有当地特色的休闲农业与乡村旅游。

（二）"村集体＋企业＋村民"利益联合体发力

在石峡村休闲农业与乡村旅游发展过程中，多元主体共同推动了产业模式

的建立和兴旺，其中村集体是核心领导主体，外来资本妫水人家是主要推动力量，村民是产业不断壮大过程中的重要建设力量。村集体搭建了外来资本和本村农户的中介平台，领导了村集体经济的不断发展。在石光长城民宿的示范带动作用下，基于其客源基础与发展前景，本村 10 户人家也开始利用自家住宅修建院落、经营民宿，其中 7 户是本村外出务工者返乡创业，户均实现年收入十几万元。此外，基于前来旅游的客源基础，本村 2 户居民还分别开设了酿酒坊和制油坊，在企业和游客的光顾下年收入分别能达到 5 万～6 万元和 2 万～3 万元的水平，拓宽了当地居民的增收渠道。

（三）以弘扬历史文化为亮点

石峡村基于丰富的自然景观资源和历史文化资源，以历史文化和自然景观相结合的方式打造休闲农业与乡村旅游发展亮点。如石光长城乡村民宿设计维持着中国传统建筑的建筑风格和独立小院的居住形式，利用当地的毛石进行砌筑，使民宿保留着中国风与历史感。民宿范围内设有海棠园、村史博物馆、石光咖啡厅、妫水市集、长城露天剧院、长城学堂、石光长城书店等场所，是集住宿、娱乐、休闲于一体的综合性民宿。石峡村休闲农业与乡村旅游的发展将历史文化具象化为每一处的景观和建筑，让前来观光的游客感受到村内无处不在的历史文化底蕴。

三、休闲农业与乡村旅游助推乡村振兴驱动路径

石峡村以历史景观和文化为核心，将历史文化融入休闲农业与乡村旅游产业链中，形成了多种产品模式，包括"历史＋景观""历史＋民宿""历史＋民俗"等。长城所特有的历史与人文资源与延庆山区的森林资源相结合，为石光长城民宿增添了独特吸引力。外来资本妫水人家在现有的古村落和古堡遗址基础上，设计并建造了独立的住宿院落，并结合当地特色种植、长城历史和村落传统文化，配置了海棠园、村史博物馆、石光咖啡厅、妫水市集、长城露天剧院、长城学堂、石光长城书店等场所，满足了农业观赏、农事采摘、历史回顾、儿童教学、娱乐休憩等不同需求的游客。同时，石峡村村民在发展休闲农业与乡村旅游的过程中，积极发扬传统酿酒和制油工艺，使得村落传统历史文化得以在具体的民俗工艺中体现，形成了"历史＋民俗＋特产"的形式，增强了客户的体验感和旅游产品的附加值。

石峡村通过组织带动、利益驱动、共治推动等路径促进休闲农业与乡村旅游持续发展。石峡村休闲农业与乡村旅游的发展离不开组织带动。村集体在外来资本注入过程中承担了中介角色，沟通了外来资本和当地村民，盘活村内闲置农宅资源。利益驱动是石峡村休闲农业与乡村旅游快速发展和持续壮大的根本动力。休闲农业与乡村旅游的发展反向驱动了石峡村开展环境整治。过去石峡村的生态环境多为游客所诟病，后村庄借助北京市农业农村局"美丽乡村建设"项目的资金支持，改善村容村貌，营造良好环境，提升了石峡村休闲农业与乡村旅游对游客的吸引力。石峡村村集体共治能力提升为休闲农业与乡村旅游不断发展提供驱动力。在北京市农业农村局的助力下，石峡村村集体和企业主动承担起村内垃圾回收、下水道建设等基本设施的修建和完善。有了卫生环保基础设施的保障，企业能节省大量的时间与资金成本，游客也能享受到干净整洁的村居环境。

四、推进乡村振兴的效果

（一）产业振兴

休闲农业与乡村旅游促进了石峡村的产业振兴。石峡村在石光长城乡村民宿的推动下，发展了以长城为中心主题的休闲农业与乡村旅游，拓宽了农民增收渠道，实现了产业融合发展，推动了村内产业振兴。基于历史、人文与生态优势，通过外来资本盘活无人居住的住宅，打造极具特色的乡村民宿，吸引了众多游客，发展了本村的旅游业。在驻村企业的示范带动下，村民也开始自行创业，翻新自家民宿以供出租，结合文化主题发展了传统工艺酿酒、制油，实现了主要收入来源从一产到三产的转变。过去村民自己种海棠，可能最后卖出去的价格才1~2元一斤，是个亏本买卖；而现在随着休闲农业与乡村旅游的发展和游客数量的增多，村里建设起了海棠园，供游客观赏、采摘并购买，一斤单价能提升至4~5元。虽然海棠的销售仍达不到获利的目的，但它一方面有效减少了村民的亏损，另一方面为整体民宿旅游带来了新的销售亮点，实现了整体上的盈利。一三产业的发展与融合，促进了石峡村的产业振兴。

（二）文化振兴

休闲农业与乡村旅游促进了石峡村的文化振兴。石光长城乡村民宿在以长城文化吸引客户的同时，也为村落历史文化的保留与传播贡献了极大的力量。

游客除了能住民宿、登长城外，还能了解石峡村的历史，感受当地民俗传统活动，体验手工艺非物质文化遗产制作，了解特色制酒、制油工艺，等等。在村史博物馆，陈列着村民传承下来的各种物品，使本村的孩子和外来的游客了解石峡村的历史；在长城露天剧院，每年的端午、中秋、春节期间会举办如"中秋拜月""长城脚下过大年"等大型民俗传统活动；在非遗手工艺体验馆，手工艺匠人们为游客提供数百种传统手工艺制作指导，包括布老虎、捏面人、编中国结、剪纸、香皂、葫芦画、衍纸画、毛猴、灯笼、糖画等多种项目；在制酒、制油坊，人们能近距离看到传统制酒、制油工艺流程，了解当地的特色制作方法。这一综合性民宿的吸引力，不仅仅是依靠客观存在的古长城和古村落遗迹，更重要的是依托了当地特有的文化氛围，石峡村的历史文化也正是通过这一民宿旅游的打造而得以更好地传承。

（三）人才振兴

休闲农业与乡村旅游还一定程度上促进了石峡村的人才振兴。一方面，现有市场利润和未来市场前景促进中青年人回村创业。在石光长城乡村民宿的示范带动下，相继有 10 户村民开始自办民宿，其中有 7 户是从延庆城区或外地回村进行创业的中青年人，占自办民宿户数的大部分，其中最年轻的只有 30 来岁。另一方面，提供就业是留住人的重要手段。驻村企业由于长期业务管理和短期保洁等业务需要，为 20 余名工作人员提供了就业机会。其中，企业聘用了 10 余名本地人，使其留在本村；还雇用了十几名外村和外地人，为村庄增添了人气。

五、案例点评

在休闲农业与乡村旅游促进乡村振兴方面，北京市延庆区石峡村石光长城乡村民宿主要存在的问题是村集体统筹资源能力不足。目前在工商资本带动的休闲农业与乡村旅游发展模式中，石峡村的民宿旅游业务主要由引进的企业进行创意设计、实际落实与长线经营，村集体在休闲农业与乡村旅游业务开展中发挥的作用相对薄弱，对村内资源统筹和调配能力相对不足。

案例 16　盘活特色历史资源，弘扬乡村自治文化
——北京市怀柔区渤海镇北沟村

一、休闲农业与乡村旅游发展概况

北沟村位于北京市怀柔区渤海镇东北部，距怀柔城区 18 公里，坐落在风光秀丽的慕田峪长城脚下，村域面积 3.22 平方公里，全村人口共 136 户、319 人，党员 34 人，村民代表 31 人，村"两委"班子 4 人。村庄原来以琉璃瓦生产为主，在北京市乡村振兴的大背景下开始转型。近年来，在村党组织带领下，北沟村依托琉璃瓦厂的特色资源，因地制宜发展休闲农业与乡村旅游，经过 10 余年时间，将一个名不见经传的小山村打造成"全国文明村镇""全国乡村旅游重点村""中国最有魅力休闲乡村""全国民主法治示范村""首都生态文化村"，北沟村党支部也获得"全国先进基层党组织"荣誉称号，村党支部书记王全连续两届当选全国人大代表。

二、休闲农业与乡村旅游助推乡村振兴的前提

（一）依托特色建筑资源

北沟村的民宿几乎全来自旧建筑改造。北沟村保留了许多 20 世纪 90 年代的琉璃瓦厂等旧建筑，而这些建筑主体在保留红砖青瓦等建筑元素的情况下，被改造成适应现代旅游业需求的民宿。民宿产业本身只是旅游的配套产业，独具特色的复古文化才是吸引游客的核心。正是凭借这些独一无二的建筑，北沟村得以和其他长城脚下的旅游村落区别开来，留住了投资者与游客，实现了民宿旅游的良性发展。

（二）外部资本和本村村民共同建设

北沟村最初的投资并不是来自本村村民，而是来自外国友人。2005 年，美国人萨洋将一个瓦厂建筑改造成为特色别墅。随后几年，十几户外国人在北沟村租赁宅院进行改造，其中一部分成了对外接待的民宿。在外来投资者的示范

下，本村村民也加入到民宿建设中来。除了民宿，村史馆等建筑均由外来资本投资，在资本的推动下，北沟村的配套设施逐渐完善起来。外来投资和村民自建相互融合，村庄的整体实现了中西风格融合、现代复古交错的多层次格局。

三、休闲农业与乡村旅游助推乡村振兴驱动路径

北沟村通过特色民宿产业带动休闲农业与乡村旅游全产业链发展，在产业发展过程中，最引人瞩目的成就之一是北沟村彰显出的强大的自治文化。北沟村村集体强势有力，对集中村民凝聚力、提升集体服务能力、改善生产生活环境起了核心推动作用。首先，村委会起草村规民约，定时召开全体村民代表大会，对村内大大小小事务进行了规定。其次，村委会为休闲农业与乡村旅游产业提供了辅助的物业服务，引入物业公司进行环境管理。村规民约由物业公司进行执行，村民如有违反，则在村集体分红中进行相应罚款。物业公司的具体奖惩制度保障了村规民约的有效执行。最后，休闲农业与乡村旅游的发展需要一个良好的村庄环境，既包括生态环境也包括人居环境。北沟村制定的村规民约提升了村民素质，建立了良好的契约环境，提升了当地乡风民俗建设。

四、推进乡村振兴的效果

（一）产业振兴

北沟村目前乡村民宿遍地，瓦厂、三卅酒店就是其中的代表，相应地，与民宿配套的餐饮、服务行业也相继发展起来。村庄产业得到了全面振兴，不再局限于收入低廉的农业种植业或者仅仅依靠生态保护微弱的转移支付。在民宿旅游的发展下，村民收入实现了快速增长，2020 年全村家庭经营收入达 897 万元，人均劳动所得 29 356 元，群众生产生活水平不断提高。

（二）文化振兴

北沟村具有丰富的历史，这些历史被北沟村的休闲农业与乡村旅游充分展示了出来。各具特色的民宿展示着北沟村历史的痕迹，新建立的村史博物馆则更加充分叙述了自民国时期建村以来大大小小的事件。北沟村的文化不再是被废弃在一旁可有可无的历史，而是北沟村积极向外展示的精神名片。

（三）组织振兴

在乡村旅游发展的背景下，村集体各方组织充分协调合作、凝心聚力，实现了全村组织振兴。村党组织在这个过程中起到了领导核心的作用。在民宿发展初期，村"两委"组织说服了大量外国投资者加入民宿建设，推动了北沟村休闲农业与乡村旅游的起步。后来在村"两委"带领下，全村制定了村规民约，成立了物业管理公司，建立健全了各项管理组织。

（四）生态振兴

良好的生态环境是旅游区赖以发展的基础，而为了发展休闲农业与乡村旅游，北沟村对生态环境进行了修复和保护。在坚持加强村庄管理的背景下，北沟村实现了柴草进院，清理了建筑垃圾；实施了修建步道、栽花种草、治理河道等行动；修建了 4 个污水处理池，实现了污水集中处理；拆除了旱厕，完成全村水冲式厕所全覆盖。村容村貌焕然一新，周围的次生林也受到了有效保护，游客来到村里后真正体验到了美丽乡村。

五、案例点评

虽然休闲农业与乡村旅游的发展带动了北京市怀柔区渤海镇北沟村的产业振兴，但是却无法逆转人才外流和人口老龄化的趋势。首先，虽然农村年轻人的受教育程度逐年提高，但是高级知识分子大多数不愿回乡创业，且大多数的村庄劳动力还是倾向于外出务工。其次，休闲农业与乡村旅游前期投入大，一栋民宿的价格一般在 100 万元左右，而投资回收期长、投资风险大，成本收益比相比于外出务工还是较小。因此，在人口外流的趋势下，村庄的休闲农业与乡村旅游的从业者难以避免老龄化的趋势。在这样的背景下，未来的北沟村还能不能具有现在的发展能力依然是一个未知数，仍需要社会各界和政府部门的大力支持。

案例 17 水墨周庄引游客，文旅结合助振兴
——北京市平谷区大兴庄镇周庄子村

一、休闲农业与乡村旅游发展概况

周庄子村位于平谷区大兴庄镇，地处大兴庄镇域北部，东与全国食用菊花基地——西柏店村相接，有鲁韩路穿村而过，交通十分便利。整个周庄子村村域面积 860 亩，其中村庄面积 280 亩，耕地面积 280 亩，另有 300 亩林地。整个村庄共 230 户、531 人，常住人口 321 人。周庄子村于明代成村，历史悠久，村容整洁，文化氛围浓厚。

周庄子村的书画文化发展已久，全村有 70% 以上的村民以书画为爱好，村集体于 2012 年建设了桃花川书画院，整个书画院占地约 1 亩，画室 100 平方米，能够容纳多位画家同时作画，同时它也是中国科学院文联的活动基地。桃花川书画院是周庄子村村集体与中科院及中国书画协会联合创办的，由中科院文联副秘书长、中科院美协主席周春民先生担任院长。书画院每年 4 月举行书画展，每次都有 50 余名书画大师的 100 余幅作品参展，吸引了众多游客前往参观。此外，周庄子村当选为 2020 年世界休闲大会分会举办地，并建设了分会馆。会议结束后，该分会馆被改造为周庄子村湿地公园。依托湿地公园的优美环境，周庄子村先后举办了"水墨周庄·大美平谷"书画展及"菊花美食文化季"等活动，吸引了数千名游客前往参观，并被北京电视台全程报道。

二、休闲农业与乡村旅游助推乡村振兴驱动路径

打造书香文化村，提升独特竞争力。周庄子村以书画文化为核心，通过建立桃花川书画院，举办书画展并邀请书画大师参展，通过各种书画作品再现了村民们真实、淳朴的田园生活场景，将周庄子村优美的自然景观与无忧无虑的田园风采通过艺术作品展现在游客眼前，为游客留下深刻的印象。通过一系列文化活动，塑造出周庄子村的特色文化形象。此外，周庄子村还会定期举办花会。周庄子村的第一届花会举办于 1939 年，由村民周景朱等人带头组建，中

间虽因各种因素停办过一段时间，且形式一直在不断变换，但开展花会的传统一直延续至今。所谓花会，实际上是在春节等节日进行的各种游艺活动的统称。周庄子村的花会以小车会为主，村民们从最初推木制小车到如今推铁制小车，从最初仅有几个角色发展到如今的几十个角色。现如今，周庄子村小车会有超过 50 余户村民参加表演。参演者们根据自己的角色化装，穿着各式各样的服装登场亮相，各个角色之间互动挑逗，把整个花会的气氛推向欢乐的高潮。

改善自然环境，实现人文与自然结合。周庄子村在大力弘扬书画文化，开展文化活动的同时，也十分注重生态环境的建设和保护。周庄子村通过开展平原造林项目，将 300 亩耕地转变为林场，不仅进一步提高了村子的绿化面积，改善了村子的自然环境，使得全村被绿林环绕，进村公路穿林而过，而且解决了村庄中 8 位村民的就业问题。世界休闲大会结束后，周庄子村的分会馆保留了下来，并被村集体改造为总面积约 300 亩的湿地公园，不仅能涵养水源，保持水土，也为村庄的人文活动提供了绝佳的场地。周庄子村在发展文化及改善自然环境的同时，将二者成功结合，使得二者互相促进，实现共同发展。

三、推进乡村振兴的效果

（一）产业振兴

周庄子村以书画文化为核心竞争优势，结合优美的自然环境，打造了集观赏、娱乐、休闲、度假、艺术于一体的特色村庄。依托花会、书画展、赏菊会等特色文化活动以及湿地公园的优美环境，村庄吸引了大量北京周边的游客，从而带动了餐饮、书法培训、民宿等一系列产业的发展。

（二）文化振兴

周庄子村通过深入挖掘、重点发展的策略，将书画文化作为村庄的代表文化，在村中建设了桃花川书画院，大力发展村庄的书画文化。如今村庄每年都会举办一次书画展，每次都有超过 50 名书画大师的 100 余幅书画作品参展。邀请书画大师既能吸引游客，又能为喜好书画艺术的村民提供与大师交流的机会，从而进一步提升他们的书画水平。除了书画文化外，村庄还会定期举办花会，表演特色节目，让游客感受传统文化的魅力。

（三）生态振兴

周庄子村十分重视生态环境的保护和改善，先后被评为"北京市卫生村"、北京市"第一批垃圾分类示范村"及"首都绿色村庄"等。一方面，村庄将改善环境作为村庄发展的重要任务，积极号召村民进行垃圾分类，参与平原造林，并建设了湿地公园，进行生态涵养；另一方面，村庄通过各项人文活动提高了村民素质，使村民主动加入生态环境的改善和保护工作。

四、案例点评

北京市平谷区大兴庄镇周庄子村通过书画文化建设和平原造林项目丰富旅游资源、提供就业岗位，助力本村的产业、文化和生态振兴。目前，其在发展中仍存在一些问题：一是土地政策不明确。由于土地政策不明确，周庄子村许多建设规划无法真正落地，如湿地公园中缺少停车场、厕所等基础设施，由于土地政策的限制，这些基础设施迟迟无法建设，严重限制了湿地公园的经营。二是缺少外来资本。周庄子村虽然已经凭借书画展、花会及湿地公园等在北京具备了一定的知名度，但当地的休闲农业产业仍处于起步阶段，如村中基本没有特色餐厅、特色民宿等，主要原因是缺少外来资本。建设一栋特色民宿，前期的投入约为80万~100万元，这对于当地村民是一笔巨大的投资，如果没有外来资本带头建设、开拓市场，村民很难独自完成投资。三是消费活动不足。周庄子村目前吸引游客的主要是书画展、花会等特色活动及湿地公园等休闲场所，但游客来参观完后，由于村中既没有特色餐厅和民宿，也没有本地特产等，他们只能选择离开，前往周边其他村庄或返回市区。如此一来，村庄无法充分调动游客消费的积极性，将休闲农业与乡村旅游资源变现并将收入留在本村。因此，村庄除了要大力发展诸如餐厅和民宿这类休闲农业产业，也要注重特色产品的开发，如能体现村庄书画文化的伴手礼等。这样不仅可以增加游客的消费体验，更能激发其消费潜力，从而为村庄带来更多的经济效益和发展机遇。

案例 18　全面治理乡村污染，打造生态旅游新模式
——北京市平谷区大兴庄镇西柏店村

一、休闲农业与乡村旅游发展概况

西柏店村位于北京市平谷区西部平原区，距平谷城区 8 公里，为大兴庄镇所辖。该村历史悠久、文化气息浓厚、民风淳朴，以村北汉聚墓为史证，聚落形成于汉代。据传有古人曾在此地一棵巨柏下开店，故村名为"柏店"，后聚落分为东、西两处，位于西面的发展成西柏店村。村域面积 1 048 亩，其中耕地面积 800 亩。全村共有 220 户居民，常住人口 753 人。自 2005 年被确定为北京市新农村建设试点村以来，西柏店村大力建设蔬菜种植农业园区，实现了"家家有产业，人人有事干"的新农村建设格局，连续多年被评为"首都文明村"，并于 2013 年获"全国'一村一品'示范村"称号。

2020 年，西柏店村全村共 62 栋温室大棚食用菊花的总产量高达 60 000 公斤、总销售额 280 万元左右，接待游客 8 万人次，餐饮业销售额 230 万元。在食用菊花栽植的空档期，西柏店村在科研单位指导下，引进温室小西瓜——"京秀"西瓜生产。采用立体栽培方法，通过吊绳悬挂种植，既可以使西瓜得到充足的光照，又可以防病虫害，同时便于管理。此外，采用熊蜂授粉技术，提高了坐果率，改善了西瓜的品质，增加了瓜的甜度。以食用菊花为特色的西柏店菊花小镇，是北京农业观光的著名品牌，夏季的西瓜和秋冬季节的菊花互为补充，是多年形成的黄金搭档。

二、休闲农业与乡村旅游助推乡村振兴的三大前提

（一）以食用菊花产业为优势发展资源

长久以来，西柏店村积累了种植食用菊花的宝贵经验和财富。2007 年，西柏店村在村生态农业园区内开辟了食用菊花种植大棚，菊花产业初现雏形。2009 年起，在城市居民休闲农业与乡村旅游旺盛需求的刺激下，西柏店村开始创办菊花美食节，于每年 11 月初到次年春节，举办包含赏菊花、采菊花、吃

菊花、访农家等特色活动的食用菊花民俗体验游。此举吸引了大批游客前来观光旅游。截至 2020 年，全村共有 62 栋食用菊花大棚，种植了 10 余个品种的食用菊花，每棚产量 1 000 公斤左右，已成为全国食用菊花的种质资源库，是全国最大的食用菊花生产基地。村庄培育出的食用菊花品种产量大，效益高，被多个省份引进种植。正是西柏店村强势的食用菊花种植产业为其发展乡村休闲农业与乡村旅游打下了坚实的基础，并提供了可挖掘的产业亮点。

（二）以村集体为核心领导，搭建"村研对接平台"

西柏店村村集体在发展以食用菊花产业为核心的休闲农业与乡村旅游的同时，也在乡村生态振兴方面发挥着重要的领导作用。2014 年，基于改善西柏店村生活和生态环境的目标，由北京市城乡经济信息中心牵头，整合市区镇村的力量，在全村范围内开展了"美丽智慧乡村"集成创新试点建设。该建设旨在全面治理乡村污染，提升整体生态环境。西柏店村村集体还与科研机构建立"村研对接平台"，积极引进科研机构先进的污染治理技术，在用先进的物理、化学、生物等技术治理环境的同时，也为科研机构进行技术的效果检验提供了实践场所。

（三）以生态旅游为发展理念

西柏店村的休闲农业与乡村旅游属于污染治理型产业振兴模式，其在发展食用菊花种植观赏产业的同时，通过全面治理乡村污染、提升自然景观和发展循环经济等，实践了生态旅游路线。作为北京市重点建设的首批美丽智慧乡村之一，西柏店村立足自身定位，合理挖掘食用菊花的观赏价值、经济价值与生态价值，巧妙结合观光农业，打造"名菊花菜品"，以菊花产业带动循环经济发展，用生态旅游发展现代都市农业。西柏店村曾获"北京郊区生态文明村"、"京郊环境优美村容整洁先进村"、"北京市健康促进示范村"、"首都绿色村庄"、"首都绿化美化花园式单位"、全国"绿色小康村"、"平谷区环保创建村"等荣誉称号。

三、休闲农业与乡村旅游助推乡村振兴驱动路径

在休闲农业与乡村旅游发展之后，西柏店村在生态振兴方面的作用效果尤为突出。村庄通过基础治理、高科技介入等途径和手段综合治理乡村污染问

题。在基础治理上，西柏店村村集体发挥了至关重要的作用，其立足"美丽"功能定位，开展综合环境整治等各项活动。村集体以生活污水、垃圾等有机废弃物为重点，建立分类回收、利用和无害化处理体系。在高科技介入上，村集体和科研机构建立了合作关系，通过高科技对生活污水实施景观化处理。村集体进一步鼓励和扶持使用清洁能源，推动形成绿色生产生活方式。2020年起西柏店村关停村内畜牧养殖小区，深入开展河道综合整治，全面消除黑臭水体，打造水美乡村、绿美村庄。此外，西柏店村还积极开展景观提升工作，围绕菊花产业，西柏店村大力实施乡村绿化美化行动，充分利用公共休闲场地、乡村道路、房前屋后区域，加强村庄绿化，更新绿植品种，栽植花草，三季有花四季常青。通过"疏解整治促提升"工作，西柏店村街道宽敞整洁，菊花大棚整齐划一，外墙制作了菊花图案彩绘，成为平谷区新的观景打卡地。

四、推进乡村振兴的效果

（一）产业振兴

休闲农业与乡村旅游促进了西柏店村的产业振兴。西柏店村通过打造食用菊花品牌，结合观光农业，实现了一二三产业的融合发展。一方面，村庄全面提升菊花餐饮民俗接待品质，通过制定特色餐饮服务规范化标准，打造"名菊花菜品"的金字招牌。加之"尝鲜套餐""菊香伴手礼"等个性化定制产品的推陈出新，进一步推动了菊花品类分级销售，提升菊花产值。另一方面，村集体积极开展种植户电商销售培训，利用平台优势，主动对接农产品批发、社区零售、高端商超、企业集团，为农户拓宽农产品销售渠道，稳定销售价格，实现农民增收。

（二）生态振兴

休闲农业与乡村旅游促进了西柏店村的生态振兴。一方面，通过采用由丹麦引进的生活污水景观化处理技术，借助芦苇及人工湿地中的微生物协同作用，降解污水中的有机物质，解决了以往污水排放带来的严重污染问题，营造了绿色景观，提升了环境质量。加之实施农村生活垃圾源头分类和资源化利用，实现了垃圾的减量化、资源化和无害化。另一方面，邀请著名的"三农"问题研究者李昌平及其团队为西柏店村的村容村貌综合升级改造制定规划，实施院落改造、街道改造、大棚改造，完善标识系统，建设停车场和公共厕所等，使西柏店从"一季旅游"变为"四季旅游"，让村容更整洁、村民生活更舒适。

（三）文化振兴

休闲农业与乡村旅游促进了乡村文化振兴。西柏店村历史文化悠久，既有早期遗留至今的常兴寺文化古迹，又有光荣的抗战历史，亟待深入挖掘与延续。通过举办菊花美食节，将"菊文化"与庙会传统习俗相结合，西柏店村探索出一条传统习俗与都市文明相结合的新道路，在新兴业态的背景下赋予传统文化新的活力。通过观光农业吸引的大批游客，更能进一步将西柏店村的特色文化广泛传播，从而产生经济效益与社会效益的双重效益。

五、案例点评

其在发展中存在的问题：一是建设用地与设施使用政策不明晰。2021 年发布了《第三次全国国土调查主要数据公报》，而在土地备案手续办理的具体过程中，依旧使用二调数据指导相关工作，由于二调数据与现实情况之间存在巨大差异，造成了对农业建设用地发展的严重限制。此外，政策上有关悬空房、帐篷、集装箱等设施使用的态度不明确，使得有想法从事休闲农业与乡村旅游的村民有心无力，不敢放手去干，导致一些餐饮民宿的商机流失。二是村委会对于带动休闲农业与乡村旅游发展的作用十分有限。一方面，村委会缺乏资金等物质条件。由于村集体没有房产证等抵押物，无法以集体名义向银行贷款，资金补贴力度不到位。另一方面，以村集体成立的合作社为农户代销菊花，主要依靠私人的人际关系网络，具有不确定性与不稳定性，农户销售菊花缺乏固定、可靠的销售渠道。而销售渠道问题不解决则会引发市场混乱、恶意竞争造成的低价贱卖等一系列问题，进而影响农民的收入。

案例 19　转型生态景观重塑，开拓旅游发展新道路
——北京市门头沟区清水镇下清水村

一、休闲农业与乡村旅游发展概况

下清水村位于北京市门头沟区清水镇，紧邻 109 国道，交通便利，环境优美。村域面积 22 710 亩，其中耕地 397.8 亩，林地 19 076.2 亩，宅基地及建设用地 3 234 亩。全村现有人口 632 户、1 078 人；长期在村居住人口 408 户、810 人；有党员 110 人；涉农户 302 户、581 人。农户中男性劳力 140 人、女性劳力 50 人，共 190 人。下清水村基于门头沟区生态涵养区的总定位，结合自身的红色文化和矿山文化，依托山谷地形地貌打造清水花谷项目，进行了景观作物种植和休闲旅游发展，实现了当地产业、文化和生态三方面的乡村振兴。

在谷物和花卉间作形成良好景观的同时，清水花谷配套完善田间道路、步道，修建旅游服务设施，发展乡村民宿等，打造集赏花、摄影、休闲、观光为一体的旅游度假休闲生态观光景区，实现了休闲旅游的发展。清水花谷建设了谷树湾湿地公园和清水冰瀑冬季冰塑园，通过休闲旅游在不破坏自然环境的基础上实现产业兴旺和农民增收。2019 年，清水花谷门票收入 11 万元。2020 年，下清水村成功消除所有低收入户，人均年收入达 21 000 元。

二、休闲农业与乡村旅游助推乡村振兴的三大前提

（一）依托优质生态资源和矿山文化

下清水村生态涵养区的定位使其拥有优质的自然生态资源和面积广阔的特色花卉种植区，自 2010 年以来生态环境不断修复使得下清水村自然观赏价值日益提升。门头沟地区多山区丘陵地貌，地形复杂，但由于处于生态涵养区，生态环境良好，非常适宜景观作物种植。在这样的背景下，清水花谷完善农业基础设施，发展景观农业种植，在三个园区集中种植了藜麦、谷子、油葵、高粱等农作物和万寿菊、百日草、福禄考、格桑花等 10 余种观赏花卉。三个园区在产出一定作物的同时，交相辉映，四季呈现出不同的美丽景色，将下清水

村良好的生态环境转化为富有美感的旅游景观。此外，下清水村 2010 年之前是煤窑所在地，其留下的宝贵的矿山文化和红色文化使其和其他自然景观区的差异性得以显现。下清水村将遗留的矿山资源和优美的自然环境相结合，打造了独特的景区定位。

（二）村集体发力提升整体环境

村集体在基础设施建设、生态环境重塑、景观建设等方面发挥核心作用。2010 年之后，随着门头沟全区生态涵养区定位的确立，下清水村的煤窑关闭。采矿业退出，使整个下清水村面临收入骤降、劳动力就业困难等问题。而生态涵养的转移支付机制尚不完善，山场面积小、人口多，人均生态林补偿低，生态管护员岗位少，此时下清水村村集体发力，引领村庄进行生态景观提升，走出了一条独特的乡村振兴道路。2016 年起，下清水村开始进行土地治理，整合了原矿区所在山谷的 130 亩土地，扶贫整地，完善农业、农田水利基础设施，发展景观农业种植，配套完善田间道路、步道，修建旅游服务设施等。

（三）结合特色矿山文化，打造景区核心竞争力

红色文化和矿山文化的加入增加了清水花谷的核心竞争力。下清水村拥有非常丰富的红色资源，村庄在发展过程中也传承了红色文化。一方面，清水花谷依托良好的山体、花田、河流、村落等资源，开展红色党建、绿色发展，在花谷内搭建了党旗雕塑舞台和下清水村新中国成立前革命烈士、老革命、老党员展板简历，开展了红色摄影、红色活动体验的文化项目。红色文化的注入给清水花谷的休闲农业与乡村旅游带来真正的活力。另一方面，清水花谷建立后，如何处置矿山遗产就成了重要问题。下清水村另辟蹊径，保留了不少的矿山遗址，在修缮美化的基础上开发成为具有矿山文化的旅游景点，将其融入了清水花谷的休闲农业与乡村旅游。矿山文化与美丽花谷两相呼应，极大地满足了游客的新鲜感。正是这两大文化的注入，提高了清水花谷的吸引力，游客纷至沓来，休闲农业与乡村旅游走上正轨。

三、休闲农业与乡村旅游助推乡村振兴驱动路径

下清水村的休闲农业与乡村旅游在原矿山遗址上发展起来，在煤窑关闭、生态涵养区建立的过程中，发展了生态振兴。下清水村通过生态修复、景观重

建、设施美化等多种路径实践了景观提升型生态振兴。在生态修复上，下清水村在清水花谷区域进行景区标准化建设，2016 年投入超 9 985 万元，建设了人工湖、叠水等景观及配套设施，之后每年进行景区设施设备的升级和景点项目的建设。正式完善的基础设施和美丽的乡村环境，使得下清水村具备将休闲旅游引入生态涵养区的条件，实现绿色发展。在景观重建上，下清水村村集体兴建花卉园区。花谷区域由原来矿区的一片荒芜转变为绿化率超过 90%，花卉、藜麦、中草药三个种植园区相互结合的"田园综合体"，这一举措不仅改善了生态环境，更增添了下清水村的观赏价值。在设施美化上，下清水村村集体着重投资了基础设施建设，推动村内基础设施建设和游客需求相匹配。基础设施的完善是休闲农业与乡村旅游发展的必要条件。下清水村开展美丽乡村创建和农村人居环境整治工作，拆除违章建筑、消除火灾隐患、完善乡村设施、美化乡村环境，村庄面貌焕然一新。

四、推进乡村振兴的效果

（一）产业振兴

休闲农业与乡村旅游促进了下清水村的产业振兴。下清水村在清水花谷发展休闲农业与乡村旅游，实现了当地农民的增收，促进了一二三产业的融合发展。休闲农业与乡村旅游促进下清水村第一产业实现了玉米种植向藜麦、中草药等特色作物种植的转变，提高了农产品附加值；第二产业从单一的煤矿产业转向特色农产品加工，乡村基础设施建设等多产业发展，实现了产业结构的多元化；第三产业实现了从无到有——餐饮服务、民宿供给、文化活动等产业蓬勃发展。一二三产业在清水花谷实现了完美融合，又带动整个下清水村甚至清水镇的产业振兴。

（二）生态振兴

休闲农业与乡村旅游促进了下清水村的生态振兴。清水花谷的建立，完美契合了门头沟区生态涵养区的定位，将原来矿区脆弱的生态环境进行了修复，同时进一步实现了绿色发展。清水花谷不仅引进了一批适合当地种植的景观作物，修复了当地由于采矿而被破坏的植被，而且将这些植被结合起来，间作、套作、轮作，实现了生态景观的建立。当然，这些作物不仅仅具有观赏价值，同样也适合当地生态环境，能够在脆弱的土壤中生存，与当地原有环境较好结合。

（三）文化振兴

休闲农业与乡村旅游促进了乡村文化振兴。在煤矿产业退出的大背景下，矿山文化本来也将逐渐消失。但是清水花谷矿山景点的建立，使得这些文化又有了新的载体，在生态振兴的背景下实现了新的内涵。红色文化在当地得到很好的保存，但在之前却没有很好的宣传途径。休闲农业与乡村旅游带来了大批的游客，红色文化也能够借助游客实现更好的传播。两大文化与自然景观相结合，既产生了巨大的经济效益，也实现了当地文化的振兴。

五、案例点评

北京市门头沟区清水镇下清水村通过从矿山开采到生态景观的重塑，发展休闲农业与乡村旅游，助推了本村的产业、生态和文化振兴。目前来看，其在发展中存在两个方面的问题：一是内容同质较为严重。虽然下清水村的清水花谷风头正盛，但是在内容上依然缺乏核心竞争力。作为新开发的旅游景点，清水花谷以自然花卉的观赏项目为主，景点数目和质量都不是特别高。最重要的是清水花谷的案例并非不可复制。在北京市休闲农业与乡村旅游的大力发展之下，大多数景点都会进行自然景观改造和环境美化，很容易产生一大片同质化的景点。而在门头沟区，生态涵养的作用至关重要，大多数的门头沟区景点都无法开展大规模景区建设，这在长期的发展中是值得关注的。二是村庄结合较为薄弱。下清水村的休闲农业与乡村旅游助力了下清水村经济、生态和文化上的振兴，对于清水镇也有一定的带动作用。但是清水花谷定位依然不够清晰，自然景观、矿山文化和红色文化的结合较为松散，没有形成一个主体，和村庄的结合也不够紧密。村庄提供民宿，清水花谷提供景观，仅此而已，在持续带动下清水村进一步发展和实现清水镇主体乡村振兴方面还有很大的不足。

案例 20 环境与艺术相融合，多主体合力促振兴
——北京市延庆区康庄镇火烧营村

一、休闲农业与乡村旅游发展概况

火烧营村位于北京市延庆区康庄镇北部，辖域面积 0.58 平方公里，其中林地 470 亩、设施农业 110 亩。全村现有人口 104 户、216 人；党员 16 人，村民代表 30 人。2020 年，整个村庄经济总收入约为 447.5 万元，村民人均可支配收入约为 2.07 万元，低收入农户全部实现脱贫，曾获得"首都绿色村庄"、"北京市先进村委会"和"北京市农村工作（2017—2021 年）先进集体"等荣誉。

乘着 2019 年世园会举办的春风，凭借冬奥会延庆分赛场的影响力，基于优美的自然环境基础，火烧营村大力引进外资如荷府，发展乡村民宿产业，村内已有 70 余家民宿。荷府以民宿为起点，以文化艺术为先导，立足长远发展目标，已在康庄镇火烧营村完成建设 5 000 余平方米，大小 10 个院落，约 50 套客房。整个荷府住宿区基础设施完善，并建设有书院、餐厅、棋牌室、禅室及咖啡厅等综合配套设施，可同时容纳 150 人左右进行住宿、餐饮及会议。现已提供果蔬采收、田间耕作、菜园认养、亲子识物、植物迷宫、动物喂养、林下秋千、草坪足球、阔野观星、野外宿营、露天电影、园艺插花、湖边垂钓、风景写生、烘焙课堂、书吧下午茶、民俗博物馆参观等一系列丰富活动。除住宿区外，荷府还在与火烧营村相邻的太平庄村配套建设了一个共享农庄，形成了村庄间的协同效应。整个农庄面积约 150 亩，包含 120 亩田地及 30 亩林地，并建设有约 20 个温室大棚。园区主要种植草莓、黄瓜、西红柿和生菜等果蔬，完全按照有机农业标准生产，年产果蔬约 30 万斤，可实现四季采收。结合自有生态农庄资源，荷府在火烧营村和周边村庄打造了"吃、住、学、娱、教、医、养"七位一体民宿集群。

二、休闲农业与乡村旅游助推乡村振兴的三大前提

（一）丰富的自然资源与人文资源

火烧营村距离野鸭湖 5 公里，近拥天然密林，远观八达岭延绵起伏，北眺

冬奥场地小海坨山，地处北京世园公园腹地，曾被评为"首都绿色村庄"，拥有丰富的自然资源及优越的地理位置。同时，火烧营村有着悠久的历史，最早可上溯到唐初贞观年间的弘阳镇，至明末开始被当地人称为"火烧营村"。近年来，村庄对于特色文化和民俗的传承和发扬十分重视，建设了园艺文化展示中心、特色民俗街及民俗文化体验区等，丰富乡村的特色人文资源。

（二）"外来资本＋村集体＋合作社"模式

村集体在发展休闲农业与乡村旅游时注重多元经营主体的共同参与。荷府于 2016 年注册了北京火烧营民俗文化发展有限公司，与火烧营村股份经济合作社合作，租用村集体的产业用地 11.4 亩进行民宿相关设施的建设，年终与村集体以分红的形式分享收益。荷府采取会员制管理，锁定稳定优质客户资源，帮助合作社进一步拓展业务内容，提高了合作社社员的收益。由此，火烧营村形成了"外来资本＋村集体＋合作社"的休闲农业与乡村旅游发展模式，并以此推动乡村发展。

（三）文化与自然结合的发展理念

火烧营村具有代表性的外来资本之一——荷府在建设高端民宿的同时，配套建设了书院、禅室、艺术馆等，并定期邀请北京市的艺术家群体举办画展、交流会等。基于当地的民风民俗，荷府还举办了参观民俗博物馆等一系列特色活动，并帮助火烧营村建设了村史馆、农耕文化教育园、景观园艺示范园、自然农法种植园、景观园艺示范园及大地艺术创作园等，特色文化与火烧营村优美的自然环境相结合的发展理念，充分发挥了文化艺术资源对休闲农业与乡村旅游的提升作用，增强民宿产业的核心竞争力。

三、休闲农业与乡村旅游助推乡村振兴驱动路径

引进外来资本，改良乡村资源。火烧营村通过引进荷府等外来资本，以返自然化和绿色生产为途径，对乡村自然资源进行整体改良。良好的村庄环境是发展休闲农业与乡村旅游的基本要求，因此荷府等外来资本通过引进大量景观作物，扩大火烧营村绿化面积，帮助村庄建设鱼香荷塘体验区等。同时，荷府还建设了共享农庄，该农庄严格遵循自然农法所倡导的以菌抑菌、以虫控虫、以草治草的农业生产方式，从农业的源头土地入手，培育土壤微生物，修复生

态环境，然后因地制宜，轮作套种，形成可持续发展的生态闭环农业。

引入文化艺术资源，提升民宿产业的差异化竞争力。在当前休闲农业与乡村旅游日益激烈的市场竞争环境下，单纯依靠生态资源吸引游客的方式已难以保持长久的盈利能力。为此，荷府通过引进特色文化艺术项目，丰富了高端民宿的文化内涵。例如，配套建设了书院、禅室和艺术馆，定期举办艺术展览和交流活动，营造浓厚的文化氛围。同时，荷府结合本地民俗文化，策划了参观民俗博物馆等特色体验项目，并推动了村史馆、农耕文化教育园等设施的建设，以进一步提升民宿的品质和吸引力，增强产业的持续竞争力。

四、推进乡村振兴的效果

（一）产业振兴

荷府通过建设高端民宿产业集群，吸引了大量游客，推动了村庄餐饮、特色工坊等相关产业的发展，同时也能够巩固和提高火烧营村的特色无公害农业产业的优势。为了避免村中相关产业之间形成恶性竞争，村庄引导开发了面向不同阶层消费群体的多层次民宿产业，能够有效地吸纳不同阶层的游客。借助康西草原、野鸭湖、水库公园等旅游资源，荷府开发了一系列与无公害农业相关的旅游服务产业。火烧营村100亩设施农业联合中医药资源建设的高端设施农业及科研基地，在民宿产业的带动下得到了快速的发展。

（二）生态振兴

荷府在建设民宿产业的同时，引进了部分景观作物，在村庄原有自然景观的基础上，进一步提高了村庄的绿化面积，同时建设了亲子娱乐拓展团、特色水果种植园，大力发展有机农业，采取自然农法种植，通过施有机肥改善土壤质量，修复生态环境，并采取轮作套作等科学地种植方法。此外，荷府帮助村庄建立以林地和荷花池为景观体验的鱼香荷塘体验区，在帮助村集体发展经济的同时，推动乡村的生态振兴。

（三）文化振兴

火烧营村属于历史较为悠久的村落之一，可以上溯到唐代初期，至今村里仍保留了一些民俗文化。荷府基于火烧营村的民俗特色，开发了农耕文化教育园、自然农法种植园、景观园艺示范园、特色民宿街等，根据特有的文化资源产生吸引力，让游客参与其中，产生更好的旅游体验。同时与村集体充分合作，通过园艺种植，打造特色园艺文化，帮助村集体举办园艺交流会、园艺培训等相关活动。

五、案例点评

结合调研实际，北京市延庆区康庄镇火烧营村借助毗邻国际盛事举办地的区位优势，通过与外来资本合力发展，将自然景观和民俗文化相融合，推动本村的产业、生态和文化振兴。在目前发展中存在的困难上，火烧营村主要面临人才稀缺的问题。当前火烧营村虽然通过与外来资本合作获得了一定的收益，推动了村庄的发展，但相关产业对年轻人才的吸引力较小，整个村庄的人才振兴工作效果不明显，导致村集体可持续发展的能力不足。

案例 21　村企共建党支部，提升组织合作效率
——北京市朝阳区金盏乡楼梓庄村蓝调庄园

一、休闲农业与乡村旅游发展概况

楼梓庄村位于朝阳区金盏乡东北部，面积 24.9 平方公里。2008 年，楼梓庄村居民与村集体签订合约，租下 1 200 亩土地，建设了蓝调庄园。庄园属于集休闲观光、农业采摘、特色餐饮、主题民宿、喜庆文化创意园、青少年科普实践基地等多种业态为一体的休闲农业园区。整个园区在发展过程中紧抓历史机遇，充分发挥自身优势，确立了以农业生产为基础、以休闲体验为特色、以婚庆文化创意为核心竞争力的发展路线，由传统休闲农业提升到喜庆文化创意产业发展，形成了具有蓝调特色的喜庆文化创意产业发展模式。

蓝调庄园拥有员工约 300 人，其中 40 岁以下的员工约占 60%，员工整体偏年轻化。整个园区从 2008 年开始建设，至今已投入 4 亿元左右，建设有蓝调·薰衣草园、音乐草莓吧、幸福农场果蔬体验区、普罗旺斯餐厅、蓝调温泉酒店、儿童拓展基地、婚纱摄影基地等 20 余个观光点。其中，音乐草莓吧占地 25 亩，引进了日本草莓精品品种——红颜，草莓生产全过程使用生物有机肥、先进的灌溉技术并铺设地膜，确保生产出的草莓安全绿色且品质优良，音乐草莓吧也被评为"北京市明星草莓园"，并获得北京市农业农村局农产品安全可追溯认证。幸福农场果蔬体验区占地 40 余亩，一方面满足了蓝调庄园内部餐厅的食材需求，另一方面还为会员发展了认养认种模式，会员可以吃到自己种的蔬菜，目前已经发展了会员 600 多人。同时，果蔬体验区也为来参观的游客提供了采摘和农事体验活动，游客能够自己动手，参与农事体验，感受农业文化，享受劳动过程。薰衣草园面积约 400 亩，种植各种香草植物，以时尚浪漫、景观互动、亲子游乐为核心，吸引了大量游客。蓝调庄园的收入主要来自基于薰衣草种植园建设的婚庆文化创意园，包括婚纱摄影、婚庆策划以及婚庆婚宴，占总收入的 40% 左右。

蓝调庄园在紧紧抓住农业优势的基础上，大力发展旅游产业，将婚庆文化与旅游融合，使园区实现了从第一产业到第三产业的转型升级，在保证农业基础的同时，积极打造相关产业链向旅游、文化产业发展，从而带动餐饮、住宿

及会议等多种业态的发展，推动村庄的产业振兴。同时，蓝调庄园和楼梓庄村村集体紧密合作，共建了党支部，拥有 40 名党员，充分发挥党员的带头作用，推动乡村振兴。

二、休闲农业与乡村旅游助推乡村振兴驱动路径

共建党支部，加强与村集体联系。蓝调庄园所处的楼梓庄村经历过大规模的拆迁，拆迁后的村民均转移到了社区中。但相比于其他处于拆迁村的企业，蓝调庄园并未中断与村集体之间的联系。庄园为了充分发挥党员的先锋带头作用，及时把握政府政策变化，聘请了村集体的退休干部帮助管理党支部，从而使庄园及时掌握村中的相关情况，与村集体的合作更加紧密。

以农业为基础，打造相关产业链。蓝调庄园从简单的种植业起家，后来其董事长去日本考察后，开始在庄园中大规模种植薰衣草，从而吸引了大量的游客。在采摘业务和观光业务快速发展的同时，蓝调庄园开始打造相关产业链，包括住宿、餐饮、温泉、婚纱摄影及婚庆婚宴等产业，用农业的收入发展非农产业，等到非农产业发展起来后再反哺农业，推动农业进一步发展。完善的产业链使庄园成功实现了从一产到三产的转型升级，游客们能够获得更加舒适的体验。

基于农业优势，创新文化产业。蓝调庄园以喜庆文化为核心竞争力，不仅有传统休闲农业的农产品采摘业务、耕作体验业务等，还发展了具有蓝调特色的喜庆文化创意产业发展模式。庄园的薰衣草园为婚纱摄影、婚庆婚宴提供了自然生态、时尚浪漫的风光环境。庄园充分利用薰衣草园在色彩和意境上的吸引力，与多个剧组合作，在园区接拍了《第一大总统》《最长的拥抱》等多部优秀的影视片。同时，庄园还通过与新疆的薰衣草基地合作，对薰衣草园的香草产品进行了创意开发，开发出薰衣草精油、薰衣草护肤、薰衣草卫浴、薰衣草熏香、薰衣草布艺品以及薰衣草礼品共六大系列产品。基于农业优势，庄园进行了文化旅游产品的创造，践行与文化旅游"品牌化"融合、"产业化"融合、"功能化"融合及"生活化"融合的方略，使庄园成为主题突出、服务功能完善、文化特色鲜明的休闲农业园区。

三、推进乡村振兴的效果

（一）组织振兴

蓝调庄园通过聘请村集体退休干部帮助管理党支部，成功加强了与村集体

之间的合作关系。一方面，村集体的退休干部帮助管理党支部能够提升党支部党员的整体素质，从而使党员的先锋带动作用得到充分发挥，推动庄园的发展；另一方面，蓝调庄园的发展能够为楼梓庄村基层党组织有效治理村庄提供先进的经验，实现村庄的组织振兴。

（二）产业振兴

蓝调庄园以农业为基础，打造了住宿、餐饮、婚庆、亲子教育等一系列相关产业链，不仅使庄园实现了从一产到三产的转型升级，还成功带动了楼梓庄村民宿、餐饮等相关产业的发展。蓝调庄园的薰衣草园、幸福农场果蔬体验区等吸引了大批游客，这些游客成为楼梓庄地区相关产业的主要消费人群。

四、案例点评

北京市朝阳区金盏乡楼梓庄村蓝调庄园以党支部为纽带加强了与村集体的联系和村民的联系，充分发挥了党组织的联络、示范与帮带作用，推动了本村的组织振兴和产业振兴。目前，土地利用限制是蓝调庄园发展面临的最大问题。蓝调庄园所处楼梓庄村属于拆迁村，原本的村庄经过一系列拆迁后，村中的居民已经陆续搬迁到了新建的社区中，原有的土地长期租给了蓝调庄园。2019年大棚房改造政策实施后，庄园的部分建筑被拆除，其中包括一些基础设施。目前由于土地用途的限制，导致基础设施无法重建，庄园的发展受到一定程度的限制。

案例 22　多业态融合创新模式，多主体共建创造机遇
——北京市密云区溪翁庄镇金叵罗村

一、休闲农业与乡村旅游发展概况

金叵罗村隶属于北京市密云区溪翁庄镇。全村共有 1 100 户居民，常住人口 3 000 人，其中农民 2 400 人，分为 9 个生产队。此外村庄还有 6 个村民代表，153 名党员。金叵罗村村域面积 7.83 平方公里，共有 7 000 亩林地、4 000 亩耕地。金叵罗村现有 600 亩樱桃园，大多数分散在小农户家中一家一户种植，小米等种植业和旅游等三产均由村合作社负责经营，金叵罗小米作为密云区"八大特产之一"，已获得了有机认证并注册了"金叵罗小米"品牌。

金叵罗村 2020 年人均收入达 3 万元，大体上以非农劳动收入为主，农业收入仅占约三分之一。村集体农场雇用 50～60 人工作，人均日工资在 100～120 元，村庄年人均分红约 50 元。村庄现有两个农场，一个是村集体所有的"分享农场"，一个是外来创业者创办的"飞鸟与鸣虫"农场，此外还打造了旨在招商引资的"老友季"平台。金叵罗村基于"老友季"平台打造了两家乡村民宿，90 所民宿院，可同时接待 100 人住宿和 1 000 人用餐。

二、休闲农业与乡村旅游助推乡村振兴的三大前提

（一）以多元产业网络为资源

金叵罗村的发展为典型的综合创新型产业振兴模式，是休闲农业与乡村旅游发展的高阶模式。这一模式的形成基于囊括多元的经营主体、涵盖多维生活场景、发展多样产业网络的基础条件。金叵罗村以多元产业网络为资源吸引游客二次入乡、长期驻乡，多元化产业主体包括高端民宿"老友季"、蔬果种植农场"分享农场"、会员制农场"飞鸟与鸣虫"、特色农家手工作坊等，多元产业网络是发展综合创新型模式的前提条件。

（二）多元经营主体共建平台

金叵罗村的休闲农业与乡村旅游由村集体统一领导，多元主体共同参与平

台建设。金叵罗村引进了大量的外来资本，包括"老友季"平台下的大量资源，村集体将其统称为"十一队"。"十一队"实际上是一批外来创客，村集体给予其大部分的村民权益，将外来创客与本村村民融合，打造符合城市市场需求或者城市游客喜好的"美丽乡村"。金叵罗村村集体团结各方经营者的力量共建平台。一方面，平台为各经营主体提供了共商共谋、共建共享、共促发展的场所；另一方面，平台起到了对外招商宣传作用，旨在吸引更加多元化的主体的加入，共同丰富生活生产场景。

（三）以"打造都市人第二故乡"为发展理念

金叵罗村发展理念为"打造都市人第二故乡"，旨在满足远离家乡进入大城市生活人民的"乡土情结"，打造客户黏性，增强客户归属感，使其真正融入乡村，常住乡村。金叵罗村各经营主体针对不同层次的游客提供不同生活生产场景，以此吸引不同层次和需求的游客定期前往。如"分享农场"定位中低端的文旅一日游。而"飞鸟与鸣虫"则定位相对高端的文旅，通过自身的私域流量吸引城市的中上收入阶层，采取的方式也是会员制与付费体验。此外，村集体给每个民宿打造自身特色文化，引导配套咖啡厅、餐厅等场所和设施。各个主体在村域范围内实现了良好的集聚效应，实现了协调融合发展。

三、休闲农业与乡村旅游助推乡村振兴驱动路径

金叵罗村休闲农业与乡村旅游助推乡村振兴的驱动路径包括组织力量、资源整合、盈利能力和共同治理等。在组织力量驱动上，金叵罗村通过组织力量助推产业振兴，村集体和"老友季"共同引导产业平台建设，其他各方主体积极参与，通过多元驱动形式推动休闲农业与乡村旅游产业全面向前发展。在资源整合驱动上，金叵罗村产业平台建设起到了资源整合作用，各主体打造的生活生产场景互融互通，汇集成生活生产各个方面，满足了客户长期在乡村生活的各种需求。金叵罗村的每一个休闲农业与乡村旅游主体均具有自身的特色，在内容上具有深入性，因此客户黏性很强。"飞鸟与鸣虫"专门建立了微信群进行朋友式的互动，邀请米其林大厨研发咖啡厅面包。乡村会客厅打造自然教育项目，给青少年展现真正的乡村风情。在盈利能力驱动上，金叵罗村通过外来资本带动当地农户共同发展特色休闲农业与乡村旅游，大大提升了休闲农业与乡村旅游产业盈利率，同时促进了当地居民增收。金叵罗村进行五户农户试

点，通过挖掘居民特色，如葫芦雕刻、特色面食制作、剪纸工艺展示等将每户农户日均收入从 100 元提升至 500 元左右。盈利能力驱动是维系产业平台存续和促进其发展的关键，是平台招商引资成效的决定性因素。盈利增长是金叵罗村吸引更多外来资本不断加入的核心动力。在共同治理驱动上，金叵罗村共建平台还承担着共治的职能。村集体和"老友季"承担共同治理的引导者角色，统筹规划各主体的区位布局、主要职能及运营规范，其余各主体积极参与村庄共治。村内各经营主体和村集体签订利益共享合同，通过分红方式使得各方成为利益共同体。

四、推进乡村振兴的效果

（一）产业振兴

在村庄乡村规划师的规划下，金叵罗村既有"飞鸟与鸣虫"一样的体验农场，也有"分享农场"一样的供菜农场，既有本村村民种植的樱桃采摘园，也有外来资本打造的乡村民宿。各式的产业在金叵罗村融合到了一起，在"老友季"大平台下发挥作用。村庄的发展动力最初来自外来资本，但是外来资本同时也必须要向村集体分红，以"飞鸟与鸣虫"农场为例，农场要给合作社利润的 60% 作为分红。这一部分分红既富裕了原生村民，也给了他们进一步发展的资金。最终各个产业盘活了村庄各项闲置资产，包括厂房、农宅等，激发村庄内生发展，实现产业振兴和村民共同富裕。

（二）组织振兴

在村集体和乡村规划师统一规划下，"老友季"引进了大量的外来资本，呈现出不同的组织形式。农场有"飞鸟与鸣虫"，餐厅有研食社，研学组织有乡村会客厅、围棋协会等。不同类型的组织在金叵罗村落户，既给村庄带来了大量的流量，也给村庄的发展增添了真正的核心内容。此外，村集体在整个过程中发挥了最重要的作用，尤其是村党组织发挥了领导核心的作用。这些年随着乡村振兴，村党组织也不断扩大，发展了 40 余名党员，其中 45 岁以下占比达 75%。

（三）文化振兴

金叵罗村的每个民宿都有自身的特色文化，这些文化在之前无法通过任何方式变现，而在民宿商业化后，又很容易遭到忽视。但是，村集体在挖掘内生发展的同时，注意到村庄传统文化的重要性和商业价值，将传统文化和民宿发展结合起来，实现了文化振兴。此外，在"飞鸟与鸣虫"等外来创客的帮助下，金叵罗村还成功举办了第一届农民丰收节，让更多人看到了金叵罗村的村庄文化。

五、案例点评

综合而言，密云区溪翁庄镇金叵罗村通过多业态融合发展、多主体参与共建的路径，助力了乡村产业、组织和文化振兴。在发展过程中，该村现有两个潜在问题：一是土地政策约束问题。土地政策是北京市所有休闲农业与乡村旅游面临的刚性约束。休闲农业与乡村旅游的发展必然离不开配套设施的建设和一定程度的非农化。但是，目前的土地政策没有给休闲农业与乡村旅游以配套设施建设的空间，厕所、停车场的建设问题等相关问题突出。此外，土地政策也具有较大的变动性，给外来资本投资带来了很大的政策风险。二是创客身份认定问题。金叵罗村希望将村庄打造成"都市人第二故乡"——由占总人口25％的外来创客和占总人口75％的原生村民共同生活、建设。虽然村庄可以通过村规民约解决一部分问题，但法律上外来人员的"集体成员"身份问题难以解决。在此情景下，如何解决共同生活的创客身份问题，解决他们的后顾之忧，是金叵罗村下一步要探索的主要问题。

案例 23　集体组织协同发力，自办村企助推振兴
——北京市昌平区十三陵镇康陵村

一、休闲农业与乡村旅游发展概况

康陵村地处北京市昌平区十三陵镇西北部，村域面积 2 562.9 亩，其中耕地面积 324 亩，山地面积 1 600 亩（含林地面积 1 272 亩），聚落占地近 2.7 万平方米。全村现有人口 78 户、275 人，其中 60 岁以上老人共计 83 人，80 岁以上老人共计 11 人。党员 40 人，党支部委员 5 人，村委 3 人，村民代表 30 人。全村村民全部居住在边长 163 米的正方形的古老城墙内。村中央有 800 多年的古银杏树，村口影壁旁高大茂盛的古夫妻槐也有 500 年历史。康陵村拥有悠久的历史文化，村西北方向的康陵是明朝皇帝武宗朱厚照的陵寝，占地 2.7 万平方米，也是明十三陵世界文化遗产的一部分。数百年前，武宗皇帝的守陵人在这里安家落户，经过世世代代的繁衍生息，形成了现在的康陵村。历经岁月洗礼，明陵文化已经渗透到康陵村的家家户户，成为村民的信仰，也守护着康陵村的村民。

二、休闲农业与乡村旅游助推乡村振兴的三大前提

（一）以特色春饼宴为宝贵资源

康陵村结合了历史和产品，将康陵的历史文化和特色产品春饼宴紧密结合，是典型的产品驱动型产业振兴模式，并从民俗游衍生发展为集观光游、民宿等于一体的综合创新园区。相传，康陵村远近闻名的特色佳肴正德春饼曾为康陵的墓主人武宗皇帝朱厚照所称道。此后数百年来，康陵村世代相传，继承了正德春饼的制作方法。承袭至今，正德春饼已发展成为康陵村的特色美食，成为康陵文化的载体。除春饼宴之外，康陵村的历史文化是其发展休闲农业与乡村旅游的特色亮点。康陵村的村民是康陵守陵人的后代，康陵有悠久的历史，正德皇帝与明陵的故事经过明史专家的编纂整理形成了丰厚的康陵内涵，吸引历史爱好者前来聆听。

（二）多元集体组织的有力领导

康陵村村集体拥有坚实的经济基础，村集体自治组织和党组织成立了多元经济组织对村内自有资源进行管理，有效地优化村内环境、提升资源价值并促进经济发展。康陵村村集体通过村流转土地的租金、果园租金以及乡村酒店的经营收入积累了厚实的集体经济财富。康陵村在促进产业发展、带动农户增收方面发挥着极为重要的作用。过去康陵村以农业生产为主，水果产量高，主要作物为柿子树，后来在政府的引导与号召下，农户开始发展民宿产业。目前，康陵村有 41 户村民领取了民宿的营业执照。受农户年龄和人数限制，农户自身劳动力不能满足民宿产业发展需要，因此，康陵村村集体成立的物业公司承担起民宿统一管理的职责。物业公司的法人代表为村支部书记，公司雇用了村内及邻村的劳动力作为员工，解决了部分劳动力的就业问题。村内集体股份合作社与政府项目对接，接受政府补贴，再拨给物业公司。

（三）打造综合创新园区的发展理念

康陵村以发展春饼宴开启民俗旅游道路，其并未局限于民俗游产业，而是积极探索休闲农业与乡村旅游发展新道路，逐步发展为融食、宿、游、文、娱于一体的综合创新型模式。2007 年康陵村正德春饼宴正式推出，首批 10 户接待户开业，到 2016 年全村有 36 户成为正德春饼宴接待户，到 2020 年村民人均收入突破 20 000 元，生活的幸福指数不断提高。与此同时，依托春饼以及康陵文化遗址打响的名号，借由政策的鼓励支持，康陵村发展起民宿产业，目前康陵村经营民宿的农户共有 15 家。康陵村村集体积极进行基础设施改造升级，不断提升乡村休闲农业与乡村旅游品质品位，如今已从传统的种植农业变为旅游休闲产业，形成集种植、养殖、绿色消费、休闲观光和新型生态村为一体的综合产业园区，成为循环经济、新型城乡统筹、科普教育等领域的示范基地。

三、休闲农业与乡村旅游助推乡村振兴驱动路径

康陵村在发展休闲农业与乡村旅游的过程中，其在组织振兴方面的成绩值得关注。康陵村村集体通过多元化的集体自治组织、党组织、经济组织共同建设，不断完善利益联结机制、提升自治能力、发挥当地资源潜力，助力休闲农业与乡村旅游发展。康陵村村集体自办物业公司带动村民就业，2020 年，以村

支部书记赵立新为法人代表，康陵村成立了北京康陵村物业有限公司。物业公司的成立完善了村内的公共服务体系。康陵村村集体通过凝聚人心、整合资源、创造效益、共享红利等多种驱动推动休闲农业与乡村旅游发展。村集体自办物业公司，解决了村内弱势群体的就业问题，为村内休闲农业与乡村旅游发展提供了保障和服务，稳定了人心，提升了村民凝聚力。村集体提供的物业服务解决了休闲农业与乡村旅游发展大部分后勤工作问题，整合了各方资源，推进了产业发展和农户增收。

四、推进乡村振兴的效果

（一）产业振兴

发展春饼宴特色美食产业是当地产业振兴的特色做法。2005 年，北京市昌平职业学校为强化"为区域经济建设服务"的职业教育功能，首先在康陵村进行了试点。正德春饼宴这一特色农家乐民俗旅游品牌正是在其帮助下打造的。依托十三陵镇休闲农业"十百千万"畅游行动项目等，2020 年 4 月，村委会开始对村内进行街道上水 625 米、下水 1 200.7 米的改造，新建路面铺设 5 010.44 平方米。67 户门头进行了改造，统一粉刷了墙壁，重新修建了两个大门。还在村内新增了凉亭 3 座和秋千 4 座，公园桌椅 35 把，大小圆桌 10 张，改造过后的康陵村面貌一新，提升了游客的赏玩体验，为十三陵镇发展高品质旅游业奠定了基础。

（二）文化振兴

2021 年 4 月 28 日，康陵景区开启网络预约参观通道。许多历史尤其明史的研究者爱好者前来参观。康陵景区设有专门的讲解员、保安、清洁人员等。讲解员由康陵村物业公司聘用、培训，部分选自村民。康陵文化世代承袭，使康陵村多了一层历史厚重感，特殊的地理位置成为康陵村独特的旅游资源，是康陵村实现休闲农业与乡村旅游带动振兴的重要力量。

（三）生态振兴

康陵村及其周边的环境清新怡人、绿化良好，村庄实行"以绿治脏、以绿净村、以绿美村"，在村庄的房前屋后、渠边路边、零星闲置地等边角空地，拆违还绿、留白建绿、见空插绿。村庄的文化遗迹保存完好，设有专门的清洁维护人员。康陵村 2007 年获评"昌平区先进民俗旅游村"，2008 年获评北京市市级"生态文明村"，2010 年获评"北京最美的乡村"。2018 年，在"全国生态文化村"遴选命名活动中，康陵村入选北京市"全国生态文化村"。较好的生态建设也为康陵村的旅游业增添了助力。

（四）组织振兴

目前，康陵村有党员 40 人，党支部委员会有成员 5 人；村委有成员 3 人，村民代表有 30 人。2020 年，以村支部书记为法人代表，康陵村成立了北京康陵村物业有限公司，吸纳村内以及村外劳动力，完善了村内的公共服务体系。同时，村"两委"班子工作积极，管理民主，带领康陵村村民形成了民风淳朴、尊老爱幼、遵纪守法、诚实守信的社会风气。通过发展休闲农业与乡村旅游，村党支部深受村民的拥戴，大家一致参与到村庄建设中来，提高了农村居民参与乡村治理的水平，从而为本村的组织振兴注入了新的活力。

五、案例点评

综上，北京市昌平区十三陵镇康陵村通过多元集体组织协同发力、自办企业带动本村休闲农业与乡村旅游的模式，助推了本村的产业、文化、生态和组织振兴。根据实地调研访谈的相关内容，其在市场化发展方面存在一定困难。尽管成立了物业公司统一管理村内的公共服务，但村庄整体的市场化程度有待进一步加深，村庄经营面临收入低的问题。对此，应进一步加强宣传力度，吸引村内村外的人才；同时，应加强村集体股份合作社实体化运作，增强市场化水平，对外招商引资，充分运用村内资源，开发经营性项目，增加经营性收入。

◀◀ 后　记 ▶▶

　　曾几何时，休闲农业与乡村旅游仅仅是工业化与城市化发展后的城镇居民特别是大城市居民，远离钢筋水泥筑成的森林来到乡村田野，短时间转换生活方式的形式。然而近些年来，休闲农业与乡村旅游已经成为全体城乡居民追求美好生活的重要载体。它既是休闲放松的好去处，也是就业创业的好领域，更是城乡人口大规模、远距离、长时间多向流动后，人们对故乡的情感寄托与心灵安慰之处。北京聚集着全国各地乃至世界各地来此打拼的人，无论是大京郊的"土著"，还是外来的"新居民"，北京市的休闲农业与乡村旅游为大家创造了难得的"望山看水记乡愁"的机会。故而，思量再三，以"乡愁"入书名。

　　说来也是缘分，我在2011年留校工作后的第一个学术研究课题就是关于北京市都市型休闲农业发展的。此后，作为一名农业经济与农村政策研究人员，首都农业农村问题一直是我研究兴趣中一块重要的拼图。10余年来，我主持了北京市社科基金青年项目"成本快速上升对京郊观光农业的影响研究"（12JGC097）、北京市社科基金一般项目"北京市休闲农业与乡村旅游高质量转型研究"（19GLB023），作为执行主持人参与了北京市社科基金重点项目"北京都市型现代农业新型经营主体发展与支持政策研究"（13JGA001），承担了北京市统计局招标的第三次农业普查研究课题"农村产业融合和乡村旅游发展研究"和北京市农业农村局委托的"北京市休闲农业助推乡村振兴模式研究"等项目。目前，我正在主持北京市社会科学基金重点项目"北京市新型农村集体经济发展路径与运行机制研究"（23JJA003），本书也是该项目的阶段性成果。这些课题的资助为我近距离观察大京郊休闲农业与乡村旅游提供了重要的便利，也由此结识了一批志同道合、热心于首都乡村振兴的好朋友和合作伙伴。借此后记，对北京市社会科学基金会、北京市社会科学界联合会、北京市统计局和北京市农业农村局等相关部门对我研究兴趣的支持表示衷心感谢！

　　本书正是在近年来上述研究积累的基础上形成的。尽管部分内容已经与我的团队成员在学术刊物上发表过，但大部分内容以及相关案例还是第一次与读者见面。这些首次发表的内容中，小部分观点和建议曾以内参形式得到过北京市相关领导的肯定性批示，但多数内容原本将随着研究项目的结束而沉睡在电脑文件夹中。庆幸的是，作为首都高端智库的中国人民大学首都发展与战略研究院的同事们认为，这些资料仍然具有很好的实践与政策价值，并愿意慷慨解囊支持我整理出版。这一"美意"令我无法拒绝。于是，经过我和我的研究生助手们的整理，围绕首都休闲农业与乡村旅游高质量发展的 8 个正文章节和 23 个附件案例最终呈现在读者们面前。参与这些工作的研究生同学主要有黄斌、张怡铭、余镇涛、白迪、李琦、蒋维扬、戴娆、刘育权、施臻韬、崔欢庆、赵雪娇、赵泽瑾等。同时，在实地调研过程中，农业农村部农村经济研究中心的何安华和吴天龙两位研究员、北京农学院江晶副教授、北京市农业农村局产业发展处和 13 个远郊区及其相关乡镇的领导们均提供了大力支持。对上述所有为本书出版提供帮助的同学们、同事们和朋友们，一并表示感谢！当然，由于作者能力和时间所限，本书肯定有不少缺陷与不足，望读者不吝赐教。

　　深入实地开展调查研究是农经人的看家本领，尽管费时耗力，算是当下学术研究的一种"笨办法"，但确能增强实感、发掘真实问题，减少"无病呻吟"、"语不惊人死不休"或"从数字到数字"等"文章生产车间式研究"的弊端。2023 年 3 月，中共中央办公厅印发了《关于在全党大兴调查研究的工作方案》，其所提出的"调查研究是获得真知灼见的源头活水，是做好工作的基本功"等论断和要求，也算是给了采用"笨办法"做研究的同行们一个积极的鼓励。于我本人而言，不怕因"嘴拙""笔拙"而出不了"牛刊雄文"，就怕"迈不开腿"疏于跑田野而荒废了"武功"。适值大好春光，祖国的万里河山和农业农村的广阔天地都有待于我们去进一步探索——无论是望山看水，还是调查研究，都是人间值得！

钟真

2023 年 4 月 8 日于明德楼